信息传递的实验经济学：
从理论到设计

徐硕 著

中国商务出版社
·北京·

图书在版编目（CIP）数据

信息传递的实验经济学 ：从理论到设计 =
Experimental Economics of Information Transmission:
From Theory to Design / 徐硕著 . -- 北京 ：中国商务
出版社 ， 2025. 6. -- ISBN 978-7-5103-5742-8

Ⅰ. F20

中国国家版本馆 CIP 数据核字第 2025SD5791 号

信息传递的实验经济学：从理论到设计

XINXI CHUANDI DE SHIYAN JINGJIXUE ; CONG LILUN DAO SHEJI

徐硕　著

出版发行：中国商务出版社有限公司
地　　址：北京市东城区安定门外大街东后巷 28 号　　邮编：100710
网　　址：http://www.cctpress.com
联系电话：010-64515150（发行部）　 010-64212247（总编室）
　　　　　010-64243016（事业部）　 010-64248236（印制部）
策划编辑：刘姝辰
责任编辑：韩冰
排　　版：德州华朔广告有限公司
印　　刷：北京明达祥瑞文化传媒有限责任公司
开　　本：710 毫米 × 1000 毫米　 1/16
印　　张：18.25　　　　　　　　　　　 字　　数：290 千字
版　　次：2025 年 6 月第 1 版　　　　　 印　　次：2025 年 6 月第 1 次印刷
书　　号：ISBN 978-7-5103-5742-8
定　　价：88.00 元

前 言 | PREFACE

本书聚焦于信息传递的实验经济学，从理论出发，到实验设计。本书系统性地阐述了微观经济学博弈论基础，构建了核心信息传递理论模型，通过经济学实验设计，为核心信息传递模型及各类信息传递情境提供了实验室证据（Experimental Evidence），并在此基础上探索了未来的研究方向。接下来将依照内容大致脉络，对本书进行简要概括，以使读者能快速把握其主要贡献与学术价值。

第一章至第五章为本书的第一部分，回顾了信息传递在博弈论语境下的发展脉络。从最初的博弈论均衡概念，到后来的信号模型、廉价谈话、自愿披露、贝叶斯说服等核心信息传递的理论模型，这些理论为全书奠定了必要的理论基础。

第一章介绍了博弈论的基础均衡概念，包括纳什均衡、贝叶斯纳什均衡、子博弈纳什均衡与序贯均衡。第一章采用严格的学术风格，穿插必要的数学刻画，以帮助读者形成对博弈论的基础认识，了解描述信息传递问题的基本学术语言。与此同时，本章通过若干博弈实例，如囚徒困境、猜硬币博弈、一阶价格密封拍卖、蜈蚣博弈、啤酒或乳蛋饼博弈等，展示在不同博弈问题中如何求解博弈均衡，使读者能在阅读纯理论内容时快速建立与真实世界情境的联系。

第二章至第五章重点介绍了与信息传递相关的多种核心模型，并结合作者研究重点，深入剖析其中的关键假设、主要结论、经济学直觉和应用启示。在信号模型中，受教育程度是一种区别不同能力劳工的信号。在廉价谈话中，当信息发送者与信息接收者之间存在利益冲突时，信息就不能充分传递，且冲突越大，信息传递越不充分。在自愿披露中，理性的信息接收者会根据信息发送者不披露的行为，分析出信息发送者在隐瞒不利的信息，导致信息发送者不得不充分披露信息。在贝叶斯说服中，信息发送者承诺一个信息披露机制，通过设计一个部分披露机制，增大信息接收者选择利于信息发送者行动的概率。本书在每一章中都介绍了文献的最新理论进展，以及检测理论模型的相关实验文献。

第六章至第十二章为本书的第二部分，根据作者的研究，讨论围绕信息传递的实验经济学文章。第六章、第七章分别对廉价谈话和自愿披露模型的核心结论进行直接检验。笔者根据研究问题的重点，将每篇文章的动机、实验设计、实证结果、理论解释与政策启示作了细致阐述。在此过程中，读者将看到如何在实验环境下对信念更新与玩家策略进行观测、度量和分析，也会发现某些实验中被试的实际行为常常偏离标准假设，呼应了行为经济学中有关非贝叶斯信念更新与行为谬误的讨论，为后续理论模型的修正提供了实证线索。

为更好地服务实验研究的落地与可重复性，本书第八章介绍了主流实验平台（如Veconlab、z-Tree等）的操作机制与技术要点，第九章介绍了如何利用STATA对实验数据进行处理和分析。作者不仅展示了如何在Veconlab平台上实现廉价谈话与信号博弈的基本逻辑，也延伸探讨了若要实现更复杂的信息传递博弈，需要在平台上做怎样的自定义编程或模块拼接。在数据分析部分，我们展示了从数据清洗、变量生成、加权、标记处理条件、到统计检验以及可视化的完整步骤。对于研究者而言，这些技术性内容可为后续实验搭建提供实用指导；对于教学者而言，则能使有志于实验经济学的学生更快地掌握实验平台及软件运用之道，加速完成由理论学习到实验验证的跨越。

第十章至第十二章重点介绍了信息传递模型在博弈中的应用，特别是聚焦信息传递在利他偏好主导的信任博弈、公共品博弈等场景中的应用。分别讨论了利他偏好信息的披露如何增加信任博弈的决策，通过廉价谈话形成的社会共识如何影响公共品的提供，以及信息获取成本如何影响公共品博弈中不同惩罚机制的实施频率。将信息传递的理论模型与实践相结合，以期更贴近现实世界的信息传递场景。

第十三章为本书的第三部分，针对近年来在国际顶级期刊和学术会议中涌现的文献，笔者通过对比与评论，总结了信息传递实验经济学的研究方向，并对未来发展作了展望，提出多视角、多层次的后续研究路径。笔者认为未来的信息传递实验研究会在理论拓展与实验验证、信念诱导与非贝叶斯信念更新规律识别、间接检验技术以及复杂博弈场景化分析等方面共同推进。这些研究不仅将为微观经济学理论与行为经济学文献提供新的研究问题，也有望在企业战略、公共政策与社会规则制定上产生实际影响。

总体而言，本书从信息经济学与实验经济学的交叉起点出发，结合理论、实验与实际，给理论工作者和实验研究者提供了当前学术前沿的梳理与探讨；对于政策制定者或企业实践者而言，也能通过本书对信息传递与信念更新具有更深刻的认识。笔者希望本书在满足学术性与创新性的同时，为复杂的信息交互机制研究提供具体的方法论借鉴与思路启发。

本书的写作与出版受到了同行和合作者的鼓励与帮助。首先，我要衷心感谢我的导师Yaron Azrieli教授。在整个研究与写作过程中，Yaron Azrieli教授不仅在理论框架的构建和实验设计上给予我悉心的指导，还在学术思维和研究方法上启迪了我的思考。Yaron

Azrieli教授严谨的治学态度和深厚的学术造诣，使我在面对复杂问题时能够保持冷静与理性，不断追求学术上的卓越与创新。其次，我要感谢我的同行和合作者。感谢山东大学经济研究院理论与实验经济学研究中心（CREATE）主任郑捷教授、北京外国语大学国际商学院连增教授、北京外国语大学国际商学院周圆圆教授、暨南大学经济学院杨仁琨教授等同事、同行在实验设计、数据分析以及论文讨论中的宝贵意见和无私帮助。感谢合作者王涵彧、党嫒、宋睿智、乔一丹、黎雅文、王语涵等同学同意转让予我著作权。感谢朱思颖、孟菲儿、丁满町、周若溪等同学的研究助力。再次，我要特别感谢参与本书相关实验的所有来自北京外国语大学的被试。你们的积极参与与认真配合，为本书的研究提供了坚实的数据基础。没有你们的支持，这些研究成果将难以实现。你们的付出不仅是对科学研究的贡献，更是对知识传播与应用的实际支持。特别感谢北京外国语大学提供的资金支持，鸣谢"中央高校基本科研业务经费专项资金资助"（Supported by the Fundamental Research Funds for the Central Universities），项目名称《信息处理成本在差异化信息设计中的作用》（项目号2021QD032）。感谢北京外国语大学图书馆与行为实验室提供图书资料和实验场地。最后，感谢所有在本书撰写过程中给予我帮助与启发的同行和朋友。你们的建议与批评，使本书在内容和质量上得到了显著提升。感谢出版社在细节上的严格要求，使本书能够以最佳的状态呈现在读者面前。

徐硕

2024 年 12 月于北京外国语大学

目　录 | CONTENTS

第一章

博弈论基础知识

第一节 博弈论概述

在深入探讨信息传递的实验经济学之前，需要为读者建立一套坚实、清晰的理论基础。这一基础的关键在于对博弈论的基本概念和分析工具有所掌握。信息传递问题本质上是博弈论与信息经济学的交汇：当市场参与者手中掌握的信息并不对称时，他们往往会借由特定的策略选择、信号传递与信念更新过程，影响其他参与者的判断与决策，从而塑造市场的运行模式与均衡结果。这类问题广泛存在于市场交易、劳动力市场、金融投资与政策博弈等情境中，其对分析理解现实经济现象与政策影响颇有裨益。

在信息传递领域，迈克尔·斯彭斯（Michael Spence）关于教育在劳动力市场中信号功能的研究可谓经典之作[①]。该模型通过刻画高能力与低能力劳工在教育成本与预期薪资间的权衡，揭示了教育作为信号工具传递私有信息的重要机制。这一模型不仅为信息经济学理论奠定了坚实的分析框架，也为后续大量的理论与实证研究指明了方向。然而，要想深入理解斯彭斯模型的逻辑与实证内涵，读者需要先了解博弈论中若干解概念（solution concepts）的含义与用法。这些基础概念能够帮助我们在面对不确定与不完全信息时，合理地刻画玩家（players）的策略互动过程与可能结果。

为此，本章将先对博弈论的核心解概念进行系统性的梳理与介绍。首先，从最基础的纳什均衡开始讨论，它是分析静态、完全信息博弈的起点，也是所有后续均衡精炼的根基。其次，在掌握纳什均衡的逻辑之后，进一步延伸到在不完全信息场景下的贝叶斯纳什均衡，以此应对现实中信息不对称问题的分析需求。再次，在此基础上，介绍动态博弈分析中的子博弈完美纳什均衡，以确保在多阶段决策过程中每一步的策略选择都具有内在一致性。最后，呈现序贯均衡这一更精细的均衡概念，使我们得以严格限定信念更新与策略

---

① SPENCE M. Job market signaling[J]. Quarterly Journal of Economics，1973，87（3）：355-374.

选择间的关系，从而在动态不完全信息博弈中找到更合理、更可信的预测结果。

通过一系列均衡概念的递进式介绍，希望读者在面对斯彭斯模型及其他信息传递模型时，能够以博弈论为基础，不仅理解模型表层的叙事逻辑，而且能深入地把握其内在的策略推理过程与均衡原理。这样的基础对读者理解后续的实验研究与实证应用至关重要：实验经济学中的设计与数据分析往往以均衡概念为依托，从而检验理论假设，探索在现实市场情境下的信息传递机制与激励效应。

第二节　纳什均衡

纳什均衡（Nash Equilibrium）是博弈论中最为重要的概念之一，由美国数学家约翰·纳什（John Nash）于20世纪50年代提出。它描述的是在一个非合作博弈（noncooperative game）中，参与者的策略选择达到了一种平衡状态：任何一个参与者都无法通过单方面改变自身策略来获得更高的收益。纳什均衡反映了各方在博弈中相互依赖、理性决策的结果。

纳什均衡的核心思想在于，每个参与者都基于对其他参与者策略的预期来作出自己的决策，而一旦所有参与者的决策都达到了均衡状态，他们就不再有动力去改变自己的策略。这一概念的提出深刻改变了我们对战略互动的理解，使博弈论能够更好地描述和分析复杂的经济、政治和社会现象。在经济学中，纳什均衡常被用于分析竞争与合作行为，如产品定价、劳动力市场、公共品提供等方面的问题。在政治学中，纳什均衡被用来分析国际博弈、冲突与合作，如国际关系中的军备竞赛、贸易谈判等。在社会学中，纳什均衡为理解群体决策、社会规范以及人际关系中的互动提供了理论框架。

通过纳什均衡，能够更好地理解在多个相互依赖的决策者之间如何形成稳定的行动模式，并且为制定优化策略提供理论依据。纳什均衡不仅为博弈论的发展奠定了基础，也为许多现实问题的解决提供了有力的工具。

一、纯策略纳什均衡及其基本求解方法

在博弈论中，纯策略（pure strategy）纳什均衡指的是每个参与者都选择一个明确的行动而不是有概率的行动，并且在该策略下，没有任何参与者能通过单方面改变自己的策略来获得更高的收益。求解纯策略纳什均衡通常采用以下步骤：固定对手的策略，找到自己最优的反应策略，然后在所有参与者的策略组合中寻找出一个固定点，使所有参与者的策略互为最优反应。

下面以囚徒困境为例，详细描述纯策略纳什均衡的求解过程。

（一）设定博弈的收益矩阵

首先，给定囚徒困境的收益矩阵，见表1-1：

表 1-1　囚徒困境收益矩阵

（自己收益，对手收益）	对手沉默	对手背叛
自己沉默	（-1，-1）	（-10，0）
自己背叛	（0，-10）	（-5，-5）

这个矩阵表示两名嫌疑人在不同选择下的收益情况，前者为自己的收益，后者为对手的收益。

（二）固定对手策略下的最优反应

为了找出自己的最优反应，先假设对手已经选择了某个策略。然后，考察自己在对手给定策略下的收益，并选择能使自己收益最大化的策略。

1.假设对手选择"沉默"

如果对手选择沉默，自己的选择带来的收益为：

（1）如果自己也选择沉默，自己的收益为-1（被判1年监禁）；

（2）如果自己选择背叛，自己的收益为0（被释放）。

显然，选择背叛可以使自己获得更好的结果（0 > -1），因此在对手选择沉默时，自己的最优反应是背叛。

2.假设对手选择"背叛"

如果对手选择背叛，自己的选择带来的收益为：

（1）如果自己选择沉默，自己的收益为 -10（被判10年监禁）；

（2）如果自己也选择背叛，自己的收益为 -5（被判5年监禁）。

在这种情况下，选择背叛可以使自己获得更好的结果（ $-5 > -10$ ），因此在对手选择背叛时，自己的最优反应是背叛。

3.对所有参与者的策略组合进行分析

通过上面的分析可以发现，无论对手是选择沉默还是背叛，自己都倾向于选择背叛。换句话说，在囚徒困境这个博弈中，背叛是对对手选择的最优反应。

接下来，我们分析对手在自己背叛时的选择：

（1）如果对手选择沉默，对手的收益为 -10 ；

（2）如果对手选择背叛，对手的收益为 -5 。

因此，在自己选择背叛时，对手会选择背叛来最小化损失（ $-5 > -10$ ）。所以，对手的最优反应是背叛。

（三）确认纳什均衡

从上述分析可以看出，当自己选择背叛时，对手的最优反应是背叛；当对手选择背叛时，自己的最优反应也是背叛，达成固定点。因此，（背叛，背叛）是一个纯策略纳什均衡。

在囚徒困境中，纯策略纳什均衡是双方都选择背叛。尽管这一选择并非集体最优（若两人都选择沉默会带来更轻的刑期），但这一均衡体现了博弈中理性的参与者在没有合作的信任基础下，如何在自利的驱动下选择背叛。纳什均衡作为一种稳定的策略组合，在此情况下表现为双方的最优反应互为对方的选择，无法通过单方面改变策略来获得更好的结果。

总的来说，纯策略纳什均衡的求解过程就是固定对手的行动，找到对该行动的最优反应策略，并且通过这种方式最终确定一个所有博弈参与者最优反应的固定点。

二、混合策略纳什均衡及其基本求解方法

在某些博弈中，纯策略纳什均衡可能并不存在，但玩家可以通过随机化策略获得更好的结果。为了解决这个问题并扩展纳什均衡的概念，文献引入了混合策略（mixed strategy）的概念。混合策略允许玩家在多个纯策略之间随机选择，并且每个策略被选择的概率是由玩家根据特定的概率分布来确定的。通过这种方式，玩家可以在博弈中引入不确定性，使对方无法准确预测自己的行动，从而有可能获得更高的期望收益。

具体而言，假设博弈中有 k 个行动，对于玩家 i，其混合策略可以用一个向量 $p_i = (p_{i,1}, p_{i,2}, \cdots, p_{i,k})$ 来表示，其中 $p_{i,j}$ 表示玩家 i 选择第 j 个行动的概率，所有行动概率相加等于1。混合策略与纯策略的区别在于，纯策略是指玩家选择某一特定策略，而混合策略则是根据一定的概率分布在多个策略之间进行选择。若存在一个行动 j 满足 $p_{i,j} = 1$，那么 p_i 就是一个纯策略；反之，p_i 就是一个严格的混合策略。

混合策略纳什均衡是指在博弈中，每个玩家的混合策略组合都是最优的，并且没有任何一个玩家能够通过单方面改变自己的混合策略来获得更高的期望收益。混合策略的一个特点是给定对方策略，在任意两个己方策略下概率为正的行动都会产生相同的收益。混合策略的重要性在于，博弈不一定存在一个纯策略纳什均衡，但所有博弈都必然会存在混合策略纳什均衡。

下面通过一个经典的猜硬币博弈（matching pennies）来说明混合策略的应用。猜硬币博弈是一个二人零和博弈，两名玩家同时选择正面（H）或反面（T）。博弈规则如下：如果两名玩家选择相同的面，则玩家1获胜；如果两人选择不同的面，则玩家2获胜。其收益矩阵如下：

表 1-2　猜硬币博弈收益矩阵

（玩家1收益，玩家2收益）	正面	反面
正面	（1，−1）	（−1，1）
反面	（−1，1）	（1，−1）

在这个博弈中，没有纯策略纳什均衡，因为如果其中一个玩家选择纯策略行动，那么另一个玩家就必然选择相反的行动，如此循环下去。为了解决这个问题，引入混合策略，假设每个玩家随机选择自己的行动。假设玩家1以 p 的概率选择 H，$1-p$ 的概率选择 T；玩家2以 q 的概率选择 H，$1-q$ 的概率选择 T。需要求解一个混合策略纳什均衡，即找到 p 和 q 的值，使得在这种混合策略下，没有玩家能够通过改变自己的概率分布来提高自己的期望收益。

首先，可以计算玩家1和玩家2在对方选择混合策略时的期望收益。

玩家1的期望收益：

（1）如果玩家1选择 H，其在玩家2选择 H 时的收益为1，选择 T 时的收益为 -1。因此，玩家1的期望收益为 $q \times 1 + (1-q) \times (-1) = 2q-1$。

（2）如果玩家1选择 T，其在玩家2选择 H 时的收益为 -1，选择 T 时的收益为1。因此，玩家1的期望收益为 $q \times (-1) + (1-q) \times 1 = 1-2q$。

玩家2的期望收益：

（1）如果玩家2选择 H，其在玩家1选择 H 时的收益为 -1，选择 T 时的收益为1。因此，玩家2的期望收益为 $p \times (-1) + (1-p) \times 1 = 1-2p$。

（2）如果玩家2选择 T，其在玩家1选择 H 时的收益为1，选择 T 时的收益为 -1。因此，玩家2的期望收益为 $p \times 1 + (1-p) \times (-1) = 2p-1$。

在混合策略纳什均衡下，每个正概率行动的期望收益应该是相等的，因此玩家1和玩家2在选择正面、反面时的期望收益应该互相平衡：

$$2q-1 = 1-2q, \quad 1-2p = 2p-1。$$

所以 $p = q = 0.5$。

在这个混合策略纳什均衡中，每个玩家都以50%的概率选择 H 或 T，通过随机选择策略来消除对方的预测能力。在这个均衡下，任何一个玩家都无法通过单方面改变自己的策略来增加期望收益，这就是一个混合策略纳什均衡。

总的来说，混合策略纳什均衡提供了一种博弈中参与者可以利用随机化来获得稳定策略组合的方法，尤其是在没有纯策略均衡的情况下，混合策略提供了替代的博弈预测。

第三节　贝叶斯纳什均衡

在博弈论中，纳什均衡是一个至关重要的解概念，它描述了在一个完全信息博弈中，每个玩家在给定其他玩家策略的情况下都没有激励单方面偏离当前策略的策略组合。在这种均衡状态中，每个玩家的策略都是对其他玩家策略的最优回应。对于完全信息博弈而言，各方玩家拥有完备的信息集：他们充分了解其他玩家的偏好、策略空间以及相应的收益函数。这使各方在决策时能够准确预测对方的策略选择，从而在理论上找到一个使所有玩家同时实现最优反应的策略组合，即纳什均衡。

然而，在真实世界中，完全信息的假设往往很难成立。在许多实际的交互决策场景中，各个决策者并没有关于充分了解对方的所有信息。例如，企业在市场中制定价格策略时，并不总能确切知道竞争对手的成本结构或需求曲线信息；在国际谈判中，谈判各方对对手的真实意图、偏好顺序往往无法完全确定；在拍卖中，竞标者只能了解自己的价值评估，却不清楚对手的估值。在这种不确定和不完全信息的环境下，传统纳什均衡的分析方法就不再完全适用。此时，我们需要一种能够处理不完全信息的均衡概念来帮助理解玩家行为与决策的动态。贝叶斯纳什均衡正是为应对这一挑战而诞生的分析工具。

贝叶斯纳什均衡（Bayesian Nash Equilibrium，BNE）是纳什均衡概念的一种精炼（refinement）和推广，专门用于处理静态的不完全信息博弈。在这一框架中，每位玩家对其他玩家的类型有一个先验信念（或称先验概率分布），并据此对其他玩家可能采取的策略作出最优判断。通过这种方式，玩家在面对不确定性时仍然能以理性和系统的方式形成策略。本节阐述贝叶斯纳什均衡的定义与原理，并通过一个典型的拍卖博弈案例，帮助读者更为直观地理解这一概念是如何应用于分析现实中的不完全信息决策问题。同时，将简述信息传递与贝叶斯纳什均衡联系，说明其在信息不对称环境下的应用价值。

一、贝叶斯纳什均衡的定义

在分析贝叶斯纳什均衡之前，先明确静态不完全信息博弈的基本结构。

设想一个存在 n 个玩家的博弈环境。与完全信息博弈不同，此处每位玩家 i 不仅要决定自己的策略选择，还要面对关于其他玩家类型的不确定性。玩家 i 拥有一个类型 θ_i，该类型来自某个类型空间 Θ_i。类型 θ_i 可能包含玩家对商品的估值、资源禀赋、成本函数或收益偏好等信息。这些类型的真实值只有对应的玩家自己清楚，其他玩家只能通过一个共同已知的概率分布函数 $F(\theta_1, \theta_2, \cdots, \theta_n)$ 对所有玩家类型有一个先验信念。

在这种不完全信息的设定中，每个玩家的效用函数不再仅取决于策略组合（$s_1, s_2, \cdots, s_n$），还取决于玩家自己的类型 θ_i。每个玩家 i 的效用函数可以表示为 $u_i(s_1, s_2, \cdots, s_n, \theta_i)$。玩家在决策时需要考虑关于其他玩家类型的不确定性，这些类型将决定其他玩家所采取的策略。由于各玩家并不直接知道对方的类型，他们只能根据先验分布（prior distribution）对其他玩家类型的可能分布进行预期，并在此基础上选择最优反应策略。

贝叶斯纳什均衡的思想是给定每个玩家关于其他玩家类型的概率信念，在均衡状态下，每位玩家的策略是最大化其期望效用。这意味着，每个玩家会选择一个策略 $s_i(\theta_i)$，该策略是条件在自己类型 θ_i 上的最优决策函数，并且在给定其他玩家的均衡策略 $\boldsymbol{s}_{-i}(\boldsymbol{\theta}_{-i})$ 时，没有任何偏离能够提高该玩家的期望效用。

贝叶斯纳什均衡的定义：对于每个玩家 i，在给定其他玩家策略 $\boldsymbol{s}_{-i}(\boldsymbol{\theta}_{-i})$ 的情况下，存在一个策略 $s_i(\theta_i)$ 使如下条件成立：

$$s_i(\theta_i) \in argmax_{\{s_i \in S_i\}} E_{\boldsymbol{\theta}_{-i}} \{u_i[s_i, \boldsymbol{s}_{-i}(\boldsymbol{\theta}_{-i}), \theta_i]\}。$$

其中，E 为期望运算符，对其他玩家类型的概率分布取期望。简单来说，给定其他玩家遵循均衡策略组合，每个玩家在自己的类型 θ_i 下，没有动机通过改变策略来提高自己的期望效用。这种均衡考虑了随机性和不完全信息，更能反映在现实决策情境中的不确定性。

二、贝叶斯纳什均衡的一般求解方法

在分析一个静态不完全信息博弈时，一般可以按照以下步骤寻找贝叶斯纳什均衡：

1. 确定博弈的基本要素

明确博弈的参与者、每个玩家的类型空间、策略空间以及收益函数。类型空间 Θ_i 描述玩家 i 可能拥有的不同类型或参数信息，每个类型由一个共同已知的概率分布生成。玩家的收益函数 u_i 通常依赖于所有玩家的策略以及玩家自身的类型。

2. 建立先验信念和期望收益

对于每位玩家，其关于其他玩家类型的知识是由共同已知的概率分布得出的。玩家 i 在考虑自身策略选择时，需要对其他玩家的类型进行期望，从而将自己的期望收益表示为 $E_{\theta_{-i}}\{u_i[s_i, \mathbf{s}_{-i}(\boldsymbol{\theta}_{-i}), \theta_i]\}$。

3. 写出玩家的优化问题

给定其他玩家的策略 $\mathbf{s}_{-i}(\boldsymbol{\theta}_{-i})$，玩家 i 面临的决策是选择 $s_i(\theta_i)$ 以最大化其期望收益。

4. 求解玩家的最优反应函数

在给定其他玩家策略的情形下，通过求解上述优化问题，找到玩家 i 在任意类型 θ_i 下的最优策略选择，即最优反应函数 $s_i^*(\theta_i|s_{-i})$。

5. 寻找策略组合的固定点

贝叶斯纳什均衡要求在均衡状态下，每个玩家的策略都是针对其他玩家策略的最优反应。这意味着将所有玩家的最优反应函数综合在一起，需要达到一个固定点，即对于所有玩家 i，$s_i^*(\theta_i)$ 都是在给定 $\mathbf{s}_{-i}^*(\boldsymbol{\theta}_{-i})$ 的条件下的最优策略。当不存在玩家有动机单方面偏离时，这组策略函数 $[s_1^*(\theta_1), s_2^*(\theta_2), \cdots, s_n^*(\theta_n)]$ 即为贝叶斯纳什均衡。

在实践中，求解贝叶斯纳什均衡可能需要数学推导、数值求解或应用固定点定理。复杂的博弈中可能存在多个均衡的情况。对于经典模型和规范化假设场景，往往能以解析形式得到比较简洁的均衡策略表达式。

三、求解实例：一阶价格密封拍卖

现在，将上述一般求解流程应用于一阶价格密封拍卖（First-Price Sealed-Bid Auction）这一静态不完全信息博弈，解释如何通过步骤解析最终获得均衡出价策略。

（一）博弈设定

考虑有 n 个竞标者，每个竞标者 i 的类型为其对标的物品的估值 θ_i。假设 θ_i 独立同分布于 $[0,1]$，且该分布为共同已知。每个玩家的策略是一个出价函数 $b_i(\theta_i)$，即在知道自身估值 θ_i 后决定一个出价 b_i。因为是密封拍卖，每位竞标者只提交一次报价且报价对他人不可见，且所有人的决策是同时进行的。玩家的收益函数 u_i 取决于是否中标和支付金额：如果玩家 i 出价最高且获胜，效用为 $\theta_i - b_i$；若没有中标，则效用为 0。

（二）先验信念与期望收益

玩家 i 虽不知道其他玩家的确切估值类型，但知道它们独立同分布，因此对于其他玩家 $j \neq i$，其估值 θ_j 的概率分布 F 是已知的。玩家 i 在选择 $b_i(\theta_i)$ 时，需要将其他玩家出价策略 $b(\theta_j)$ 及其估值分布纳入考虑中，以计算自己中标的概率和期望收益。

假设策略的对称性，即所有竞标者采用相同的策略函数 $b(\theta)$。如果玩家 i 的策略为 $b_i(\theta_i)$，其他所有玩家的策略为 $b(\theta)$，则玩家 i 获胜的概率是 $P[b_i(\theta_i) > b(\theta_j), \forall j \neq i]$。

如果进一步假设 $b(\theta)$ 是单调递增函数，那么获胜条件等价于 θ_i 在估值空间中的相对位置。当估值均匀分布于 $[0,1]$，且有 n 个竞标者时，玩家 i 获胜的概率为 θ_i^{n-1}：在一阶价格密封拍卖的规则下，价高者得。在独立同分布下，其他竞标者的估值都低于 θ_i 的概率为 θ_i^{n-1}。

（三）玩家的优化问题

玩家 i 的期望效用为 $E\{u_i[b_i(\theta_i)]\} = [\theta_i - b_i(\theta_i)]P[b_i(\theta_i) > b(\theta_j), \forall j \neq i] = [\theta_i - b_i(\theta_i)]\theta_i^{n-1}$。

在一阶价格密封拍卖的规则下，胜者 i 须支付自己的竞标价格 b_i。在给定其他竞标者策略为 $b(\theta)$ 且对称均衡的设定下，期望玩家 i 的最优策略 $b_i(\theta_i)$ 满足一阶条件使其效用最大化。

（四）求解最优反应函数

令$E\{u_i[b_i(\theta_i)]\}$对b_i求导，为使收益最大化，设置导数为零，可得到优化条件。求解后可得$b_i(\theta_i) = \dfrac{n-1}{n}\theta_i$。

这一线性出价函数表明，均衡时每个玩家在任意类型θ_i下的最优策略是将其真实估值打折为θ_i的$\dfrac{n-1}{n}$进行出价。玩家在均衡中以略低于自身真实估值的价格出价，以平衡赢得拍卖和支付过高价格的风险。

（五）验证固定点与均衡

在对称均衡下，如果我们假设所有玩家都采用$b(\theta) = c\theta$的线性策略形式，通过代入和求解，可以发现$c = \dfrac{n-1}{n}$正是使所有玩家的策略在给定对方策略下无偏离激励的固定点。这说明线性对称策略$b(\theta) = \dfrac{n-1}{n}\theta$构成了一个贝叶斯纳什均衡：没有竞标者能通过单方面改变出价函数提高自己的期望收益。

通过这一博弈可以看到贝叶斯纳什均衡的一般性求解步骤：先明确博弈的结构与类型不确定性来源，然后将问题转化为期望收益最大化问题，再利用对称性假设和优化条件求出满足均衡要求的策略函数。在许多标准不完全信息博弈中，如拍卖、信号博弈、委托-代理模型等，类似的求解框架都适用。

贝叶斯纳什均衡作为纳什均衡的自然扩展，为分析不完全信息环境下的决策问题提供了有力工具。它通过对玩家先验信念的刻画，玩家即使在对他人类型缺乏确切了解的情况下，也能有条理地制定最优策略并形成稳定的均衡。通过将概率信念纳入决策分析中，贝叶斯纳什均衡丰富了经典博弈论的理论框架，更贴近现实决策情境。

第四节 子博弈纳什均衡

一、子博弈纳什均衡与一般性求解方法

子博弈纳什均衡是博弈论中的一个核心概念，尤其是在动态博弈中有着重要的应用。它是纳什均衡的强化形式，要求在整个博弈中所选的策略组合不仅要满足纳什均衡的条件，即每个玩家的策略是对其他玩家策略的最优反应，还要满足整个博弈中的每一个子博弈也构成纳什均衡。换句话说，子博弈纳什均衡要求参与者在每一个子博弈的决策过程中都作出最优决策。无论博弈的进展如何，所有玩家的策略在博弈的任何时刻都是最优的。这一概念对于分析动态博弈，尤其是多阶段决策中的行为至关重要。

为了深入理解子博弈纳什均衡，需要引入博弈树的概念。博弈树是一种图形化的工具，旨在帮助分析博弈中不同阶段的决策过程。在博弈树中，每个节点表示一个玩家的决策点，边代表玩家的可选行动，叶节点代表博弈的最终结果及其相应的收益。博弈树的结构能够清晰地展示博弈的时序性，即谁在何时作出决策、有哪些行动可选以及每个决策如何影响博弈的最终结果。

在博弈树中，可以识别出不同的子博弈。子博弈是从博弈树中的某个节点开始，考虑剩余部分的博弈结构。具体来说，一个子博弈包含从某个节点出发的所有后续决策节点和相应的收益。正确识别子博弈非常重要。子博弈纳什均衡要求在博弈的每一个子博弈中玩家的策略组合都是最优的。

在动态博弈的分析中，通常用逆向归纳法（Backward Induction）来求解子博弈纳什均衡。逆向归纳法是一种从博弈的最后一步开始推理的技术，逐步推导出博弈中的最优策略。在使用逆向归纳法时，从博弈树的末端开始分析玩家的决策，推导出在每个节点上的最优反应，直至回到博弈的起始点。通过这种方法，能够找出每个子博弈中的最优策略组合，从而最终确定整个博弈的子博弈纳什均衡。

（一）博弈树

接下来具体介绍博弈树。博弈树是用来描述动态博弈的一种图示结构，尤其是在分析具有时序性或阶段性的博弈中广泛应用。在博弈树中，每一个节点代表一个博弈状态，玩家在这些状态下作出决策，从而影响博弈的演进过程。博弈树的结构能够清晰地反映出博弈的起始状态、玩家的行动、博弈的演变过程及最终的结果。博弈树通常由以下几部分构成：

（1）节点。节点是博弈树的基本元素之一，表示博弈中的不同状态。每个节点对应一个决策点，玩家在此节点上作出决策。根节点代表博弈的起始状态；叶节点是博弈树的终点，表示博弈结束时的最终状态以及各个玩家所获得的收益。

（2）行动。行动是连接节点之间的边，代表从一个节点到另一个节点的决策路径。每个玩家根据当前的博弈状态选择适当的行动，从而决定博弈的演进。

（3）玩家。每个非终止节点（叶节点之前的节点）都由一个玩家负责决策。博弈树的每一层往往对应不同的玩家，玩家根据自己的目标和所拥有的信息作出决策，从而影响博弈的发展。

（4）收益。收益是博弈结束后，玩家根据博弈的最终状态（叶节点）所获得的奖励。在博弈树的叶节点处，显示各个玩家的收益，由一个收益向量表示，如 $(u_1, u_2, \cdots, u_n)$，其中 u_i 表示第 i 个玩家的收益。收益是玩家作出决策时的重要参考依据，决定了玩家选择策略的动机。

博弈树为分析复杂的动态博弈提供了一种清晰、直观的图示工具。通过对博弈树的分析，研究者能够厘清每个玩家在不同状态下的决策过程，找出最优策略组合，并进一步推导出博弈的均衡解。图1–1展示了在最后通牒博弈中的博弈树。

首先，玩家1提出如何分配总价值为10的收益。玩家2决定接受分配或者拒绝分配。如果接受，则两位玩家按照玩家1的分配方式获得收益；如果拒绝，则两位玩家收益都为零。下图展示了玩家1在诸多分配方式中的两种特别方式。方式一为公平分配，两位玩家平分收益。方式二为极端自利分配，所有收益归玩家1所有。注意到玩家2即使在极端不利的（10,0）分配方式下，仍然有弱动机接受这一分配方案。

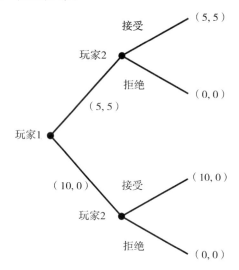

图1-1　最后通牒博弈中的博弈树实例

（二）决策顺序与信息集

在博弈树中，玩家的决策顺序是由树的结构决定的，是由根及叶逐步推进的。每个非终止节点由一个玩家作出决策，玩家根据当前的博弈状态选择自己的策略，并根据选择的行动移动到下一个节点。决策顺序是博弈的一个重要特征，体现了博弈中的时间顺序与策略选择之间的关系。

信息集是博弈中另一个至关重要的概念，它反映了玩家在作出决策时所能依据的信息。在完全信息博弈中，每个信息集只包含一个节点，这意味着玩家能够完全观察到前面所有的行动，并且能够准确地知道当前所处的博弈状态。

然而，在不完全信息博弈中，玩家无法完全知道所有前序行动的信息。在这种情况下，一个信息集可能包含多个节点，表示玩家在作决策时无法知道自己处在哪个节点。在这种情况下，玩家只能依赖自己所能获得的信息作出决策，而无法完全依据整个博弈的历史。信息集的概念在博弈分析中尤为重要，因为它直接影响子博弈的起始点。在不完全信息博弈中，信息集使博弈的分析变得更加复杂，玩家的决策需要因应不同不确定性下的潜在最优反应行动。

总的来说，博弈树通过结构化的图示帮助分析者厘清博弈的每个阶段和玩家的决策过程，而信息集则在不完全信息博弈中提供了理解玩家决策的关键视角。两者结合使用，能够全面揭示博弈中的复杂性和策略互动。

（三）子博弈

1.子博弈的定义

为了深入理解子博弈纳什均衡，必须清晰地界定什么是子博弈。子博弈是博弈树中的一个子结构，它自身也是一个完整的博弈，能够独立于原始博弈进行分析。具体来说，子博弈必须满足以下两个核心条件：

（1）独立性。子博弈必须从某一个特定的决策节点开始，并且包括该节点及其所有后续的节点。这意味着子博弈的起始节点是一个独立的决策点，其所处的信息集有且仅有这一个点，之后的每一个决策和结果都只在该子博弈内部发生，不受外部博弈结构的影响。

（2）完备性。子博弈中的每一个节点，其所处的信息集必须与子博弈之外的部分保持独立。换句话说，玩家在子博弈中的信息应该是完整的，不会与原始博弈的其他部分发生混淆。从图形上看，子博弈中边穿过的信息集是完整的。这确保了子博弈内部的决策过程和信息结构与整个博弈的一致性。

基于上述定义，一个复杂的博弈通常可以被分解为多个子博弈，每一个子博弈都代表从某一个特定节点开始的一段完整的博弈过程。这种分解不仅有助于简化博弈的分析，还能更好地理解博弈中各个阶段的策略选择和均衡状态。

此外，子博弈的概念在动态博弈和重复博弈中尤为重要，通过对子博弈的分析，可以逐步推导出整个博弈的均衡策略，从而更全面地理解博弈在每个阶段的动态。

2.识别子博弈

在实际分析一个博弈时，识别其子博弈是一个关键步骤。以下是识别子博弈的详细步骤和方法：

（1）识别所有潜在的决策节点。

先要全面地梳理博弈树中所有可能的决策节点，特别是关注那些可能作为子博弈起点的节点。这些节点通常是玩家需要作出关键决策的地方，是子博弈分析的重点。

（2）验证子博弈条件。

独立性。每一个子博弈必须从一个特定的决策节点开始，并包含该节点及其所有后续节点。

完备性。子博弈中的每一个节点的信息集必须与子博弈之外的部分保持独立，确保信息的完整性和一致性。

（3）确定独立的子博弈。

如果某个决策节点及其所有后续节点组成的部分满足上述条件，那么这一部分就可以被视为一个独立的子博弈。此时，该子博弈可以独立于原始博弈进行分析，并应用子博弈纳什均衡的理论。

（4）重复上述过程。

继续对博弈树中的其他节点进行相同的检查，直到所有可能的子博弈都被识别和确认。

通过以上步骤，可以系统地识别出一个博弈中的所有子博弈，从而为进一步的均衡分析和策略优化奠定基础。

3.子博弈纳什均衡

（1）概念。

子博弈纳什均衡是动态博弈中非常重要的均衡概念。它不仅要求在整个博弈中玩家的策略组合构成纳什均衡，而且要求在每一个子博弈中玩家的策略也构成纳什均衡。这一要求确保了玩家的策略在博弈的每一个阶段都是合理且最优的，避免了博弈进行到某一子博弈时出现不一致或不合理的策略选择。

具体而言，子博弈纳什均衡具有以下特征：

动态一致性。无论博弈发展到哪个阶段，玩家在该阶段的策略选择都是最优的。这意味着即使博弈过程发生了变化，玩家的策略仍然能够适应新的情况，保持最优性。

全局最优性。子博弈纳什均衡不仅关注整个博弈的最优策略组合，还要求每一个子博弈内部的策略组合必须是最优的。这种全局性的要求使子博弈纳什均衡成为一种更为严格和细致的均衡概念。

子博弈纳什均衡的引入解决了纳什均衡在动态博弈中可能出现的次均衡缺陷，即在某些子博弈中，不在均衡路径上的、不被执行的均衡策略会对均衡路径上的策略产生潜在影响，使均衡分析更加精细和可靠。它在经济学、政治学、军事战略等多个领域中有着广泛的应用，尤其是在需要考虑策略动态变化和多阶段决策的情境下，子博弈纳什均衡提供了一个强有力的分析工具。

（2）求解方法。

求解子博弈纳什均衡的一种常用且有效的方法是逆向归纳法。逆向归纳法通过从博弈树的末端开始，逐步向前推导出每个阶段的最优策略，从而确定整个博弈的均衡策略组合。具体步骤如下：

识别终止子博弈。先确定博弈树中的所有终止节点，这些节点是逆向归纳的起点。

分析最后阶段的决策。对于每一个终止子博弈，分析在该子博弈中玩家的最优策略。由于是终止节点，玩家的决策通常比较简单。

向前推导策略。将上一阶段的最优策略以及收益作为已知条件，将终止子博弈变为终止节点，分析倒数第二个阶段的玩家在知道对方将采取这些最优策略的情况下，自己的最优选择。

递归应用过程。重复上述步骤，逐步向根节点推进，分析每一个子博弈中的最优策略。在每一步推导中，都假设后续的子博弈中玩家将采取已经确定的最优策略。

整合均衡策略。最终，将所有阶段的最优策略整合起来，形成整个博弈的均衡策略组合。这一组合即为子博弈纳什均衡，确保在每一个子博弈中玩家的策略都是最优的。

逆向归纳法的核心在于其递归性和系统性，通过从博弈的末端向前推导，可以逐步确定每个阶段的最优策略。这种方法不仅简化了复杂博弈的分析过程，还确保了均衡策略的动态一致性和全局最优性。

除了逆向归纳法，求解子博弈纳什均衡还有其他方法，如使用策略空间的迭代消除非严格占优策略、利用数学规划技术等。然而，逆向归纳法因其直观性和系统性，通常被认为是最常用和最有效的方法，特别适用于有限博弈和有明确决策阶段的动态博弈。

二、求解实例：蜈蚣博弈

为了使读者更好地理解子博弈纳什均衡的概念及其求解方法，下面通过一个经典的博弈实例——蜈蚣博弈（Centipede Game）来详细说明。

（一）博弈描述

蜈蚣博弈是一种经典的动态博弈，通常由两位玩家参与。该博弈的结构可以用一个博弈树表示，展示玩家在不同节点上的选择及其对应的收益。蜈蚣博弈的基本特征如下：

参与者：为玩家1和玩家2轮流作出决策。

决策节点：每个决策节点有两种选择。

（1）继续：将决策权交给对方，博弈继续进行到下一个节点；

（2）停止：博弈终止，双方根据当前节点获得各自的收益。

收益结构：在蜈蚣博弈中，随着博弈的继续，潜在的总收益会逐渐增加。例如，每当玩家选择"继续"，总收益可能会增加一部分，然后在博弈终止时，双方按照一定的比例分配这些收益。

博弈动态：玩家的选择不仅影响当前的收益分配，还影响未来的决策机会和收益潜力。继续博弈的玩家期望获得更高的未来收益，但也面临对方选择停止博弈的风险。

在蜈蚣博弈的典型版本中，博弈从玩家1开始，玩家1选择"继续"或"停止"，然后轮到玩家2作出同样的选择。这个过程可能持续多个回合，直到某一玩家选择"停止"，博弈结束，双方获得当前的收益分配。

蜈蚣博弈的一个显著特点是其博弈结构的对称性和递增的收益，这使它成为研究动态博弈和子博弈纳什均衡的理想案例。通过蜈蚣博弈，可以直观地展示子博弈纳什均衡的应用及其带来的策略推导过程。

（二）识别子博弈

在蜈蚣博弈中，识别子博弈是分析其纳什均衡的重要步骤。由于蜈蚣博弈具有明确的轮流决策结构和逐步递增的收益，其子博弈的识别相对直观和简便。具体步骤如下：

1.确定博弈的决策节点

蜈蚣博弈的决策节点是每一轮玩家需要作出"继续"或"停止"选择的点。这些节点交替出现，玩家1和玩家2轮流作出决策。

2.验证独立性和完备性

（1）独立性。每一个非终止的决策节点都是一个子博弈的起点。因为从任一决策节点开始，后续的决策和收益都只依赖于从该节点开始的博弈过程，与之前的博弈过程无关。

（2）完备性。在蜈蚣博弈中，信息集是完备的。每一个决策节点的玩家都知道博弈当前所处的阶段，没有信息的不对称或模糊。这确保了子博弈内部的信息结构与整个博弈的一致性。

3.确定所有子博弈

在蜈蚣博弈中，每一个非终止的决策节点都可以作为一个子博弈的起点。博弈的每一轮决策节点都具备独立性和完备性，因此每一个决策节点及其后续节点组成的部分都可以被视为一个独立的子博弈。

4.记录子博弈结构

为了便于分析，可以将每一个子博弈的结构记录下来，包括其起始节点、涉及的玩家、决策路径以及对应的收益分配。这有助于后续应用逆向归纳法进行均衡求解。

通过上述步骤，可以系统地识别出蜈蚣博弈中的所有子博弈。这一过程不仅有助于理解博弈的整体结构，还为应用子博弈纳什均衡提供了必要的基础。由于蜈蚣博弈对子博弈的识别较为直接，分析其均衡状态也相对简便，从而成为教学和研究中的经典案例。

（三）求解子博弈纳什均衡

为了求解蜈蚣博弈的子博弈纳什均衡，将采用逆向归纳法。逆向归纳法通过从博弈的最后阶段开始，逐步向前推导出每个阶段的最优策略，最终确定整个博弈的均衡策略组合。以下是具体的求解步骤：

1.分析最后一个子博弈

假设蜈蚣博弈有有限的回合数，设定最后一个回合为第 n 轮。在第 n 轮，玩家面对的决策节点只有两个选择："继续"或"停止"。由于这是最后一轮，选择"继续"没有任何意义。因为没有后续回合，故玩家在此必然会选择"停止"，以最大化自身收益。

2.推导倒数第二个子博弈

考虑第 $n-1$ 轮的决策节点。在这一轮，玩家知道如果选择"继续"，博弈将进入第 n 轮。而在第 n 轮，玩家将选择"停止"。因此，在第 $n-1$ 轮，玩家会权衡选择"停止"立即获得的收益与"继续"后续获得的预期收益。如果立即停止能够带来更高或相等的收益，玩家将选择"停止"。反之，若继续能够带来更高的预期收益，玩家将选择"继续"。但由于在第 n 轮玩家会选择"停止"，通常情况下，玩家会倾向于在第 $n-1$ 轮选择"停止"，以避免对方在第 n 轮取得决定权，降低己方的收益。

3.递归向前推导

按照上述逻辑，逐步向前推导至每一个早期的子博弈。在每一个决策节点，玩家都会预见后续子博弈中的最优策略，并据此选择最优策略。例如，在第 k 轮，玩家会考虑如果选择"继续"，博弈将进入第 $k+1$ 轮，而在第 $k+1$ 轮玩家会选择"停止"。因此，玩家会比较立即停止与继续后的预期收益，通常会选择"停止"，以确保自身收益最大化。

4.确定均衡策略组合

通过上述递归推导，最终可以确定从第一轮开始，每一轮玩家的最优策略。由于每一轮的策略都是基于后续子博弈中玩家的最优选择，整个策略组合构成了子博弈纳什均衡。

在蜈蚣博弈的典型设置中，逆向归纳法的应用会发现每一轮玩家都会选择"停止"，因为每个玩家都预见后续回合中对方会选择"停止"，从而选择立即停止，以最大化自身收益。这导致整个博弈在最初的决策节点就终止。尽管这与博弈的潜在高收益目标相悖，但还是基于理性预期下的均衡结果。

这一结果表明，尽管理论上继续博弈可以带来更高的总收益，但各玩家的理性预期和对未来策略的预测，实际均衡策略还是会导致博弈提前终止。这揭示了动态博弈中理性预期对策略选择的深远影响，也展示了子博弈纳什均衡在解释和预测博弈行为中的重要作用。

（四）总结

子博弈纳什均衡作为动态博弈中的一个关键均衡概念，提供了一种系统化的方法来分析和预测玩家在不同博弈阶段的策略选择。通过对子博弈的分析，子博弈纳什均衡确保了玩家的策略在每一个子博弈中都是最优且一致的，从而提高了整个博弈分析的精确性和可靠性。

逆向归纳法作为求解子博弈纳什均衡的主要方法，其从博弈末端逐步推导的逻辑，能够有效地揭示出各阶段的最优策略。通过这种方法，分析者能够系统地剖析复杂博弈的策略结构，确保在每一个决策点上的策略选择都是基于理性和最优预期的。

以蜈蚣博弈为例，我们看到即便在潜在收益逐步递增的情况下，子博弈纳什均衡仍然会导致博弈提前终止。尽管这一结果与直觉相悖，但反映了理性预期和策略一致性在动态博弈中的重要性。蜈蚣博弈的分析不仅验证了子博弈纳什均衡的理论有效性，也揭示了理性行为在博弈中的复杂动态。

总的来说，子博弈纳什均衡在博弈理论中具有重要的理论和实际意义。它不仅丰富了纳什均衡的应用范围，还为动态博弈的分析提供了更为细致和全面的工具。子博弈纳什均衡在诸多领域内都有更复杂的应用，如不完全信息博弈、多阶段重复博弈等领域，以及在经济学、政治学和社会科学中的广泛应用。

第五节　序贯均衡

一、序贯均衡概述

在动态博弈中，玩家的决策往往是分阶段进行的，各方可能根据先前观察到的行动（包括其他玩家传递的信号）来更新对其他玩家类型的信念，从而在后续阶段作出策略选择。当信息不完全时，玩家并不直接掌握所有关于对手偏好或特征的准确信息，而是需要依据观察到的行动从有限的信息中推断对方的类型。此时，分析博弈均衡要求我们考虑玩家在不同时期的行动、信息更新与策略选择的动态一致性。

在这种背景下，序贯均衡（Sequential Equilibrium）作为贝叶斯纳什均衡的精炼概念之一，被广泛用于动态不完全信息博弈分析中。序贯均衡弥补了纯贝叶斯纳什均衡在动态环境下可能存在非可信威胁或不合理信念的缺陷。通过对每一个信息集规定合理的信念更新方式和策略选择条件，序贯均衡确保均衡不仅在整体上是稳定的，而且在每一个子博弈、每一个信息集处都保持策略与信念的相容性和合理性。

序贯均衡要求一组策略和一组对应的信念系统（belief system）同时满足两个条件：

（1）序贯理性（Sequential Rationality）。在每一个信息集处，玩家所采取的策略应是给定其信念下的最优反应。

（2）信念一致性（Consistency of Beliefs）。每一个在均衡路径上（以及在可得情况下，偏离均衡路径的信息集）形成的信念都应根据贝叶斯法则从均衡策略中推导出来。如果偏离路径的历史导致贝叶斯更新无法唯一确定信念，则一致性要求通过限定合理的信念形成规则，如极限论证、颤抖手（Trembling-hand）等方法，来确保信念与均衡策略的尽可能协调。

有了序贯均衡的定义和思路，接下来展示一般性的求解方法步骤，再通过一个简单的动态信号传递博弈例子来说明求解过程。这将为之后介绍斯彭斯（1973）的著名信号传递模型奠定理论基础。

二、序贯均衡的一般求解方法

在分析动态不完全信息博弈的序贯均衡时，可按如下步骤进行：

1.明确博弈模型结构

从扩展形式（extensive form）的视角描述博弈，包括：

玩家、决策顺序与决策节点分布；玩家类型空间与信息集结构；行动集合及各行动对应的后续节点与收益函数；初始类型分布与先验概率。

2.策略与信念体系的定义

与静态不完全信息博弈不同，在动态博弈中，每位玩家的策略必须对每一个可能面对的信息集指定一个动作，从而形成一条完整的应对规则。与此同时，需要为每一个信息集指定玩家对其他玩家类型的信念分布。信念体系是将博弈各节点与玩家对对手类型的概率评估联系起来的。

3.信念更新与一致性

对于在均衡路径中出现的信息集，信念可以通过贝叶斯法则直接更新得到。对于没有在均衡路径上出现的偏离历史节点，需要采用额外合理性条件（如极限论证、颤抖手等方法）赋予低概率的偏离，从而定义偏离路径信息集的信念。这一步确保信念体系对均衡路径上的信息更新是合理的，并对离开均衡路径的情况给出有内在合理性的解释。

4.序贯理性

给定信念体系，检查每个信息集处玩家的策略选择是否为最大化预期效用的最优反应。若存在偏离能提高玩家在某一信息集的期望收益，则该策略不满足序贯理性，需要调整策略。

5.寻找策略–信念的固定点

最终的序贯均衡是一个（策略组合、信念体系的）固定点：在该固定点上，玩家策略确保了在所有信息集的序贯理性，而信念体系在均衡路径以及可及的非均衡路径上与这些策略相容，并尽可能符合贝叶斯法则。

在实践中，求解序贯均衡经常需要从博弈的末端信息集开始，通过将逆向归纳法与信念更新相结合，逐步向前推导策略与信念的组合。对于简单博弈，可用直接计算和逻辑推理来找到序贯均衡；对于复杂博弈，则需要通过数值方法或特定结构假设来求解。

三、求解实例："啤酒或乳蛋饼"博弈

通过在博弈论教材〔如罗伯特·吉本斯（Robert Gibbons）的 *Game Theory for Applied Economists* 和马丁·奥斯本（Martin Osborne）的 *An Introduction to Game Theory*〕中经常出现并广为流传的"啤酒或乳蛋饼"博弈（Beer–Quiche Game）或称"弱者与强者的信号选择"博弈来展示序贯均衡的求解方法。"啤酒或乳蛋饼"博弈的描述如下：

有两位玩家，一位可能是"强壮型"（S）或"弱小型"（W），另一位在观察到对方的行动后决定"进攻"（F）或"退让"（D）。虽然此例常以选择啤酒或乳蛋饼当作信号，但在此可作一个更通俗的阐释：强壮或弱小的一方在第一阶段发送信号，"硬派"信号或"软派"信号，而信号信息接收者在第二阶段根据所见信号决定是否进攻。通过分析不同参数下的均衡，能够展示在序贯均衡框架下的混同均衡（Pooling Equilibrium）和分离均衡（Separating Equilibrium）。

（一）博弈描述

1.玩家与类型

玩家1（信号信息发送者）：可能是 S 或 W 两种类型。类型由自然（Nature）以已知概率分布选择，如 $P(S)=p$，$P(W)=1-p$。玩家1知道自己的类型，玩家2不知道。

玩家2（信号信息接收者）：在观察玩家1的行动后选择 F 或 D。

2.收益结构

对玩家1（强壮型 S）：不怕对方进攻，若对方选择进攻则有一定收益。若对方放弃进攻（D），S 获得较高收益，若对方进攻（F），因为 S 是强者，支付的代价较小，仍有相对不错的收益。

对玩家1（弱小型 W）：害怕对方进攻，若对方选择进攻则收益很低。W

可以尝试通过某种成本较低的"软信号"来显得不那么强，以期对方放弃，但往往装作强者很难持续下去。

对玩家2：当玩家2面临不确定类型的玩家1时，若相信对方是弱者，进攻（F）可获得较高收益；若相信对方是强者，进攻可能无利甚至有损失，不如退让（D）。

通俗而言：

（1）S类型的玩家1偏好让玩家2相信自己强壮而退让。

（2）W类型的玩家1可能试图假装成S类型，但可能付出某类不对称成本。

（3）玩家2若坚信对方是弱者则倾向进攻，若坚信对方是强者则倾向退让。

（二）求解序贯均衡

1. 策略与信念

玩家1的策略是为每个类型（S或W）在第一阶段选择A或B的决策：$s_1(S) \in \{A, B\}$, $s_1(W) \in \{A, B\}$。

玩家2的策略是在观察到A或B后选择F或D：$s_2(A) \in \{F, D\}$, $s_2(B) \in \{F, D\}$。

信念体系：玩家2在观察到A或B后形成后验信念$\mu(S|A)$和$\mu(S|B)$，这些信念可根据贝叶斯法则从均衡策略中导出。

2. 信念更新与一致性

若在均衡中，特定类型的玩家1只会选择某个动作，那么观察到该动作后，玩家2的后验信念应与此策略相容。若一个动作在均衡中从未由某类型玩家执行，那么需要规定非均衡路径的信念，即若玩家1偏离均衡路径选择了"奇怪"的动作时，玩家2应如何更新信念。这些离开路径的信念必须满足序贯均衡的合理性要求，一般要求在可能的范围内依据贝叶斯法则分配小概率偏差解释。

3. 序贯理性要求

给定信念$\mu(S|A)$，玩家2要在观察到A后选择最大化预期收益的行动（F或D）。若$\mu(S|A)$足够高使玩家2相信对方是强者，则更倾向D；若$\mu(S|A)$足够低使玩家2认为对方是弱者，则更倾向F。同理，玩家1的S类型和W类型在知道玩家2的响应规则后，选择A或B使各自期望收益最大化。

在混同均衡中，两种类型 S 和 W 选择同一动作（如都选 A），这使玩家2无法区分其类型，玩家2的信念与策略要确保即使这样，W 没有动力改变策略，S 也无偏差动机。

在分离均衡中，S 选择 A，W 选择 B，从而使玩家2在观察到 A 或 B 后能精确分辨对方是 S 还是 W。此时玩家2对 A 和 B 的信念分别是 $\mu(S|A)=1$、$\mu(S|B)=0$，这实际上使玩家2对玩家1的类型彻底明晰。玩家2根据此信念选择有利的动作：对信号 A 选择行为 D，对信号 B 选择行为 F。在这种均衡下 W 若想假装 S 类型就必须选择 A，但对 W 来说选择 A 会有额外成本或预期收益更差，从而无利可图，因此分离均衡成立。

4.寻找和比较不同参数下的均衡

通过调节参数（如 S 和 W 在选择 A 或 B 时的收益），可以得到：

混同均衡：S 和 W 都选择同一个动作，玩家2由此无法区分类型，但必须对离开路径的行为和对方动作形成合适的信念，使 W 无偏离动机，S 也无偏差动机。这种均衡通常在一定条件下存在，但可能不稳定或不满足更严格的精炼条件。

分离均衡：S 选择 A 而 W 选择 B，玩家2根据观察的动作对类型形成精确判断，从而选择最优反应。例如，观察到 A 就认为对方是强者而选择退让（D），观察到 B 就认为对方是弱者而选择进攻（F）。这要求动作 A 对 S 有较低的成本而对 W 成本较高，以保证 W 不愿假冒 S。

在有些参数条件下，混同均衡无法满足序贯均衡的严格要求（如对某些离开路径动作指定的信念不够合理），而在另一些条件下可能出现多个均衡，有的为混同均衡，有的为分离均衡，对参数进行适当设定可以导致只有分离均衡的存在。

第二章

斯彭斯（1973）的信号博弈和早期信息传递实验

第一节 斯彭斯（1973）的信号博弈

一、背景与模型设定

以经典的劳动力市场信号传递模型为例[①]。

1.玩家与类型

（1）劳工（W）：有两种类型，高能力（H）和低能力（L）。高能力劳工比低能力劳工更有生产力，但雇主在雇用前不能直接观察到劳工的类型。

（2）雇主（F）：面对未知类型的劳工，需要根据劳工所选择的教育水平来推断该劳工的能力，从而决定支付的工资。

2.时序与信息

该博弈是动态的：

（1）自然确定劳工类型 $\theta \in \{H, L\}$，其中 $P(\theta=H)=p$，$P(\theta=L)=1-p$。只有劳工本身观测到自己的类型，雇主无法直接观察类型。

（2）劳工在第二阶段选择教育水平 $e \geq 0$。受教育是有成本的，并取决于劳工的类型。我们用 $C_\theta(e)$ 表示受教育的成本，$C_H(e)<C_L(e)$，即高能力劳工的教育成本低于低能力劳工的教育成本。

（3）雇主在第三阶段观察到教育水平 e，根据自己的信念与策略为劳工提供工资 $w(e)$。

3.收益结构

（1）劳工的效用：若劳工类型为 θ，选择教育水平为 e 并获得工资 w，则效用为

$$U_W = w - C_\theta(e)$$

（2）雇主的效用：雇主面临对劳工类型的判断问题。若雇主相信劳工是

[①] 参见安德鲁·马斯–科雷尔、迈克尔·惠斯顿、杰里·格林（Andrew Mas-Colell, Michael Whinston and Jerry Green）所著的《微观经济学》第13章相关内容.

高能力则支付与高能力相匹配的工资 w_H，若相信其是低能力则支付 w_L。通常假设高能力劳工的边际生产力高于低能力劳工，因此 $w_H > w_L$。若雇主错判，则导致负利润。

在斯彭斯（1973）的模型中，教育不提升劳工的生产力，仅作为信息传递手段。高能力劳工为表现自己优势，选择较高的教育水平，从而与低能力劳工区别开来。

二、序贯均衡的求解思路

在这样一个动态不完全信息博弈中，序贯均衡要求：

（1）在每一个信息集上玩家的策略都是给定信念下的最优反应；

（2）信念体系与观察到的信号策略相容，即在均衡路径上用贝叶斯法则更新信念，在偏离路径上根据合理规则指定信念。

求解步骤为：

1. 设定信念体系

雇主在观察到教育水平 e 后，形成对劳工类型的后验信念 $\mu(H|e)$ 和 $\mu(L|e)$。在均衡中，这些信念必须由均衡策略通过贝叶斯法则导出。

2. 雇主的最优策略（序贯理性）

在给定信念的情形下，雇主决定支付工资。若 $\mu(H|e)$ 足够大，使期望产出 $E[\text{生产力}|e] \geq w_H$ 的支出具有正期望利润，则雇主愿意支付高工资 w_H；否则雇主只支付低工资 w_L。

3. 劳工的最优策略

知道雇主对各教育水平 e 的工资支付规则后，高、低能力劳工选择教育水平 e，最大化自身预期收益 $w(e) - C_\theta(e)$。高能力劳工愿意接受较高的 e 来信号化自己的高能力，以得到 $w_H > w_L$。低能力劳工在较高教育下成本过高，不愿模仿。

4. 寻找策略与信念的固定点

将雇主的信念、工资决定规则与劳工的教育选择综合考虑，看是否存在（教育选择策略、工资函数、信念体系）三者同时满足序贯均衡要求的解。

三、混同均衡与分离均衡

在信号传递博弈中，根据不同参数（如教育成本函数的相对大小、类型分布 p），可能产生两类均衡。

1.混同均衡

在这种均衡中，高能力与低能力劳工选择相同的教育水平 $\tilde{e}$，使雇主无法据此区分类型。

（1）劳工策略：无论高、低能力，都选择同一教育水平 $\tilde{e}$。

（2）雇主信念：观察到 $e = \tilde{e}$ 后，雇主的后验信念 $\mu(H|\tilde{e}) = p$，即信念不因教育水平改变，与先验相同。

（3）工资策略：雇主给出统一工资 $w(\tilde{e}) = \tilde{w}$，其可取介于 w_H 与 w_L 之间的值，以使无类型有动力偏离。在某些参数条件下，这种均衡可能存在。

2.分离均衡

在这种均衡中，高能力和低能力劳工选择不同的教育水平 e_H 与 e_L（且 $e_H > e_L$），使雇主观察到 e_H 就信以为该劳工为高能力类型，观察到 e_L 则认为其为低能力类型。

（1）劳工策略：H 类型劳工选择 e_H，L 类型劳工选择 e_L。

（2）雇主信念：$\mu(H|e_H) = 1$ 且 $\mu(L|e_L) = 1$，雇主可从教育水平中精确推断劳工类型。

（3）工资策略：雇主观察到 e_H 支付高工资 w_H，观察到 e_L 支付低工资 w_L。

此时，高能力劳工因低教育成本而乐意提升教育水平，将自己与低能力劳工区分开来。低能力劳工若尝试模仿高能力教育水平 e_H，在该成本下其净收益不及维持低教育、低工资策略。这样在不偏离的条件下形成分离均衡。

若高能力劳工提升教育水平的相对成本远低于低能力劳工，那么存在一个分离均衡。此时高能力通过选择较高教育水平成功传递自己的高能力信号，雇主相信高教育对应高能力并支付高工资。

在某些参数条件下，如高能力与低能力的教育成本函数非常接近，使低能力工人也有动力仿效高能力的教育选择，从而无法通过教育信号实现有效分离，于是只能产生混同均衡。

四、总结

通过该经典模型，我们可以理解序贯均衡下的混同与分离均衡是如何形成的：

（1）混同均衡。两类型工人选择相同教育水平，雇主根据先验信念决定工资，无法区分劳工类型。

（2）分离均衡。高能力与低能力工人选择不同教育水平，使雇主能够根据教育信号准确识别类型，高能力获得高工资，低能力获得低工资。

参数条件如教育成本函数的性质、类型分布等决定何种均衡的存在。通过这些均衡分析，我们能更深入地理解的内涵斯彭斯（1973）经典论文中工人教育作为信息传递工具的分析奠定基础。斯彭斯的结果表明，教育在分离均衡中可有效传递劳工类型信息，这在理论与现实中对劳动市场、认证机制以及广泛的市场信号设计都有深远影响。

第二节　斯彭斯信号模型的实验分析

本节围绕关于斯彭斯信号传递模型的实验经济学研究进行回顾和梳理。文献首先对斯彭斯模型本身的理论预测作研究，探讨了均衡选择和精炼理论在实验结果中的解释能力。后续文献将斯彭斯模型在不同的博弈环境中作拓展，讨论了适应性学习和团队合作等方面的问题。

乔迪·布兰茨（Jordi Brandts）和查尔斯·霍尔特（Charles Holt）在实验环境下研究了信号博弈中的均衡选择，重点考察个体如何通过调整决策逐步收敛到某一均衡[①]。实验结果表明，信息传递者的信号发送决策以及信息接收者的回应均受过去经验的影响，并随时间调整。研究发现，均衡的选择不仅

---

① BRANDTS J，HOLT C A. An experimental test of equilibrium dominance in signaling games[J]. The American Economic Review，1992，82（5）：1350-1365.

依赖于博弈结构，还受个体初始信念和调整路径的影响。参与者表现出试探性行为：信息传递者尝试不同信号，信息接收者未能准确解读信号。

研究了在实验环境下信号博弈中的均衡选择是否能被如直觉标准（Intuitive Criterion）、向前归纳（Forward Induction）等均衡精炼理论所解释[①]。实验结果显示，虽然初始阶段参与者往往表现出较为分散的策略选择，但随着博弈的重复进行、信息反馈的不断累积，参与者逐渐趋向于选择那些符合精炼标准的策略。这一发现支持了精炼理论在信号博弈分析中的应用价值。

大卫·库珀（David Cooper）、苏珊·加文（Susan Garvin）、约翰·卡格尔（John Kagel）基于保罗·米尔格罗姆（Paul Milgrom）和约翰·罗伯茨（John Roberts）的入市限价博弈模型，在实验环境下探讨了垄断者如何利用限价作为信号以阻止潜在竞争者进入市场[②]。理论上，垄断者的成本类型对其价格决策有着重要影响，而通过设定低价，低成本垄断者能够传递其竞争力强的信息，从而抑制竞争者进入。实验中，参与者分别被分配为垄断者和潜在进入者。垄断者在了解自身成本类型的后选择一个价格，这一选择既决定了自身收益，又向进入者传递其成本信息；随后，进入者根据信号及先验信念决定是否进入市场。实验结果显示，参与者在博弈初期往往表现出非战略性或短视行为：垄断者倾向于选择其在无战略考虑时的最优选择，而进入者也未能充分解读价格信号。然而，随着博弈的不断重复和反馈信息的积累，双方逐渐调整策略，垄断者开始采用低输出水平传递低成本信号，而进入者也开始根据观察到的输出水平调整入市决策。实验结果表明，适应性学习机制在帮助参与者克服初始行为偏差、实现策略逐步收敛方面起到关键作用。

库珀和卡格尔通过实验比较了团队与个体在信号博弈中的表现[③]。实验采用了斯彭斯的信号博弈模型，在团队情境下，成员之间可以通过对话沟通共

① BANKS J, CAMERER C, PORTER D. An experimental analysis of Nash refinements in signaling games[J]. Games and Economic Behavior, 1994, 6(1): 1–31.

② COOPER D J, GARVIN S, KAGEL J H. Signalling and adaptive learning in an entry limit pricing game[J]. The RAND Journal of Economics, 1997: 662–683. MILGROM P, ROBERTS J. Relying on the information of interested parties[J]. RAND Journal of Economics, 1986, 17(1): 18–32.

③ COOPER D J, KAGEL J H. Are two heads better than one? Team vs individual play in signaling games[J]. American Economic Review, 2005, 95(3): 477–509.

同决策。在初始阶段，个体玩家和团队均存在一定的非策略性行为，但随着博弈的不断进行，团队玩家能够利用内部沟通迅速调整策略，而个体玩家调整较为缓慢。这种现象在奖励结构发生变化时尤为明显。实验结果表明，团队在协调决策和传递信息方面能够更好地达到均衡并实现更高的经济效率，克服个体在有限理性条件下的行为偏差，并产生正向的协同效应。

第三章

廉价谈话

文森特·克劳福德（Vincent Crawford）和乔尔·索贝尔（Joel Sobel）在1982年提出的廉价谈话（Cheap Talk）模型是信息经济学与博弈论研究中具有里程碑意义的成果之一[①]。这一模型为理解无正式约束下的沟通如何影响经济决策提供了清晰而严谨的分析框架。在现实生活中，许多主体之间的信息交流并不受强制或约束，传递信息的行为本身没有直接成本，传递的信息内容也可能不具真实性，但可能对对方的行为和市场结果产生深远影响。在此情况下，信息交流会受激励问题与策略性考虑的双重影响，从而形成独特而复杂的沟通格局。

廉价谈话模型的核心思想是，信息发送者与信息接收者之间存在利益不完全一致。信息发送者拥有某种关于世界状态的私有信息，并希望以最有利于自身的方式影响信息接收者的行为决策。由于发送信息不需付出成本，信息发送者可以随意夸大、隐瞒或扭曲信息。信息接收者则需要意识到这种动机冲突，理性地对信息发送者的表述进行解读和信念更新，从而决定自身最优行动。克劳福德和索贝尔（1982）发现，在一个无成本沟通的环境中，利益冲突的存在导致信息传递不充分，信息以模糊的信息区间划分形式而非精确的事实交流为特征。

第一节　廉价谈话模型概述

克劳福德和索贝尔的廉价谈话模型是信息经济学与博弈论交汇处的奠基性研究之一。该模型通过严谨的数学分析，从理论上揭示了在无成本、无强制约束的沟通条件下，不同利益目标的玩家之间能否实现有意义的信息传递，以及这种信息传递在均衡中呈现何种结构。与斯彭斯（1973）模型中依赖有代价传递信息不同，廉价谈话的本质在于，发送信息的行为本身无须付出直接

[①] CRAWFORD V P, SOBEL J. Strategic information transmission[J]. Econometrica, 1982: 1431-1451.

成本，也不要求消息可验证或具有约束力（commitment power）。在这种无成本谈话的情境下，信息发送者（S）可以自由地发出任何信号m，以影响信息接收者（R）的后续行动a。而信息接收者则知道信息发送者有潜在的激励来扭曲信息，于是必须理性地将收到的消息加以折扣，从而得出尽可能合理的后验信念并选择行动。

模型的基本设定如下：有一个实值状态变量$\theta \in [0,1]$，其分布已为双方所知，通常假定为均匀分布以简化分析。信息发送者观测到θ的精确值，信息接收者仅知道θ的分布。信息发送者向信息接收者发送任意消息m，此过程无任何成本。信息接收者在接收到m后，通过贝叶斯法则对θ的分布进行更新，形成后验分布μ，并在此基础上选择行动a，以最大化自己的期望效用$u_R(a,\theta)$。信息接收者希望选择与θ尽可能匹配：$u_R(a,\theta) = -(a-\theta)^2$。然而，信息发送者的偏好往往存在系统偏差，如果信息发送者的目标是让a向$\theta+b$偏移，其中$b \neq 0$，则信息发送者有激励在报告中隐藏或夸大信息，从而影响信息接收者的行动方向。

克劳福德和索贝尔的主要贡献在于证明了当存在系统偏差$b \neq 0$时，不存在完全分离均衡（对每个θ给出独立信号、信息接收者由此精确获知θ的均衡）。相反，克劳福德和索贝尔的定理指出均衡呈现分区均衡（Partition Equilibrium）的独特结构：存在一组临界点$0 = t_0 < t_1 < \cdots < t_N = 1$，将状态空间$[0,1]$分割为N个子区间$[t_{k-1}, t_k]$，信息发送者对落入同一子区间的所有状态$\theta$发送同一个信号$m_k$。信息接收者接收到$m_k$后，知道$\theta \in [t_{k-1}, t_k]$。由于状态变量$\theta$满足均匀分布，信息接收者选取区间的中点$\left(a = \dfrac{t_{k-1}+t_k}{2}\right)$作为最优回应。在这种均衡中，信息被"压缩"为有限个区间信号，而非精确的点对点信息传递。

通过对偏差的分析，克劳福德和索贝尔表明，当|b|很小时，目标几乎一致，子区间个数N可以很大，信息接近完全分离，近似信息的充分传递；随着|b|增大，N减少，分区粗化，传递的信息质量下降；当|b|非常大时，N退化为1，所有状态给出相同信号，相当于完全无信息，信息接收者只能猜测初始期望值，对状态毫无分辨力。这个结果为信息不对称条件下的沟通充分程度提供了理论基础。

从经济学的角度来看，克劳福德和索贝尔（1982）的模型具有深刻的现实解释力和启示意义。当沟通无成本且不可验证、双方目标不一致时，即使信息发送者拥有精确信息，也难以完全实现精确的信息传递。信息接收者必须将信息发送者扭曲报告的潜在激励计入，在信念更新中对消息加以折扣，最终只能得到较为粗糙的"区间信息"。这个现象在现实中相当普遍：政治家在竞选演讲中可以无成本地粉饰成绩，选民只能根据其话语大致区分政策前景的等级；企业高管在无实质约束的情形下发布远景，投资者只能将其当作策略性陈述，通过分区化思考预期收益范围；在广告宣传中，卖家或中介随意夸大商品特色，买家只能得到一些模糊的定性判断。

第二节　廉价谈话理论文献进展

在克劳福德和索贝尔（1982）提出廉价谈话模型后，理论研究者对该模型进行了多个方面的拓展和精炼。这些后续理论工作不仅深入研究了均衡精炼和信息传递结构，还探索了多维度信号、重复互动、有限理性、心理成本以及制度设计对信息传递的影响。在此过程中，学者们提出了新的均衡概念，强调了信念更新的细节，并扩展到多信息接收者、多信息发送者和网络化的沟通情境，为理解廉价谈话模型的适用边界和潜在政策含义奠定了更为丰富的理论基础。

文献关注对均衡精炼条件及可信性标准的研究。约瑟夫·法瑞尔（Joseph Farrell）深入分析了在廉价谈话环境中信号含义与可信度之间的关系，并提出了更加严格的均衡选择准则[1]。史蒂文·马修斯（Steven Mathews）、奥野藤原正宏（Okuno-Fujiwara Masahiro）和安德鲁·波斯特尔韦特（Andrew Postlewaite）的研究则关注满足可信性、稳健性和帕累托最优的精炼后均衡[2]：

---

① FARRELL J. Meaning and credibility in cheap-talk games[J]. Games and Economic Behavior, 1993, 5（4）: 514–531.

② MATTHEWS S, OKUNO-FUJIWARA M, POSTLEWAITE A. Refining cheap-talk equilibria[J]. Journal of Economic Theory, 1991, 55（2）: 247–273.

第一，沟通内容必须与参与者的激励一致。如果发送者的信息与接收者的最优反应不一致，则这种沟通是不可信的；第二，均衡应该对小的扰动或参与者的微小不确定性具有稳健性；第三，在多个均衡中，帕累托最优的均衡被选择。Ying Chen、纳文·卡尔提克（Navin Kartik）和索贝尔则考虑在多均衡情形下如何通过无分离激励（no incentive to separate）的条件筛选均衡[1]。

多维与多重发端的信号环境也是一个关键议题。马尔科·巴塔格里尼（Marco Battaglini）针对多维信息与多重推荐的分析，探索当状态和激励结构更复杂时，信息发送者选择信号策略的均衡特征[2]。与单一维度单一发端的信号环境截然不同的是，充分的信息传递即使在信息发送者与接收者之间存在极大利益冲突时依然是可以成立的。维杰·克里希纳（Vijay Krishna）和约翰·摩根（John Morgan）研究了有多个信息发送者的廉价谈话，比较了信息接收者选择单一专家、序贯选择专家等情形下的信息传递充分度问题[3]。

将心理因素与谎言成本引入模型是另一大进展。卡尔提克将谎言成本纳入廉价谈话模型，为理解为什么在现实中玩家可能不愿无限制地偏离真实信息提供了基础[4]。雅各布·格雷泽（Jacob Glazer）和阿里尔·鲁宾斯坦（Ariel Rubinstein）则在最优说服规则（persuasion rules）情境下讨论了如何在制度设计中利用谎言惩罚机制提升信息传递质量[5]。

文献还关注了多信息接收者、多信息发送者和网络化的沟通情境。玛丽亚·戈茨曼（Maria Goltsman）、约翰内斯·霍纳（Johannes Hörner）、格雷戈里·巴甫洛夫（Gregory Pavlov）和弗朗切斯科·斯昆塔尼（Francesco

① CHEN Y，KARTIK N，SOBEL J. Selecting cheap-talk equilibria[J]. Econometrica，2008，76（1）：117-136.

② BATTAGLINI M. Multiple referrals and multidimensional cheap talk [J]. Econometrica，2002，70（4）：1379-1401.

③ KRISHNA V，MORGAN J. The art of conversation：eliciting information from experts through multi-stage communication[J]. Journal of Economic Theory，2004，117（2）：147-179.

④ KARTIK N. Strategic communication with lying costs[J]. Review of Economic Studies，2009，76（4）：1359-1395.

⑤ GLAZER J，RUBINSTEIN A. On optimal rules of persuasion[J]. Econometrica，2004，72（6）：1715-1736.

Squintani）讨论了多方介入的调解与仲裁如何影响信息传递均衡①。阿提拉·安布鲁斯（Attila Ambrus）和高桥悟（Takahashi Satoru）在多信息发送者模型下分析了状态空间受限时的均衡特征并刻画了完全披露贝叶斯均衡存在的充分必要条件②。珍妮·哈根巴赫（Jeanne Hagenbach）和弗雷德里克·科斯勒（Frédéric Koessler）将廉价谈话拓展至网络结构中，探讨了当沟通不再是双边而是通过网络节点传播时，信息传递与均衡的性质发生何种改变，指出了网络中偏好相对中性的博弈参与者会交流更多的信息并对决策有更大的影响③。

制度设计和信号语言结构优化同样备受关注。安德烈亚斯·布鲁梅（Andreas Blume）和奥利弗·博德（Oliver Board）讨论了语言障碍与沟通编码问题，分析了在具有不完美语言或信号定义的环境中如何维持有用信息传递④。大卫·奥斯汀－史密斯（David Austen-Smith）和杰弗里·班克斯则从焚烧金钱（money burning）的角度考察了如何通过引入虚拟代价以提升信息可信度⑤。

重复博弈与动态信息更新是理论拓展的另一条主线。约翰·摩根和菲利普·斯托肯（Phillip Stocken）分析了在多阶段沟通中，信息发送者如何构建长期声誉并提高信息精度，并将这一思路应用于分析证券推荐市场中⑥。路易斯·拉约（Luis Rayo）和伊利亚·西格尔（Ilya Segal）则研究了最优信息披露问题，探讨在制度给定下如何最优设计信息传递规则⑦。

① GOLTSMAN M，HÖRNER J，PAVLOV G，et al. Mediation，arbitration and negotiation[J]. Journal of Economic Theory，2009，144（4）：1397-1420.

② AMBRUS A，TAKAHASHI S. Multi-sender cheap talk with restricted state spaces[J]. Theoretical Economics，2008，3（1）：1-27.

③ HAGENBACH J，KOESSLER F. Strategic communication networks[J]. Review of Economic Studies，2010，77（3）：1072-1099.

④ BLUME A，BOARD O. Language barriers[J]. Econometrica，2013，81（2）：781-812.

⑤ AUSTEN-SMITH D，BANKS J S. Cheap talk and burnt money[J]. Journal of Economic Theory，2000，91（1）：1-16.

⑥ MORGAN J，STOCKEN P C. An analysis of stock recommendations [J]. RAND Journal of Economics，2003，34（1）：183-203.

⑦ RAYO L，SEGAL I. Optimal information disclosure[J]. Journal of Political Economy，2010，118（5）：949-987.

法瑞尔和马修·拉宾（Mathew Rabin）对廉价谈话相关文献进行了梳理①，整理了廉价谈话在企业内部的沟通与协调、市场中的价格信号与广告、政治家与选民之间的沟通、国际谈判中的非正式磋商、社会规范的形成与演化以及群体的协调与合作等经济学、政治学、社会学问题中的应用。法瑞尔和拉宾还指出文献应考虑重复博弈中的廉价谈话、如何通过激励机制设计以促进信息传递，以及通过实验经济学的方法检验廉价谈话理论在现实中的适用性等问题。

综上所述，自克劳福德和索贝尔（1982）以来的理论文献大幅扩展了廉价谈话模型的适用范围与解释力。从均衡精炼、多维信号、重复互动、道德和心理成本、制度设计到网络化沟通，这些研究丰富了模型结构与预测结果，为我们更深入地理解现实中无约束沟通问题提供了坚实的分析框架。

第三节　基于克劳福德和索贝尔（1982）的实验文献综述

克劳福德和索贝尔（1982）提出的廉价谈话模型为在无成本沟通下分析具有不一致目标的理性决策者间的信息传递奠定了理论基础。该模型的核心观点是，当信息发送者与信息接收者存在利益偏差，且沟通不具约束力和成本时，信息传递往往无法达到完全分离均衡，而是以有限分区的形式出现。这一理论自提出后就引起了广泛的实验检验和拓展，实验经济学研究者尝试通过控制实验条件、引入重复互动、社会偏好及多维信息结构等干预来检验模型预测的稳健性和适用性。

早期的实验文献对基本廉价谈话模型的检验显示，参与者在无成本沟通中确实表现出信息粗化的特征。约翰·狄克豪特（John Dickhaut）、凯文·麦凯布（Kevin McCabe）和阿里吉特·穆克吉（Arijit Mukherji）的实验研究是该

---

① FARRELL J，RABIN M. Cheap talk[J]. Journal of Economic Perspectives，1996，10（3）：103–118.

领域的先行者之一，他们的结果表明，参与者的策略选择与模型的分区均衡预测存在对应关系，但实验参与者普遍比理论预测更倾向于传递更加精细的信息[1]。Cai 和 Wang（2006）进一步验证了在战略信息传递博弈中出现的"过度沟通"倾向，说明实际决策者不仅考虑激励，还可能受到社会准则或有限理性的影响[2]。

在具有部分共同利益的沟通博弈中，信息传递精度往往有所改善。安德烈亚斯·布鲁梅、道格拉斯·德容（Douglas V. DeJong）、Yong Gwan Kim 和杰弗里·斯普林克（Geoffrey Sprinkle）等发现，当利益不完全对立而部分重叠时，实验参与者更易形成精细的分区均衡[3]。加里·查内斯（Gary Charness）的研究则强调，如果信息接收者与信息发送者的目标稍有趋同，信息发送者的信息扭曲程度就会显著降低[4]。乌里·格内兹（Uri Gneezy）的实验强调了道德或社会偏好在谎言决策中的作用：即使理论上无撒谎成本，一些参与者仍出于道德考量而避免过度扭曲信息[5]。斯贾克·胡肯斯（Sjaak Hurkens）和纳文·卡尔提克的研究在实验环境下验证了谎言厌恶在无成本沟通下的影响[6]。

加里·查内斯和马丁·杜夫温伯格（Martin Dufwenberg）发现限制发送许诺的信号相比无限制信号会降低社会福利最优的合作频率[7]。约瑟夫·Wang（Joseph Wang）、迈克尔·斯佩齐奥（Michael Spezio）和科林·卡梅伦使用眼动追踪等工具，观察沟通中的注意力分配，发现参与者可逐渐分辨诚实信号

① DICKHAUT J，MCCABE K，MUKHERJI A. An experimental study of strategic information transmission[J]. Economic Theory，1995，6（3）：389–403.

② CAI H，WANG J T Y. Overcommunication in strategic information transmission games[J]. Games and Economic Behavior，2006，56（1）：7–36.

③ BLUME A，DEJONG D，KIM Y G，et al. Evolution of communication with partial common interest[J]. Games and Economic Behavior，2001，37（1）：79–120.

④ CHARNESS G. Self-serving cheap talk：a test of aumann's conjecture[J]. Games and Economic Behavior，2000，33（2）：177–194.

⑤ GNEEZY U. Deception：the role of consequences[J]. American Economic Review，2005，95（1）：384–394.

⑥ HURKENS S，KARTIK N. Would I lie to you？On social preferences and lying aversion[J]. Experimental Economics，2009，12（2）：180–192.

⑦ CHARNESS G，DUFWENBERG M. Broken promises：an experiment[J]. Working Paper，2006.

并调整策略[①]。在谈判和市场互动类实验中，凯瑟琳·瓦利（Kathleen Valley）、利·汤普森（Leigh Thompson）、罗伯特·吉本斯（Robert Gibbons）和马克斯·巴泽曼（Max Bazerman）研究了交流如何提高谈判博弈中的效率，发现即使是非约束性的交流也能促进信任与合作，减少信息不对称，从而提高协议达成的可能性和整体效率[②]。圣地亚哥·桑切斯－帕热斯（Santiago Sánchez-Pagés）、马克·沃萨（Marc Vorsatz）通过实验研究了发送者－接收者博弈中的诚实行为，发现发送者的诚实程度受激励结构、社会规范和偏好的影响，而接收者则会根据发送者的行为模式调整信任程度[③]。考虑参与者的认知限制和行为偏差，川越俊司（Kawagoe Toshiji）、滝沢宏和（Takizawa Hirokazu）利用分层思维（Level-k）分析发现实验参与者并非完全理性，他们仅采用有限层次推理，导致实际均衡偏离模型的完全理性预测[④]。维罗妮卡·格林（Veronika Grimm）和弗里德里克·门格尔（Friederike Mengel）在多博弈学习环境下的实验则揭示经验与学习可以影响参与者对信息信号的理解与使用方式[⑤]。

凯瑟琳·瓦利、约瑟夫·莫格（Joseph Moag）和马克斯·巴泽曼研究了信任在谈判中的作用，发现沟通能够提高交易效率和公平性，增强信任，从而影响最终的结果分配，即使沟通不具约束力也能促进合作[⑥]。托雷·埃林森（Tore Ellingsen）和罗伯特·奥斯特林（Robert Östling）研究了博弈前廉价谈话在何种情况下能改善协调，发现其效果取决于博弈结构、玩家的理性程度

① WANG J T Y, SPEZIO M, CAMERER C F. Pinocchio's pupil: using eyetracking and pupil dilation to understand truth telling and deception in sender-receiver games[J]. American Economic Review, 2010, 100（3）: 984-1007.

② VALLEY K, THOMPSON L, GIBBONS R, et al. How communication improves efficiency in bargaining games[J]. Games and Economic Behavior, 2002, 38（1）: 127-155.

③ S'AN/ CHEZ-PAG'ES S, VORSATZ M. An experimental study of truth-telling in a sender - receiver game[J]. Games and Economic Behavior, 2007, 61（1）: 86-112.

④ KAWAGOE T, TAKIZAWA H. Equilibrium refinement vs level-k analysis: an experimental study of cheap-talk games with private information[J]. Games and Economic Behavior, 2009, 66（1）: 238-255.

⑤ GRIMM V, MENGEL F. An experiment on learning in a multiple games environment[J]. Journal of Economic Theory, 2012, 147（6）: 2220-2259.

⑥ VALLEY K L, MOAG J, BAZERMAN M H. A matter of trust: effects of communication on the efficiency and distribution of outcomes[J]. Journal of Economic Behavior & Organization, 1998, 34（2）: 211-238.

以及信息的可信度，尤其是在重复博弈或共同利益较强时更能促进协调①。加里·查内斯和马丁·杜夫温伯格的研究强调沟通是否能够实现有利的社会结果，关键取决于低能力的参与者是否能够参与一个帕累托改进的结果②。托比亚斯·伦德奎斯特（Tobias Lundquist）、托尔·埃林森（Tore Ellingsen）、埃里克·格里布（Erik Gribbe）和马格努斯·约翰内森（Magnus Johannesson）对谎言行为进行实验分析，发现心理上的谎言成本使实际传递的信息质量高于理论预测③。

团队决策与群体互动实验进一步丰富了研究图景。大卫·库珀和约翰·卡格尔通过实验比较了团队与个体在信号博弈中的表现，结果显示团队在协调决策和传递信息方面更为高效，能够更好地达到均衡并实现更高的经济效率④。阿夫纳·本-纳（Avner Ben-Ner）、路易斯·普特曼（Louis Putterman）在实验中探讨了信任、沟通与合同设计之间的相互作用⑤。研究发现，允许双方沟通不仅能够提高信任水平，而且有助于制定出更为灵活和高效的合同安排，从而改善交易双方的福利。

总的来说，这些实验研究为廉价谈话模型理论与现实的关系提供了多维证据。大多数实验结果支持廉价谈话模型所预测的信息粗化均衡模式。同时，实验展示了现实决策者比纯理论模型中更倾向于诚实、信任和合作。社会偏好、道德约束、重复互动、制度设计和多维信息均对信息传递效果产生显著影响。未来研究有望通过更复杂的实验设计、更先进的识别工具和更细致的制度安排，进一步解析廉价谈话模型的适用范围和修正方式，并为政策与市场机制设计提供实践启示。

① ELLINGSEN T, ÖSTLING R. When does communication improve coordination?[J]. American Economic Review, 2010, 100(4): 1695–1724.

② CHARNESS G, DUFWENBERG M. Participation[J]. American Economic Review, 2011, 101(4): 1211–1237.

③ LUNDQUIST T, ELLINGSEN T, GRIBBE E, et al. The aversion to lying[J]. Journal of Economic Behavior & Organization, 2009, 70(1-2): 81–92.

④ COOPER D J, KAGEL J H. Are two heads better than one? Team vs individual play in signaling games[J]. American Economic Review, 2005, 95(3): 477–509.

⑤ BEN-NER A, PUTTERMAN L. Trust, communication and contracts: an experiment[J]. Journal of Economic Behavior & Organization, 2009, 70(1-2): 106–121.

第四节 利普诺克西和拉维德（2020）的重要拓展

埃利奥特·利普诺克西（Elliot Lipnowski）和多伦·拉维德（Doron Ravid）在克劳福德和索贝尔（1982）的基础上，针对廉价谈话模型进行了重要的拓展与深化[①]。他们研究的是这样一种情形：存在信息发送者与信息接收者，信息发送者观测到世界的真实状态 $\theta \in \Theta$，而信息接收者仅知 θ 的分布并需根据接收到的信号更新信念，从而选择行动 a。与传统的廉价谈话模型相比，利普诺克西和拉维德（2020）最核心的设定区别在于他们假设信息发送者的偏好独立于状态本身（state-independent preferences）。换言之，信息发送者的效用 $u_S(a)$ 仅取决于信息接收者行动 a 而非 θ，这与克劳福德和索贝尔模型中信息发送者的效用同时依赖状态和行动的典型设定有所不同。

数学上，记 μ_0 为状态 θ 的先验分布。信息发送者在观察到 θ 后，选择信号 m，该信号由信息接收者解读为一个后验分布 $\mu \in \Delta(\Theta)$，信息接收者选择行动 $a(\mu) \in A$ 使自身效用 $u_R(a, \theta)$ 最大化。在均衡中，信息发送者在后验分布 μ 下获得的收益写为 $v(\mu) = max_{\{a \in A\}} u_S(a)$。

利普诺克西和拉维德的主要定理之一在于给出了信息发送者在均衡中可获得的所有可能收益的刻画。他们引入了一个关键概念——可保全性（securability）。简单而言，给定一个目标收益 s，若存在一个信息策略，即从状态到后验分布的映射 p，使得无论实际状态如何，信息发送者都能在该信息策略下至少获得 s 的期望效用，则称 s 是可保全的（securable）。在传统廉价谈话环境下很难直接使用这一概念构建均衡，但在状态独立偏好下，这一思路就变得可行：信息发送者可以通过"降级"（garbling）那些对其有过度好处的后验信念，将信息策略修正为一个激励相容的均衡策略，从而实现所期望的收益 s。

令 $V(\mu)$ 表示信息接收者在后验 μ 下可实现的信息发送者价值集合（因信

---

① LIPNOWSKI E，RAVID D. Cheap talk with transparent motives[J]. Econometrica，2020，88（4）：1631–1660.

息接收者选择最优行动，$V(\mu)$ 一般为单值或者凸集），并记 $v(\mu) = \max V(\mu)$。定义可保全收益为存在 $p \in \Delta(\Delta(\Theta))$ 使得 $p\{v(\mu) \geq s\} = 1$，即对 p 的每个支持点 μ，$v(\mu) \geq s$。若 $s > v(\mu_0)$，即收益 s 高于无信息值 $v(\mu_0)$，则利普诺克西和拉维德定理指出一定存在一个均衡，使信息发送者获得价值 s。

这一关键结论揭示了在状态独立偏好下的廉价谈话模型中一个有力的结构性特征：信息发送者可通过牺牲对其有利的精确信息（在均衡中让所有在路径上出现的后验信念点 μ 所对应的价值都相同）来避免激励偏差导致的自我破坏，从而在均衡中获得更高且可控的收益值。定理的证明利用了中间值定理以及 Berge 极大值定理等数学工具，将可保全性策略映射至均衡策略。其定理的通俗化表达为只要能保全某个收益 s，就能将其转化为实际可实现的均衡收益。

利普诺克西和拉维德的另一个重要贡献在于，给均衡信息策略提供了几何的刻画。进一步的分析显示，信息发送者在均衡中可达到的最大值由 v 的拟凹包络（quasiconcave envelope）给出。这一点与埃米尔·卡梅尼察（Emir Kamenica）和马修·根茨科夫（Matthew Gentzkow）使用凹包络（concave envelope）分析有承诺能力下的最优策略形成对照[1]。在利普诺克西和拉维德的设定中，由于信息发送者不依赖状态并以此获得策略灵活性，通过简化信息策略，信息发送者只能在均衡中构造出拟凹形式的价值上界。也就是说，如果有承诺（commitment），信息发送者就可实现 v 的凹包络，而在无承诺条件下仅能达到拟凹包络，从而界定了在廉价谈话环境下的一种"价值损失"。围绕信息传递中的承诺价值这一思想的理论工作是近年来理论文献的研究热点。

在模型细节上，令 μ_0 为先验，$I(\mu_0)$ 表示所有能产生后验分布期望为 μ_0 的信息策略集合。对每个 $p \in I(\mu_0)$，定义 $\inf v(\text{supp } p)$ 为 p 可保底的最低价值。通过对这一数量的极大化，利普诺克西和拉维德找出了均衡能实现的最高收益。当状态独立化后，若信息发送者对信息接收者行动的目标点固定，那么信息分区策略本身可灵活调整，保证对于每一个最终实现的后验信念下，信

① KAMENICA E, GENTZKOW M. Bayesian persuasion[J]. American Economic Review, 2011, 101（6）: 2590–2615.

息发送者的价值水平都是一致的。

与克劳福德和索贝尔（1982）的设定相比，利普诺克西和拉维德的拓展使廉价谈话模型在理论上更为灵活。当信息发送者不关心状态而仅关心信息接收者行动时，信息发送者有更大的空间调整信息传递策略来获得想要的均衡收益；而可保全性的概念与拟凹包络的结果为理解这种策略空间与均衡价值的关系提供了清晰直观的数学描述。

总的来说，利普诺克西和拉维德（2020）通过状态独立偏好设定以及可保全性与拟凹包络的分析，提供了廉价谈话模型的新理解：在一定参数条件下，即使无任何承诺，信息发送者依然可以通过选择合适的信息策略获得显著高于无信息的均衡收益。这一结果既拓展了克劳福德和索贝尔的经典结论，又为后续实验研究搭建了理论桥梁。通过他们的分析可以看到，在状态独立偏好环境下的廉价谈话均衡在几何与拓扑结构上有简洁刻画，这将有助于在实验中检验该模型预测，并为设计具有透明动机与可调信息空间的机制提供思路。

第四章

自愿披露

第一节　格罗斯曼和哈特（1980）的模型描述

在自愿披露（voluntary disclosure）的研究中，桑福德·格罗斯曼（Sanford Grossman）和奥利弗·哈特（Oliver Hart）被广泛视为这一文献的开创之作[①]。他们的分析为理解在信息掌握方可以自愿公开其私人信息的前提下，市场参与者如何根据披露或不披露行为进行理性推断，以及这些推断又如何反过来影响信息披露策略奠定了基础。

在格罗斯曼和哈特（1980）的模型设定中，信息拥有者（通常是卖方、公司管理层或目标企业）掌握关于某特定标的（如产品质量、企业价值、交易前景等）的私人信息θ。该信息θ来自某已知分布，信息拥有者在充分知道θ的前提下，可以自愿选择向潜在投资者、买方或监管者披露部分或全部信息。披露行为本身被视为无成本且可信的，而不披露不遭受直接成本惩罚。接收方无法直接观察到θ，但可根据披露策略和自身的先验分布对θ进行后验推断。由于市场是由理性人组成的，接收方在观察到信息拥有者披露与否及披露程度后，会对未被披露的信息进行理性猜测，从而在均衡中影响信息拥有者的最优披露策略。

正式的数学模型如下：令θ为真实质量参数，其可能的取值属于集合Θ，且θ的分布为μ_0。信息拥有者在观察θ后可决定披露一个子集信息$S(\theta) \subseteq \Theta$，或者保持沉默不披露。信息接收者在观察披露结果后，根据贝叶斯法则更新对θ的后验信念μ，并据此决定行动$a(\mu)$，从而产生对信息拥有者的最终效用。与克劳福德和索贝尔（1982）模型类似，这里同样有激励不一致：信息拥有者希望通过披露策略影响信息接收者的后验信念，使其行动有利于信息拥有者。但与廉价谈话场景不同的是，这里的披露信息可被视为可验证和可靠的，一

---

① GROSSMAN S J, HART O D. Disclosure laws and takeover bids[J]. Journal of Finance, 1980, 35（2）：323–334.

旦披露便不会受到怀疑。这就使"不披露"本身也变成信息的一部分。

格罗斯曼和哈特的一个核心结论是著名的"剥离"（unraveling）结果：在均衡中，信息拥有者选择完全披露所有信息。当不披露本身即为一个信号时，理性信息接收者会推断出信息拥有者不披露部分信息可能代表该部分信息的质量较差。为了避免信息接收者对未披露信息作出不利的推断，信息拥有者有激励将那些"中等质量"信息披露出来。随着推理的层层加深，即使是质量稍低的信息也被激励披露，以免被信息接收者误认为是更差的情况。通过这种逆向推断和激励传导，信息在均衡中发生层层"剥离"，最终完全披露。即便没有外部强制，信息拥有者在无信息成本和可信披露的假定下，最优策略也是将所有关于 θ 的真实信息完全公开。否则，信息接收者会对未被披露的部分作出最不利推断，从而使信息拥有者得不偿失。

从证明思路上来看，格罗斯曼和哈特（1980）的论证借助了市场参与者的共同理性和完备信息结构。他们考虑如果存在一个均衡，在该均衡中信息拥有者只披露超过某一阈值的良好信息，而隐藏较差信息，那么理性信息接收者会意识到被隐藏的信息品类。从而信息接收者对不披露行为进行理性逆推断，调整自身行动，使信息拥有者收益受损。这会激励信息拥有者再向下调整披露阈值，披露略差于此前阈值的信息，以改善信息接收者对自身未披露部分的推断。通过这样一个递归、倒推的过程，均衡收敛于所有信息完全披露的局面。

在此意义上，格罗斯曼和哈特（1980）的结果为自愿披露文献奠定了基础：只要披露是可信且无成本的，并且信息接收者能对不披露行为作出合理的最不利推断，则信息最终会自发地全部揭示。该理论在后续研究中被广泛引用并扩展，讨论在引入披露成本、有限理性、信息核实限制、声誉机制以及制度设计的条件下，剥离结论的稳健性和适用性。

从现实层面来看，格罗斯曼和哈特（1980）的理论解释了为什么在许多市场环境中，即便没有强制性的信息披露规定，具有优质信息的卖方或企业也有动力自愿披露，以免被视为劣质。信息接收者的理性怀疑与推断能力使不披露本身成为负面信号，从而激励全面披露。其理论意义在于揭示市场机制与信念更新规则的威力：在理性预期下，不披露信息的策略难以维持，除非披露本身受限或存在成本与惩罚结构使"剥离"链条无法完全发生。

与克劳福德和索贝尔的廉价谈话模型相比，格罗斯曼和哈特则强调信息可以可信披露，从而在博弈均衡中产生与克劳福德和索贝尔分区均衡截然不同的均衡结果。这为本书探讨实验设定与实证检验奠定了必要条件的理论基石：在后续实验中，若研究者发现市场参与者并未实现完全剥离，这可能意味着实际决策中存在认知限制、披露成本、制度障碍或道德规范干预，从而为政策设计或激励机制设置提供启发。

总的来说，格罗斯曼和哈特的开创性贡献在于：在一个无强制、无成本且可信的自愿披露环境下，理性推断会导致信息全部披露的均衡。这个深刻的理论洞见既提供了与克劳福德和索贝尔的信息传递不同的分析框架，又为后续实验研究和政策应用提供了坚实的理论起点。

第二节　自愿披露文献的研究综述

格罗斯曼和哈特（1980）提出的自愿披露模型为理解在市场主体拥有私有信息且披露行为不具强制力但可被信任的环境下，信息如何通过理性预期和逆向推断实现披露奠定了基础。在该初始框架确立后，学者针对信息披露意愿、披露成本、多维度特征、不完全可验证性以及有限理性等因素展开了深入拓展和分析。这些后续理论文献既包括对完全披露结果的稳健性讨论，也涉及了在制度设计、监管干预和心理因素下信息披露策略的变形。

一个早期的关键扩展是保罗·米尔格罗姆和格罗斯曼对完全披露过程的进一步刻画[1]。这两篇研究深化了格罗斯曼和哈特（1980）的结论，强调在没有外生成本且信息接收者可以对不披露进行最不利推断时，信息拥有者有强

---

[1] MILGROM P. Good news and bad news: representation theorems and applications[J]. Bell Journal of Economics，1981，12（2）：380–391.

GROSSMAN S J. The informational role of warranties and private disclosure about product quality[J]. Journal of Law and Economics，1981，24（3）：461–483.

激励完全披露。罗伯特·韦雷基亚（Robert Verrecchia）探讨了管理者在存在披露成本的情况下，选择性披露信息的动机和决策过程。他提出，管理者会权衡信息披露的潜在收益与成本，只有当预期收益超过成本时才会选择披露[①]。罗纳德·戴伊（Ronald Dye）探讨了管理者为何可能选择不披露不会影响公司未来收益的非专有信息。他提出两种理论来解释这种信息隐瞒行为，并分析了改变这些理论基础假设的后果[②]。保罗·米尔格罗姆和约翰·罗伯茨探讨了利益相关方通过提供可验证信息来影响决策者的竞争是否能促使所有相关信息的披露[③]。他们发现，若决策者具备足够的策略性且对相关变量和利益方偏好具有充分了解，那么即使没有竞争也能获取所有信息。然而，若决策者缺乏策略性或信息不足，竞争通常不足以确保信息的完整披露。当利益方的利益足够对立，或决策者旨在增进各方福利时，竞争可以减少甚至消除决策者对先验知识和策略成熟度的需求。

Jung和Kwon指出投资者无法确定管理者未披露信息的原因究竟是没有信息还是信息不利。这种不确定性削弱了逆向选择的影响，导致管理者仅披露部分信息[④]。罗伯特·韦雷基亚发现信息拥有者所有的私有信息变多时，披露信息更充分[⑤]。

罗纳德·戴伊研究了在投资者可能知晓公司是否获得信息的情况下，公司自愿披露的行为[⑥]。研究采用一阶密封投标的共同价值拍卖模型，发现随着投资者知情概率的增加，公司选择隐瞒或披露信息的阈值水平会一直下降。预期的公司出售价格会随着单个投资者知情概率的变化而变化：当该概

① VERRECCHIA R E. Discretionary disclosure[J]. Journal of Accounting and Economics，1983，5：179–194.

② DYE R A. Disclosure of nonproprietary information[J]. Journal of Accounting Research，1985，23（1）：123–145.

③ MILGROM P，ROBERTS J. Relying on the information of interested parties[J]. RAND Journal of Economics，1986，17（1）：18–32.

④ JUNG W O，KWON Y K. Disclosure when the market is unsure of information endowment of managers[J]. Journal of Accounting Research，1988，26（1）：146–153

⑤ VERRECCHIA R E. Information quality and discretionary disclosure[J]. Journal of Accounting and Economics，1990，12：365–380.

⑥ DYE R A. Investor sophistication and voluntary disclosures[J]. Review of Accounting Studies，1998，3（3）：261–287.

率较小时，预期售价会降低；当概率较大时，预期售价会提高。雅子·达罗（Masako Darrough）和尼尔·斯托顿（Neal Stoughton）研究了企业自愿披露专有信息的激励。结果表明，当市场预期乐观或进入成本较低时，存在完全披露均衡；当预期悲观或成本较高时，可能出现不披露或部分披露均衡①。

迈克尔·菲什曼（Michael Fishman）和凯瑟琳·哈格蒂（Kathleen Hagerty）考察了当信息接收者存在认知局限时的信息披露策略②。当能理解信息的消费者比例过低时，卖方可能不会自愿披露，而强制披露会使知情消费者受益，对不知情消费者无影响，但损害卖方利益。因此，强制披露更可能出现在产品信息较难理解的市场。申玄松（Shin Hyun Song）基于保罗·米尔格罗姆和约翰·罗伯茨（1986）的模型研究信息不对称环境下，研究了知情方如何通过操控信息披露来获利③。文章引入市场对披露可信度的参数化描述，并分析其对企业定价的影响。在其他条件相同的情况下，市盈率较低的公司更可能采用偏向正面信息的披露策略。

博扬·约万诺维奇（Boyan Jovanovic）研究发现，无论信息是否私有，市场都会产生比社会最优水平更多的披露④。最优政策是政府补贴无须披露的销售，而非强制披露。值得注意的是，结论依赖于信息无法被虚假陈述的前提。

史蒂文·沙维尔（Steven Shavell）研究交易前获取信息的激励，以及信息的自愿披露与强制披露问题⑤。重点区分两种情况：信息是纯粹的预知，还是能具有社会价值；以及信息获取决策是由卖方还是买方作出的。主要结论是自愿披露会导致过度获取信息的激励；对卖方而言，强制披露是社会最优的；但对买方而言，允许沉默可能有助于激励获取具有社会价值的信息。

---

① DARROUGH M N, STOUGHTON N M. Financial disclosure policy in an entry game[J]. Journal of Accounting and Economics，1990，12（1-3）：219-243.

② FISHMAN M J, HAGERTY K M. Mandatory vs voluntary disclosure in markets with informed and uninformed customers[J]. Journal of Law，Economics & Organization，2003，19（1）：45-63.

③ SHIN H S. News management and the value of firms[J]. RAND Journal of Economics，1994，25（1）：58-71.

④ JOVANOVIC B. Truthful disclosure of information[J]. Bell Journal of Economics，1982，13（1）：36-44.

⑤ SHAVELL S. Acquisition and disclosure of information prior to sale[J]. RAND Journal of Economics，1994，25（1）：20-36.

维拉尔·阿查里亚（Viral Acharya）、彼得·德马佐（Peter DeMarzo）和伊兰·克雷默（Ilan Kremer）研究在动态披露模型下企业发布信息的策略性时机[①]。由于投资者不确定企业何时获得信息，企业未必会立即披露。研究发现，市场上的坏消息会促使企业立即发布信息，而好消息则会延缓披露，从而导致负面公告的集中出现。

第三节 基于自愿披露的实验工作：金哲、卢卡和马丁（2021）

一、研究动机与理论背景

本节介绍金哲（Ginger Zhe Jin）、迈克尔·卢卡（Michael Luca）和丹尼尔·马丁（Daniel Martin）（2021）[②]在自愿披露实验领域的重要工作。市场中往往存在信息不对称的情形：卖家了解其产品的真实质量，而买家则仅能从卖家提供的信息、价格或其他信号来间接判断。格罗斯曼和哈特（1980）预测，当信息是可验证且披露无成本时，市场激励会使掌握信息的一方最终选择完全披露。即便无强制性要求，信息也将全部公开。实现这一结论的关键在于，不披露本身应被理性信息接收者视为坏消息。如果买家在面对不披露时总假设最差情形，那么卖家为避免被当作最差类型而有动力透露中等甚至较低质量信息，从而逐层诱发全面披露过程。然而，现实和经验研究显示，在许多市场中并未看到完全披露的情形，且有多种因素可导致未达成完整的信息公开。

该论文关注的核心问题是在真实决策者身上，不披露信息是否真能被严格视为潜在坏消息，从而推动理论预测的完全信息披露。作者通过实验手段

---

① ACHARYA V V, DEMARZO P, KREMER I. Endogenous information flows and the clustering of announcements[J]. American Economic Review, 2011, 101（7）: 2955-2979.

② JIN G Z, LUCA M, D. M. Is no news（perceived as）bad news? An experimental investigation of information disclosure[J]. American Economic Journal: Microeconomics, 2021, 13（2）: 141-173.

尝试检验这一理论要点，并观察在何种条件下不披露确实被当作坏消息，以及在何种条件下未能实现完全披露。

二、实验设计与方法

文章设计了一个简单的自愿披露实验。实验有两个角色：信息发送者和信息接收者。

状态空间：秘密数字b（如1到5）等概率产生，并告知信息发送者，信息接收者仅知道概率分布而不知道实际值。

动作选择：信息发送者可选择披露或不披露。信息发送者不允许报假值。信息接收者在信息发送者的（不）披露行为后猜测秘密数字。

激励结构：信息发送者的目标是让信息接收者的猜测值尽可能高，信息接收者的目标是猜得尽可能接近真实值。因此，当秘密数字低时，卖家若不披露则希望买家不要过度怀疑，以维持较高估计；而买家若完全理性，应将不披露视为最坏情况，从而猜最低值。

理论预测的均衡：信息发送者应在除最低状态外总是披露，不披露仅在最坏情况出现，此时若信息接收者看到不披露就猜最低数字。

实验采取角色随机分配与重复博弈对的设计。在有的处理条件下有回馈信息，有的无回馈；有的固定角色，有的随机切换角色。通过这些条件变化观察学习和经验对行为的影响。

三、实验主要发现

1.基本行为偏差

实验结果显示，尽管信息发送者在高状态下高度倾向披露，在中等或略低状态下，并未如理论预测的那样100%选择披露。信息发送者仍有相当比例选择不披露。这意味着理论上应出现的完全披露未能完全实现。

2.不披露下的信息接收者反应

信息接收者确实倾向将不披露解读为坏消息，但这种坏消息解读不够强烈，未达到理论要求的最差推断程度。这导致信息接收者对不披露值的猜测仍高于实际平均水平，使信息发送者仍可通过不披露中等状态来获利。

3.信念与激励测度

该研究的一大创新是对参与者的信念进行信念诱导。通过记录信息发送者对信息接收者行为的猜测，以及信息接收者对信息发送者策略的猜测，作者发现信息发送者不披露并非出于策略性幼稚，而是因为他们正确地估计到信息接收者并未将不披露视为最坏情况。换言之，信息发送者的信念和实际信息接收者行为一致，信息发送者不披露是理性策略，表明信息接收者的轻度天真实际鼓励了部分不披露行为。在信息接收者端，作者发现信息接收者的信念与行动紧密相关。当信息接收者相信卖家对不披露的利用程度较低时，信息接收者就不够怀疑，从而高估不披露状态的可能质量，使得披露不彻底。

4.反馈与学习效应

作者进一步考察当参与者可获得回合反馈（每轮后，信息接收者知道自己的猜测与实际秘密数字的偏差）时的情况。结果显示，持续的、明确的、逐回合反馈有助于信息接收者逐渐学会对不披露更加谨慎，从而逼迫信息发送者选择更多的披露，逐步接近理论要求的完全披露。然而，如果反馈较少、信息不充分或回馈较稀疏，参与者难以强化这种负面推断，不完全披露现象就会更持久存在。

四、讨论

作者强调结果对理论与政策的双重意义。

（1）理论意义：结果显示在高度简化的实验条件下，依然难以实现完全披露，这说明经典理论的前提过于理想化。参与者的有限理性、心理与社会偏好、对不披露的非极端解读都需纳入理论修正中。

（2）政策与现实启示：仅靠市场力量和理性推断并不能保证信息自发全部披露。特别是在缺乏及时反馈、消费者可能疏于将不披露当作最差情境的情况下，信息公开会不充分。若政策制定者希望提高信息透明度，那么仅提供一个自愿披露渠道可能不够，还需考虑消费者认知能力、信息复杂度和反馈机制。例如，加强信息结构化展示、强制披露关键数据或通过其他工具增强消费者对不披露行为的怀疑度等。

五、总结

作者回顾了自愿披露与模糊语言（Ambiguous Language）、廉价谈话以及有限注意力（Limited Attention）领域的研究，并指出该研究所处的位置。与廉价谈话实验的结论不同，在该研究所处的环境下信息发送者不能撒谎，只能选择披露或不披露。与先前文献相比，该研究独特之处在于明确测量参与者信念，并考察反馈条件对学习与行为调整的影响。这为理解不完全披露背后的心理与认知原因提供了直接证据。

金哲、迈克尔·卢卡和丹尼尔·马丁（2021）以实验方法检测了理论中的一个核心结论：虽有倾向将不披露视为坏消息，但现实中实验者仍不足以达到完全理性逆向推断的程度，从而未能实现全面信息披露。唯有在有强大的反馈机制下，行为才逐渐向理论均衡靠拢。未来研究可以拓展实验条件，如加入更多维度的信息、不同文化背景、不同受试者群体，或尝试改变信息呈现方式，以及加入强制或激励措施，以检验能否提高披露程度。总体而言，该研究为自愿披露理论在真实决策环境下的适用性提供了宝贵的实证证据，并为政策设计与市场监管提供了实践启示。

第五章

贝叶斯说服

第一节 卡梅尼察和根茨科夫（2011）的理论基础

在埃米尔·卡梅尼察（Emir Kamenica）和 马修·根茨科夫（Matthew Gentzkow）（2011）的研究中，信息发送者主动设计信号结构，影响信息接收者对潜在状态的后验信念分布，从而影响决策者的行为[①]。

模型中有一个状态空间 Θ，状态 θ 根据已知先验分布 μ_0 产生。信息发送者的目标在于选择一个信号机制，即定义一个从状态 θ 到信号 $s \in S$ 的条件分布，以实现期望效用最大化。接收者的决策集合为 A，信息接收者的效用函数对 (θ, a) 给定，信息发送者则想通过选择一个信号结构 $\pi(s|\theta)$ 来影响信息接收者对状态的后验 $\mu(\theta|s)$，从而诱导信息接收者的最优选择 $a^*(s)$ 有利于信息发送者。由于信息接收者是贝叶斯决策者，对于任一信号 s，信息接收者基于贝叶斯法则将先验分布更新为后验分布 $\mu(\theta|s)$，再选择令 $E[U_R(\theta, a)|s]$ 最大化的 a。信息发送者的问题可表述为在保持 $\int \mu(\theta|s) \mathrm{d}P(s) = \mu_0$ 下优化信号设计，使 $E\{U_S[a^*(s)]\}$ 极大化。其中，U_S 表示信息发送者在信息接收者行动 a 下的期望效用，而 U_R 表示信息接收者的期望效用。

这篇论文的主要定理显示，最优信号结构的选择等价于对信息发送者价值函数进行凹包络（concavification）。具体而言，定义信息发送者对任一后验分布 μ 的期望效用为 $v(\mu)$。由于信号结构将先验分布分解为一组后验分布 μ_i 及其概率权重 λ_i，并满足 $\sum \lambda_i \mu_i = \mu_0$，当信息发送者优化信号结构时，本质上是在寻找一组后验点 $\{\mu_i\}$ 和权重 $\{\lambda_i\}$，使 $\sum \lambda_i v(\mu_i)$ 最大且仍满足贝叶斯似然性。该过程在数学上等价于寻找价值函数 $v(\mu)$ 的凹包络上恰当的切点，从而通过选择这些后验分布点，将原先的先验分布映射为有利的信念组合。证明思路在于，从几何角度把期望效用最大化的问题转化为对概率权重分配和后验选择的线性规划问题，并利用凹包络特性保证对后验点的选择达到最优。

在现实中，这一理论对营销、媒体、政治宣传、平台经济等场景都有深

---

① KAMENICA E, GENTZKOW M. Bayesian persuasion[J]. American Economic Review, 2011, 101（6）: 2590–2615.

远影响。一个典型例子是在线评价与推荐系统：平台可通过选择性呈现某些正面评价信号，而隐藏或压低负面评价出现的概率，从而影响消费者对产品质量的信念更新和购买决策。在政治宣传中，竞选团队可选择发布有利的民调数据，不发布不利结果，以诱导选民形成对候选人的乐观信念。在教育或医疗信息披露领域，信息拥有者通过复杂的信息呈现策略引导公众信念，从而影响政策支持度。

与之前的信号模型、廉价谈话和自愿披露文献相比，卡梅尼察和根茨科夫（2011）的贡献在于，将信息发送者的策略空间从简单的报告/不报告扩展到任意可验证信号的设计问题上。克劳福德和索贝尔（1982）模型关注给定消息空间下没有承诺力的信息传递问题中的信息扭曲，所以信息接收者需要在观察到信号后策略性地更新对状态变量的后验信念。而卡梅尼察和根茨科夫（2011）则让信息发送者主动承诺一个信号结构，使如何设计最优的后验信念分布成为关键。此外，在自愿披露模型中，信息发送者只能选择披露与否，而在贝叶斯说服框架下，信息发送者可通过复杂信号设计，使不完全披露本身成为最优策略，从而不再局限于完全披露。

总的来说，卡梅尼察和根茨科夫（2011）为信息设计和贝叶斯说服问题提供了高度一般化的理论框架和分析工具。其主要定理通过数学论证，将信号设计问题转化为凹包络问题，为研究者和实践者理解与应用信息设计策略提供了清晰思路。接下来的实验研究可借鉴此框架，在实验室控制条件下检验当信息接收者不完全理性或有行为偏差时，该理论结论与市场机制将如何体现和偏离。

第二节　求解实例：检察官－法官博弈

本节考虑卡梅尼察和根茨科夫（2011）的经典示例：一个检察官（信息发送者）想说服一位法官（信息接收者）相信被告有罪，从而提高定罪概率。

设有两个状态：被告有罪(G)或无罪(I)，先验概率为$P(G)=0.3$，

$P(I)=0.7$。法官需在观察信息后选择行动：定罪或无罪释放。法官的效用是希望判决正确：被告有罪且定罪或被告无罪且释放，则法官效用为1，否则效用为0。检察官的效用为希望定罪：若法官定罪则检察官效用为1，否则为0。双方共享先验信念 $P(G)=0.3$。

在无信息情形下，法官根据先验判断：$P(G)=0.3<0.5$，故理性法官将倾向于无罪释放，因为在没有证据下猜测有罪的期望错误代价更高。此时定罪概率为0，检察官收益为0。

根据理论，检察官可设计一个信号结构向法官传递信息，从而改变法官的后验信念，并诱导法官在某些信号下选择定罪，从而提高检察官的期望收益。

卡梅尼察和根茨科夫展示了一个最优信号结构的例子。定义二元信号集合 $S=\{g,i\}$。检察官选择条件概率分布如下：

$$\pi(g|G)=1, \pi(i|G)=0; \pi(g|I)=\frac{3}{7}, \pi(i|I)=\frac{4}{7}。$$

通俗来说，该信号结构有以下特点：

（1）当被告有罪 (G) 时，一定发送信号 g；

（2）当被告无罪 (I) 时，以 3/7 概率发送 g、4/7 概率发送 i。

所以观察到信号 i 后，被告一定无罪，而观察到信号 g 后，被告仍有无罪的可能。

观察到信号 g 后的后验信念计算如下：

$$P(G|g)=\frac{\pi(g|G)P(G)}{\pi(g|G)P(G)+\pi(g|I)P(I)}=\frac{0.3\times1}{0.3\times1+3/7\times0.7}=0.5。$$

在信号 g 下，后验为 $P(G|g)=0.5$。法官此时对定罪与否正好无差异，但若法官在无差异时倾向于定罪（这是贝叶斯说服文献的常用假定，从技术上确保最优信息结构的存在性），法官会选择定罪。这使在看到 g 的情形下法官定罪概率为100%。

观察到信号 i 后的后验信念计算如下：

$$P(I|i)=\frac{\pi(i|I)P(I)}{\pi(i|I)P(I)+\pi(i|G)P(G)}=\frac{4/7\times0.7}{4/7\times0.7+0\times0.3}=1。$$

在信号 i 下，法官确认被告无罪，因此选择释放。

现在来看整体效果：

发送信号 g 的总概率：

$P(g) = P(g|G)P(G)+P(g|I)P(I) = 1 \times 0.3+3/7 \times 0.7 = 0.3+0.3 = 0.6$。

即有60%的情形法官收到信号 g 并定罪；而当信号为 i 时，法官总是释放。

比较无信息与该最优信号机制：无信息下定罪概率为0；使用上述信号机制后定罪概率提高至0.6。

检察官从完全不定罪提升到60%的定罪率，通过精妙设计信号，实现了理论所言的劝说效果。尽管法官清楚检察官在试图操纵信息，但由于信号结构满足贝叶斯似然性，且检察官无须撒谎，只需适当随机分配信息产生方式即可改变法官的后验信念分布，使法官在部分情况下达到判定有罪的临界点。

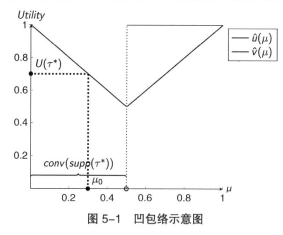

图 5-1　凹包络示意图

该例子直观地展示了卡梅尼察和根茨科夫方法的力量：信息发送者可以选择信号结构，通过将先验信念分解为合适的后验信念分布的组合，从而使信息接收者改变其行为决策。

第三节　贝叶斯说服文献的理论进展

在卡梅尼察和根茨科夫（2011）建立了贝叶斯说服基础模型后，信息设计与劝说问题的理论研究取得了迅速进展。后续文献在不同方向上进行了拓展，包括在多重信息接收者情境下的信息结构设计、动态信息发布、带有行为偏差的信息接收者决策、存在成本的信号发送以及市场与博弈场景中的信息最优设计。研究者逐渐丰富了理论框架，从静态单信息接收者、单次决策的基本设定，扩展到多阶段、多维度状态、多动作空间与不完全理性的决策者等复杂情形。

许多后续研究集中于刻画在一般情境下的最优信息机制特征。安东·科洛季林（Anton Kolotilin）采用线性规划方法研究一类特殊的最优信息披露问题：信息发送者的效用仅取决于关于状态变量的期望。文章推导出区间披露最优的条件，并发现接收者私人信息的精确度与期望效用之间并不单调相关[①]。根茨科夫和卡梅尼察[②]结合迈克尔·罗斯柴尔德（Michael Rothschild）和约瑟夫·斯蒂格利茨（Joseph Stiglitz）[③]对随机变量的凸函数表示方法与大卫·布莱克威尔（David Blackwell）的定理[④][⑤]，刻画了信号的后验均值分布。皮奥特·德沃查克（Piotr Dworczak）和乔治·马蒂尼（Giorgio Martini）针对最优劝说问题进行了对偶法的直观解释，并对连续状态变量下的策略选择提供了分析框架[⑥]。

在有成本约束或沟通受限的环境中，根茨科夫和卡梅尼察研究了在劝说者需付出成本获取信息的情况下，最优信息披露策略如何变化[⑦]。文章发现当信息收集存在成本时，劝说者可能不会进行完全披露。马埃尔·勒·特鲁斯

① KOLOTILIN A. Optimal information disclosure: a linear programming approach[J]. Theoretical Economics, 2018, 13(2): 607–635.

② GENTZKOW M, KAMENICA E. A rothschild–stiglitz approach to bayesian persuasion[J]. American Economic Review, 2016, 106(5): 597–601.

③ ROTHSCHILD M, STIGLITZ J. Increasing risk: I. a definition[J]. Journal of Economic Theory, 1970, 2: 225–243.

④ BLACKWELL D. The comparison of experiments[C]//Proceedings, second berkeley symposium on mathematical statistics and probability. University of California Press, Berkeley, 1951: 93–102.

⑤ BLACKWELL D. Equivalent comparisons of experiments[J]. The Annals of Mathematical Statistics, 1953: 265–272.

⑥ DWORCZAK P, MARTINI G. The simple economics of optimal persuasion[J]. Journal of Political Economy, 2019, 127(5): 1993–2048.

⑦ GENTZKOW M, KAMENICA E. Costly persuasion[J]. American economic review papers & proceedings, 2014, 104(5): 457–462.

（Maël Le Treust）和特里斯坦·托马拉（Tristan Tomala）研究了在通信能力受限情况下的贝叶斯说服问题。文章发现通信约束会影响信息的选择性披露，并改变信号的个数，从而影响接收者的决策[1]。劳拉·多瓦尔（Laura Doval）和瓦西莉基·斯克雷塔（Vasiliki Skreta）将勒·特鲁斯和托马拉的结论推广到在多个线性不等式限制下的贝叶斯说服问题，并给出了一般化的求解方法[2]。

在行为注意力有限的模型中，亚历山大·布洛德尔（Alexander Bloedel）和伊利亚·西格尔（Ilya Segal）研究了在理性疏忽（rational inattention）约束下的劝说问题。文章分析了接收者在处理信息时面临认知成本的情况下，信息发送者的最优劝说策略[3]。利普诺克西、洛朗·马塞维特（Laurent Mathevet）和魏冬也研究了类似的问题，并构建了一个新的决策分析模型，将有限注意力资源的管理形式化为分阶段优化问题[4]。

拉斐尔·博列斯拉夫斯基（Raphael Boleslavsky）和金京敏（Kyungmin Kim）研究了学校如何设计卷面成绩与绩点的换算法则。学校希望这一披露机制使雇佣方认为学生很有竞争力，同时学生有动力花时间学习以获得更好的卷面分数。Ely（2017）则考虑在动态环境中通过编码信号实现隐性信息传递[5]。

综上所述，这些文献在卡梅尼察和根茨科夫（2011）的基础上，通过引入成本、限制沟通容量、考虑多信息接收者与复杂制度、研究行为偏差与心理因素以及将最优信号设计应用于广告、拍卖、公共政策与政治宣传场景中，极大地拓宽了贝叶斯说服与信息设计理论的适用范围。研究者不断完善数理工具与凸分析方法，将最优信息机制的几何刻画和凹包络思想深度运用到更广泛的情境中，为未来的实验与实证研究奠定了丰富的理论基础。

---

[1] TREUST M L, TOMALA T. Persuasion with limited communication capacity[J]. Journal of Economic Theory, 2019, 184.

[2] DOVAL L, SKRETA V. Constrained information design[J]. Mathematics of Operations Research, 2024, 49（1）：78-106.

[3] BLOEDEL A W, SEGAL I R. Persuasion with rational inattention[Z]. SSRN, 2018.

[4] LIPNOWSKI E, MATHEVET L, WEI D. Optimal attention management: a tractable framework[J]. Games and Economic Behavior, 2022, 133：170-180.

[5] Ely J C. Beeps[J]. American Economic Review, 2017, 107（1）：31-53.

第六章

实验分析：透明动机下的廉价谈话[①]

---

① 本章基于笔者与黎雅文的合作文章《Cheap Talk with Transparent Motives in Broker Games: An Experimental Analysis》，笔者提出研究想法、设计实验、收集数据；黎雅文设计实验、收集数据、分析数据、文章写作。

第一节　引　言

在日常生活中，常常会面临一种无所不在的沟通情境：言语本身并无成本，信息的真伪难以核实，而谈话双方的利益往往并非完全一致。在日常交流中，或许会怀疑对方所提供信息的真实性与可信度。例如，一位女性可能发现与自己线上约会一个月的对象，实际上比他声称的身高要矮得多；一位员工或许听闻公司即将进行大规模裁员的传言而惶恐不安，但一周之后发现这只是一场空穴来风的谣言。一生中，有无数次沟通互动，而怀疑常常不期而至：是否应该相信他人？在其他情境中，更需作出决策：应当如实告知，还是有意隐瞒或误导？

信息经济学针对这一问题构建了一种颇为务实的模型，即廉价谈话模型。在该模型中，信息传递无成本、无约束力，且不可验证（克劳福德和索贝尔，1982；法瑞尔和拉宾，1996；狄克豪特、麦凯布和穆克吉，1995；Cai 和 Wang，2006）。这一研究范式的中心结论在于，当信息发送者与信息接收者的利益存在较大冲突时，传递的信息往往缺乏真实性；与之形成对比的是，当双方利益较为一致时，信息更有可能是真实和可信的。在这一经典廉价谈话模型中，双方的收益不仅取决于真实状态，还取决于信息接收者在观察到信息后所作出的决策。此外，模型一般假设也存在某种程度的利益不一致，即使不一致程度因情境而异。

这一模型及其核心发现具有明确的现实含义。如果信息接收者（她）意识到信息发送者（他）的利益与自己存在较大偏差，那么她可能就不会全然信任对方给出的建议，甚至可能完全忽视。同理，如果信息发送者与信息接收者的利益几乎对齐，他在理性考量下也许更不愿意欺骗对方，因为谎言将无法为其带来显著收益。

然而，经典廉价谈话模型在解释现实中多样化的利益关系时仍显不足。考虑这样一个情形：某销售人员对其所销售设备的收入分成比例为50%。在这种情况下，他的收益仅与客户的购买行为挂钩，而与设备实际功能状态无关。也就是说，即便机器存在故障，他仍有强烈动机继续促使客户购买，因为他的收益并不取决于现实状态，而仅取决于接收方的决策行为。这类不依赖真实状态的动机，在不断拓展的文献中越发受到关注并逐渐被纳入廉价谈话模型的分析框架中。

本章旨在基于利普诺克西和拉维德（2020）所提出的模型，对具有透明动机（state-independent motives）的廉价谈话行为进行实验检验。为提高实验的可行性与理解度，采用了一个简化的经纪人博弈设定，其中使用了近似截断政策的策略简化版本。在实验中，存在两类决策者：信息发送者（经纪人）与信息接收者（投资者）。在实验中，信息发送者首先获得关于真实市场状态的私有信息，然后给信息接收者发送一条无成本的信息，可为"高"或"低"。由于真实状态为信息发送者所独知，信息传递成本为零，信息发送者可自由选择其信息传递策略。

信息接收者在收到信息后需采取行动，调整其在某资产上的持仓水平。此决策场景中，信息接收者的初始仓位以及真实状态的概率分布均为公共知识。在收益结构方面，信息发送者的目标是信息接收者的最终仓位偏离其初始仓位越远越好，从而最大化自身收益；而信息接收者则试图使自己的最终持仓接近真实市场状态，从而获得更高回报。同时，信息接收者需要考虑信息发送者利润分成所带来的间接影响，即信息发送者的收益会以某种比例从信息接收者的利润中扣除，这种扣减机制体现了现实市场交易中潜在的利益冲突与博弈。

根据理论预测，在均衡中，信息发送者将采取以中位数作为分界点的混合策略。当真实状态高于50时信息发送者倾向报告"高"，当真实状态低于50时则倾向报告"低"。同时，信息接收者在接收到信息后，根据贝叶斯法则更新其对真实状态的信念，并结合后验信念作出最优决策。理论还预测，信息传输的有效性不应受到经纪人分成比例变化的影响。

实验结果显示，信息发送者普遍遵循了中位数截断策略。然而，在两个独立的实验场次中，其中一场出现了大量"说谎"（与真实状态不符的信息传递）与"空话"（不含信息的噪声消息）的行为偏差。信息接收者方面，其实际行为偏离理论预测：在一场实验中，信息接收者虽然正确更新了对真实状态的信念，却并未将这一正确后验用于选择最优行动；在另一场实验中，信息接收者似乎完全没有更新信念，显示出对信息无动于衷的特征。

虽然经纪人分成比例的变化似乎并未对信息传输造成系统性影响，但可以观察到两个独立实验场次之间存在明显的行为差异。深入分析显示，这些差异并非源于实验轮次中可能存在的序列效应，而更可能源于两个实验群体之间的内在特质差异。即便在博弈最初阶段，也能观察到显著的组间差异。

在实验中，每一回合结束后，为每对信息发送者–信息接收者组合提取了信息接收者对真实状态的一阶信念（first-order belief）以及信息发送者对信息接收者这一信念的二阶信念（second-order belief）。此外，在每个处理结束时，通过策略法（strategy method）提取了双方关于对方策略的二阶信念。这些信念数据的收集有助于更深入地剖析行为偏差的成因。研究结果显示，受试者缺乏足够的策略性思考和数理逻辑水准，导致了与理论预测不符的行为偏差，尤其是包括一些不必要的欺骗行为。尽管在实验中存在一定程度的学习和对对方行为规律的认知积累，但这种学习与认知能力并不足以使他们完全达到理论均衡点所要求的理性水平。

这些发现为廉价谈话经济学研究提供了新启示。在模型设定中，信息发送者动机明确且不依赖真实状态，结果反映出实验参与者在策略推断和利益权衡方面的不足。现实世界中，投资者可能面临更高的学习与判断难度，因为他们无法像在实验室中那样获得清晰而及时的反馈，更难以辨别经纪人何时在说谎或夸大其词。此外，复杂的利益结构使投资者更难充分理解潜在的利益冲突。这意味着在现实环境中，投资者往往很难达到实验所预设的理论理性水准。

本章为文献贡献了三个主要方面。首先，本章研究是笔者所知的首例在实验室条件下检验具有近连续状态与行动空间且信息发送者动机透明的廉价谈话博弈。其次，对在该情境下的学习过程、对他人知识水平的理解及策略性思考程度进行考察，发现参与者对复杂利益结构的理性掌握程度不足，从而导致不必要的欺骗行为。这为后续研究指明了进一步探究的方向，尤其是如何提升参与者的数理与策略性推理能力。最后，通过直接问卷与策略法相结合的方式收集了一阶与二阶信念数据，探索了在廉价谈话实验中引入信念诱导的新颖手法，从而为未来研究提供了有价值的方法论借鉴。

本章余下内容安排如下：第二节对相关文献进行回顾与综述；第三节提供理论背景并提出三个假设；第四节描述实验设计与实施程序；第五节对实验结果进行详细分析与呈现；第六节对研究发现进行简短讨论，总结主要发现与启示。辅助图表参见附录二。

第二节　文献综述

一、具有透明动机的廉价谈话研究

克劳福德和索贝尔（1982）的开创性研究首次建立了廉价谈话的沟通模型。在该模型中，一名掌握私有信息的信息发送者向信息接收者传递一个可能带有噪声的信号，而后者据此选择某项行动，此行动同时影响双方的收益。尽管廉价谈话本身不产生成本、无约束力且信息不可核实，但均衡中仍可能存在具备信息内涵的沟通。然而，当信息发送者与信息接收者之间的利益存在较大程度的不一致时，信息沟通中所能传递的有效信息将显著减少，甚至趋近于零。法瑞尔和拉宾（1996）进一步指出，在存在利益错位的情形下，传递的信息难以成为信息发送者行动意图的自我标示信号（self-signaling）或自我承诺（self-commitment）的体现，因而削弱了廉价谈话作为沟通工具的有效性。

此类模型已在后续文献中通过实验方法得到广泛检验。最基础的实验证据表明，当信息发送者与信息接收者的利益偏差扩大时，传递信息的有效性下降（狄克豪特、麦凯布和穆克吉，1995；Cai 和 Wang，2006），这与理论预测高度一致。然而，实验研究也发现，即便在利益存在差异的条件下，实验参与者往往仍倾向于"过度沟通"，即传递比理论预测更多的有用信息（Cai 和 Wang，2006；Wang、斯佩齐奥和卡梅伦，2010）。与克劳福德和索贝尔（1982）类似，这些研究大多关注一次性博弈背景；相对而言，阿利斯泰尔·威尔逊（Alistair Wilson）和伊曼纽尔·维斯帕（Emanuel Vespa）在重复博弈环境中发现，所传递的信息更趋于无效的"空谈"（babbling）[1]。对多信息发送者和在多维度消息空间下的廉价谈话行为也有所研究，如 Lai、Lim 和 Wang（2015）[2]、维斯帕和威尔逊（2016）[3]，以及马尔科·巴塔格里尼和乌利亚娜·马卡罗夫（Uliana Makarov）[4]的实验工作深入探讨了在更复杂博弈结构下的信息传递特点。

在相关研究的主流中，大部分理论与实验研究仍延续克劳福德和索贝尔（1982）的设定，即信息发送者的收益同时取决于真实状态与信息接收者行动，并假设一定程度的利益不一致存在。然而在现实中，信息发送者在许多场景中倾向于对信息接收者施加影响，而不顾真实状态。例如，某些销售人员的收益仅依赖于客户是否购买产品，而与产品本身的实际状况无关。在这种情境下，信息发送者的偏好独立于真实状态，即具有所谓透明动机（transparent motives）或状态独立偏好（state-independent preferences）。

阿基什曼·查克拉博提（Archishman Chakraborty）[5]和里克·哈博（Rick Harbaugh）率先在廉价谈话文献中关注此类与状态无关的信息发送者动机[6]，其后，基思·施纳肯伯格（Keith Schnakenberg）[7]和基亚拉·马尔加里亚

① WILSON A J，VESPA E. Information transmission under the shadow of the future：an experiment[J]. American Economic Journal：Microeconomics，2020，12（4）：75-98.

② LAI E K，LIM W，WANG J T Y. An experimental analysis of multidimensional cheap talk[J]. Games and Economic Behavior，2015，91：114-144.

③ VESPA E，WILSON A J. Communication with multiple senders：an experiment[J]. Quantitative Economics，2016，7（1）：1-36.

④ BATTAGLINI M，MAKAROV U. Cheap talk with multiple audiences：an experimental analysis[J]. Games and Economic Behavior，2014，83：147-164.

⑤ CHAKRABORTY A，HARBAUGH R. Persuasion by cheap talk[J].American Economic Review，2010，100（5）：2361-2382.

⑥ CHAKRABORTY A，HARBAUGH R. Persuasion by cheap talk[J]. American Economic Review，2010，100（5）：2361-2382.

⑦ SCHNAKENBERG K E. Expert advice to a voting body[J]. Journal of Economic Theory，2015，160：102-113.

（Chiara Margaria）[1]、亚历克斯·斯莫林（Alex Smolin）[2]以及利普诺克西和拉维德[3]在理论研究中进一步拓展了对该问题的探讨[4]。

本章研究对利普诺克西和拉维德（2020）所提出的理论预测进行了实验检验，聚焦于具有透明动机且采用截断政策的经纪人博弈。目前，仅有少量理论文献关注信息发送者具有状态独立收益的廉价谈话模型，有更少的文献将其付诸实验验证。笔者发现的一个相关实验研究是钟元淑（Wonsuk Chung）和里克·哈博探讨在推荐博弈中信息发送者偏好透明化对沟通结果的影响[5]。

然而，这些实验大多采用有限且离散的状态与行动空间（如两个状态搭配两个或三个行动的简单设定）。本章研究则在实验中执行了接近连续的状态与行动空间：状态与行动均为 0 至 100 的整数，显著扩展了实验环境的复杂度与逼真度。为降低被试认知负担与简化数据分析，我们在消息传递环节中仅保留两个可选信号（"高"与"低"），而非理论上接近无限的消息空间。未来研究可在更大的消息空间下检验相同理论模型，而本章研究为此奠定了基础。

二、廉价谈话博弈中的欺骗行为

在研究欺骗行为时，乌里·格内兹将谎言分为四类，并将欺骗定义为沟通者出于自利目的，故意诱使对方形成错误信念以获取对自己有利收益的行为[6]。在廉价谈话文献中，撒谎通常具有相同的含义。在克劳福德和索贝尔（1982）的经典模型中，利益错位越严重，信息发送者越有动机通过"空谈"

---

① MARGARIA C，SMOLIN A. Dynamic communication with biased senders[J]. Games and Economic Behavior，2018，110：330-339.

② BATTAGLINI M，MAKAROV U. Cheap talk with multiple audiences：an experimental analysis[J]. Games and Economic Behavior，2014，83：147-164.

③ LIPNOWSKI E，RAVID D. Cheap talk with transparent motives[J]. Econometrica，2020，88（4）：1631-1660.

④ SCHNAKENBERG K E. Expert advice to a voting body[J]. Journal of Economic Theory，2015，160：102-113. MARGARIA C，SMOLIN A. Dynamic communication with biased senders[J]. Games and Economic Behavior，2018，110：330-339.

⑤ CHUNG W，HARBAUGH R. Biased recommendations from biased and unbiased experts[J]. Journal of Economics & Management Strategy，2019，28（3）：520-540.

⑥ GNEEZY U. Deception：the role of consequences[J]. American Economic Review，2005，95（1）：384-394.

或撒谎来影响信息接收者的决策，从而增加自身收益而损害信息接收者利益。实验研究提供了相关证据，表明廉价谈话相较于直接观察信息的有效性会根据具体博弈结构而变化［约翰·达菲（John Duffy）和尼克·费尔托维奇（Nick Feltovich），2002］[1]。在重复博弈中，谎言或欺骗可能被视为自私且不公平的策略，进而引发信息接收者的负面反应［马修·拉宾，1993；马丹·皮卢特拉（Madan Pillutla）和基思·穆尼汉（Keith Murnighan），1996］[2][3]，最终长期损害欺骗者本身的收益［雷切尔·克罗森（Rachel Croson）、特里·博尔斯（Terry Boles）和基思·穆尼汉，2003］。

　　然而，即使在信息发送者与信息接收者利益差距较小的情形下，信息发送者仍可能经常撒谎，即使这可能长期不利于己。对此现象的解释路径有二种：一是从玩家的人格特质与内在异质性出发［豪库尔·吉尔法森（Haukur Gylfason）、弗雷尔·哈尔多尔松（Freyr Halldorsson）和卡里·克里斯汀森（Kari Kristinsson），2016；哈尔·赫什菲尔德（Hal Hershfield）、塔亚·科恩（Taya Cohen）和利·汤普森，2012；拉杰娜·吉布森（Rajna Gibson）、卡门·坦纳（Carmen Tanner）和亚历山大·瓦格纳（Alexander Wagner），2013］[4][5][6]；二是借助分层思维模型对廉价谈话博弈中的信任与欺骗现象进行阐释，将偏离均衡的行为视为玩家策略性思维能力差异的产物［罗

① DUFFY J, FELTOVICH N. Do actions speak louder than words? An experimental comparison of observation and cheap talk[J]. Games and Economic Behavior, 2002, 39（1）: 1-27.

② RABIN M. Incorporating fairness into game theory and economics[J]. The American Economic Review, 1993: 1281-1302.

③ PILLUTLA M M, MURNIGHAN J K. Unfairness, anger, and spite: Emotional rejections of ultimatum offers[J]. Organizational Behavior and Human Decision Processes, 1996, 68（3）: 208-224.

④ GYLFASON H F, HALLDORSSON F, KRISTINSSON K. Personality in Gneezy's cheap talk game: The interaction between Honesty-Humility and Extraversion in predicting deceptive behavior[J]. Personality and Individual Differences, 2016, 96: 222-226.

⑤ HERSHFIELD H E, COHEN T R, THOMPSON L. Short horizons and tempting situations: Lack of continuity to our future selves leads to unethical decision making and behavior[J]. Organizational Behavior and Human Decision Processes, 2012, 117（2）: 298-310.

⑥ GIBSON R, TANNER C, WAGNER A F. Preferences for truthfulness: Heterogeneity among and within individuals[J]. American Economic Review, 2013, 103（1）: 532-548.

斯玛丽·内格尔（Rosemarie Nagel），1995[1]；米格尔·科斯塔–戈麦斯（Miguel Costa-Gomes）、文森特·克劳福德和布鲁诺·布罗塞塔（Bruno Broseta），2001］[2]。

本章研究在文献脉络上进一步推进：在具有透明动机的廉价谈话博弈中观测到信息发送者经常撒谎，即便此类谎言对于提高他们自己的收益毫无意义。尽管上述两类理论路径可以在一定程度上解释这一偏差，但笔者认为有些被试的欺骗行为并非源于个性特征或更高层次的策略思维，而是由于其在数学与策略认知层面的幼稚性。他们并未真正理解信息发送者收益函数的对称结构，因此未能意识到撒谎不但无助于提高自身收益，反而会造成双方"双输"的局面。这一发现为进一步研究廉价谈话博弈中此类"表面上有利实则无益"的欺骗行为提供了方向。

三、信念诱导方法

为探究受试者决策背后的动机与逻辑，对其信念进行提取是关键。通过信念诱导，能够深入地了解受试者在决策时对状态、对方行动与策略的内在认知结构。

在风险中性的前提下，使用合适的奖励评分规则（Proper Scoring Rules，PSRs）能激励受试者如实报告其信念。其中常用的方法之一是格伦·布赖尔（Glenn Brier）首先提出的二次得分规则（Quadratic Scoring Rule，QSR）[3]。然而，如果受试者并非风险中性，那么PSRs所得出的报告信念可能并不完全准确［奥利维尔·阿曼蒂尔（Olivier Armantier）和尼古拉斯·特雷奇（Nicolas Treich），2013；西奥·奥弗曼（Theo Offerman）和阿萨·帕利（Asa Palley），

---

① NAGEL R. Unraveling in guessing games: an experimental study[J]. The American Economic Review, 1995, 85（5）: 1313–1326.

② COSTA - GOMES M, CRAWFORD V P, BROSETA B. Cognition and behavior in normal - form games: an experimental study[J]. Econometrica, 2001, 69（5）: 1193–1235.

③ BRIER G W. Verification of forecasts expressed in terms of probability[J]. Monthly Weather Review, 1950, 78（1）: 1–3.

2016][①②]。为了解决这一问题，坦吉姆·霍赛因（Tanjim Hossain）和奥井良（Ryo Okui）（2013）提出二值化评分规则（Binarized Scoring Rule，BSR），通过将分数转化为赢得固定奖金的概率，不同风险偏好的受试者在报告信念时都有动机如实陈述[③]。

经济学家也考虑了提取主观概率分布而非单点信念的可能性。格伦·哈里森（Glenn Harrison）、吉米·马丁内斯－科雷亚（Jimmy Martínez-Correa）、托德·斯沃特（Todd Swarthout）和埃里克·乌尔姆（Eric Ulm）提出了一种离散化的 QSR 方法，以尽量减少风险厌恶导致的报告偏差[④]。针对这一方法可能出现的锚定效应（anchoring effect），马库斯·艾廷（Markus Eyting）和帕特里克·施密特（Patrick Schmidt）提出多点预测方法，通过直接问询不同分位点的方式来获得受试者的主观分布，从而避免受试者在条形图上进行视觉调整而引发的锚定[⑤]。

鉴于廉价谈话博弈中的分层思维模型，本章研究还参考了二阶信念（second-order beliefs）提取的相关文献。马丁·杜夫温伯格和乌里·格内兹在丢失钱包博弈中通过直接询问受试者以获取二阶期望，并根据预估精度发放报酬[⑥]；查尔斯·曼斯基（Charles Manski）和克劳迪娅·内里（Claudia Neri）在捉迷藏博弈中以概率性方式提取第一与第二阶信念[⑦]；安德鲁·杜斯坦

① ARMANTIER O，TREICH N. Eliciting beliefs：proper scoring rules，incentives，stakes and hedging[J]. European Economic Review，2013，62：17–40.

② OFFERMAN T，PALLEY A B. Lost in translation：an off-the-shelf method to recover probabilistic beliefs from loss-averse agents[J]. Experimental Economics，2016，19：1–30.

③ HOSSAIN T，OKUI R. The binarized scoring rule[J]. Review of Economic Studies，2013，80（3）：984–1001.

④ HARRISON G W，MART'INEZ-CORREA J，SWARTHOUT J T，et al. Eliciting subjective probability distributions with binary lotteries[J].Economics Letters，2015，127：68–71.

HARRISON G W，MART'INEZ-CORREA J，SWARTHOUT J T，et al. Scoring rules for subjective probability distributions[J]. Journal of Economic Behavior & Organization，2017，134：430–448.

⑤ EYTING M，SCHMIDT P. Belief elicitation with multiple point predictions[J]. European Economic Review，2021，135.

⑥ DUFWENBERG M，GNEEZY U. Measuring beliefs in an experimental lost wallet game[J]. Games and Economic Behavior，2000，30（2）：163–182.

⑦ MANSKI C F，NERI C. First-and second-order subjective expectations in strategic decision-making：experimental evidence[J]. Games and Economic Behavior，2013，81：232–254.

（Andrew Dustan）、克里斯汀·库特（Kristine Koutout）和格雷格·里奥（Greg Leo）开发了一种激励相容的提取方法，可用于测量不同群体间特征差异的第一与第二阶信念[①]。

本章研究在实验中以数值报告的直接方式提取信息接收者与信息发送者的第一与第二阶信念。这种方法原本计划对整条主观信念分布进行提取，但由于时间与资金限制最终未能全面实施。我们参考霍赛因和奥井良（2013）以及艾廷和帕施密特（2021）的方法，为降低信念报告与博弈收益间的对冲效应，采用了二值化线性奖励结构并随机抽取期数进行奖励支付［阿曼蒂尔和特雷奇，2013；玛丽安娜·布兰科（Mariana Blanco）、德克·恩格尔曼（Dirk Engelmann）、亚历山大·科赫（Alexander Koch）和汉斯－西奥·诺曼（Hans-Theo Normann），2021］[②]。此外，在每一处理的最后一轮，我们采用策略法（strategy method）向信息发送者和信息接收者提取其对对方策略的预估，以期近似获取对方策略选择的二阶信念［莱因哈德·塞尔滕（Reinhard Selten），1967；乔迪·布兰茨和加里·查内斯，2011］[③]。这种整合策略法与二阶信念诱导的尝试为未来研究提供了有益探索路径，尽管其准确性仍有待后续研究进一步验证。

第三节　理论背景与研究假设

本章研究关注利普诺克西和拉维德（2020）提出的具有透明动机的廉价谈话博弈模型，并在经纪人–投资者框架中加以探讨。该博弈包含两类主体：信息发送者（经纪人）与信息接收者（投资者）。投资者所面对的市场真实状

---

① DUSTAN A, KOUTOUT K, LEO G. Second-order beliefs and gender[J]. Journal of Economic Behavior & Organization，2022，200：752-781.

② BLANCO M, ENGELMANN D, KOCH A K, et al. Belief elicitation in experiments：is there a hedging problem?[J]. Experimental Economics，2010，13：412-438.

③ SELTEN R. Die strategiemethode zur erforschung des eingeschröanktrationalen Verhaltens im rahmen eines oligopolexperiments[M]//SAUERMANN H. Beitröage zur experimentellen Wirtschaftsforschung：vol. I. Töubingen：J.C.B. Mohr（Siebeck），1967：136-168.

态记为 $\theta \in \Theta = [0,1]$，其先验分布为无原子测度 μ_0。投资者在事前已有一既定持仓 $a_0 \in [0,1]$，且该初始持仓在信息环境下被视为准确，即 $a_0 = \int_\Theta \theta\, \mathrm{d}\mu_0(\theta)$。该初始持仓 a_0 对经纪人和投资者均为已知，但真实状态 θ 仅经纪人知道。在获得私有信息后，经纪人向投资者发送一则建议（信息传递无成本且不必真实），投资者据此形成后验信念 μ，并在 $A = [0,1]$ 中选择新的投资头寸 a。

在此设置中，经纪人的收益仅依赖于交易量差额而非真实状态，即 $u_S(a) = \varphi|a - a_0|$，其中 $\varphi > 0$ 为经纪人佣金比例。投资者的收益函数体现了其将最终投资头寸与真实市场状态相匹配的诉求，同时考虑经纪人佣金的扣减：

$$u_R(a,\theta) = -1/2(a-\theta)^2 - u_S(a)。$$

由于经纪人的报酬从投资者的收益中扣除，投资者的效用函数可看作一个关于 a 的二次函数。通过求解投资者支付函数的一阶条件，可直接得到投资者的最优反应。对于任一后验信念 μ，投资者的最优决策 $a^*(\mu)$ 为：

若 $\int \theta \mathrm{d}\mu(\theta) - a_0 \leqslant -\varphi$，则 $a^*(\mu) = \int \theta \mathrm{d}\mu(\theta) + \varphi$；

若 $\int \theta \mathrm{d}\mu(\theta) - a_0 \in [-\varphi,\varphi]$，则 $a^*(\mu) = a_0$；

若 $\int \theta \mathrm{d}\mu(\theta) - a_0 \geqslant \varphi$，则 $a^*(\mu) = \int \theta \mathrm{d}\mu(\theta) - \varphi$。

在该模型中，经纪人的策略为使用截断策略进行廉价谈话，即选择某个截断点 $\theta^* \in \Theta$，向投资者报告真实状态是否高于或低于该阈值 θ^*。在此博弈中存在一类纯策略均衡，即经纪人消息不含信息量且投资者将其忽略。在该空谈均衡中，投资者对经纪人报告不加理会，依其先验信念维持原有投资头寸 a_0，因此没有交易变动，经纪人无法获得任何报酬。该均衡在参数变化下总是存在（克劳福德，1998）[①]。然而，利普诺克西和拉维德（2020）表明，除空谈均衡外，还存在经纪人更偏好的混合策略均衡。在该均衡中，经纪人采用中位数截断策略（median-cutoff policy）。在该策略下，经纪人无论投资者是否相信其报告，均可确保获得大于零的报酬。这一中位数截断策略所产生的均衡不仅为经纪人带来更高的期望收益，更是唯一能在截断策略设定下确保其相同事后收益的混合策略均衡。

---

① CRAWFORD V. A survey of experiments on communication via cheap talk[J]. Journal of Economic Theory, 1998, 78（2）: 286–298.

基于上述理论分析，本章提出以下三个假设，并依此对实验结果进行组织与分析。

H_1：经纪人选择中位数位置作为向投资者报告的截断点。

H_2：投资者根据在中位数截断均衡下形成的后验信念选择最终投资头寸，并依据上述最优反应函数进行决策。

H_3：佣金比例 φ 的变化不影响传递信息的有效性。

H_1 与 H_2 的推导在上述讨论中已给出，而 H_3 则是对假设1的自然延伸。由于中位截断策略是唯一的混合策略截断均衡解，φ 的改变不应导致经纪人报告策略偏离中位截断规则。

本章研究采用直接信念诱导方法：在每个博弈回合结束后询问投资者对真实状态的后验信念，并询问经纪人对投资者信念的估计。奖励机制采用二值化的线性评分规则，并为适应本实验设计的实际约束进行简化处理。这种二值化方法有助于放松受试者风险中性的前提假设，使每次预测的准确度仅影响其获得固定奖金的概率，而非直接决定收益金额。具体计算规则将在第四节详细阐述。

第四节　实验设计与实施程序

本章实验在北京外国语大学行为实验室进行，并采用 z-Tree 软件［乌尔斯·菲施巴赫（Uris Fischbacher），2007］进行编程与实施[①]。共运行了两场实验，共有64名来自北京外国语大学的在校学生参与，其中包括本、硕层次的学生。他们通过国际商学院官方微信公众号招募。表6-1列示了参与者的基本人口学特征。

---

① FISCHBACHER U. z-Tree：zurich toolbox for ready-made economic experiments[J]. Experimental Economics，2007，10（2）：171-178.

表 6-1 各场实验的受试者基本特征

性别			学年		
	第一场	第二场		第一场	第二场
男性	17.86%	33.33%	大一	3.57%	33.33%
女性	82.14%	66.67%	大二	42.86%	41.67%
专业			大三	14.29%	11.11%
	第一场	第二场	大四	7.14%	2.78%
商科	78.57%	72.22%	研一	17.86%	8.33%
非商科	21.43%	27.78%	研二	14.29%	2.78%
风险偏好			实验经历		
	第一场	第二场		第一场	第二场
风险厌恶	78.57%	50.00%	有	89.29%	91.67%
风险偏好			实验经历		
	第一场	第二场		第一场	第二场
风险中性	3.57%	33.33%	无	10.71%	8.33%
风险喜好	10.71%	8.33%	有无朋友一同参与实验		
非理性	7.14%	8.33%		第一场	第二场
			有	57.14%	69.44%
			无	42.86%	30.56%

在每场实验中，受试者需完成40个回合的博弈过程。每场实验时长约100分钟。在实验中，受试者通过其决策和反馈累计特定"积分"，实验结束后以预先设定的汇率将积分转换成人民币。实验报酬通过支付宝或微信支付的形式发放。在所有实验中，每位受试者均获得了10元的基本出场费。根据实验条件与各自表现，总收益介于50.5元与158.5元之间，每位受试者的平均最终报酬为103.22元。

上述报酬设计与时长安排，旨在为受试者提供充分的激励，使其在整个实验过程中努力理解实验规则并基于自身策略与对其他玩家的判断作出理性选择，从而最大限度地接近理论模型的假定行为特征与均衡预测。

（一）实验处理设计

本章实验采用 2×2 的实验设计方案，在两个处理条件下调节经纪费比例 φ，并在实验进程中改变 φ 的次序以检验其对受试者行为的影响。根据理论假设，变动 φ 不应改变受试者的最优策略与均衡行为。因此，为了控制个体间差异并降低行为变异性，采用了时序设计：在前 20 个阶段中将 φ 固定为 10，在后 20 个阶段中将其改变为 20；与此对应，进行两组实验，在第一组中，$\varphi=10$ 的处理先于 $\varphi=20$ 的处理进行，在第二组中则调换顺序，即先进行 $\varphi=20$ 的处理再转入 $\varphi=10$ 的处理。通过这种顺序变化，可以检测可能存在的顺序效应，从而更严谨地验证理论预测的稳健性。

（二）角色分配与组队规则

在每场实验开始时，受试者被随机指派为两类角色之一："S玩家"（信息发送者、经纪人）或 "R玩家"（信息接收者、投资者）。随后，将一名 S玩家与一名 R玩家随机配对，每两人固定成一组并在 40 个回合中保持角色与组队不变。这样一来，双方就有机会在重复博弈中了解对方的决策倾向和策略动态变化，有利于探索学习行为与经验效应的存在。

（三）零成本通信博弈与激励机制

在每个回合中，S 玩家首先私下得知市场真实状态 θ（为 0 至 100 的整数，由计算机对每组独立随机抽取）。S玩家随后须向 R 玩家发送一条无成本、无须真实披露的消息，可选择"高"或"低"。R 玩家在收到消息后，根据所获信息决定自己的最终投资行动 a（可取 0 至 100 的整数或以 0.5 为最小步长的实数）。S 玩家的收益函数为 $U_S = \varphi|a-50|$，而 R 玩家的收益函数为 $U_R = 1/10[2400 - (1/2)(a-\theta)^2 - \varphi|a-50|]$。由此，在每个回合结束时，系统将根据双方决策与真实状态计算并显示各自的阶段性收益。所有 40 个回合结束后，由计算机在前 20 回合与后 20 回合各随机选取 1 个回合，取二者收益平均值作为该受试者在该部分实验的最终报酬。

（四）信念的诱导与激励

在每个回合中，当 S 玩家发送完消息且 R 玩家作出行动后，在显示最终反馈前对双方进行信念诱导。将信念诱导置于反馈披露之前，可以在一定程度上减少信念报告受实时结果的影响，并降低因对结果的预期而对行为产生的干扰。

具体而言，R 玩家在行动后需对真实状态 θ 进行估计，系统根据 R 玩家估计误差为其计算获得额外奖励 10 元人民币的概率为 $P = [\max(50 - |aH_{est} - a_H|, 0) + \max(50 - |aL_{est} - a_L|, 0)]/100$，其中 θ_{est} 为 R 玩家对 θ 的估计值。该奖励机制采用随机支付原则：在实验结束时，对 40 个阶段中随机抽取的 1 个回合的信念报告进行奖励判定，通过该措施降低 R 玩家在单次阶段中对冲策略导致的偏差。对于 S 玩家而言，其在发送消息后需估计 R 玩家对 θ 的估计值 θ_{est}，即对二阶信念进行报告。S 玩家获得额外人民币 10 元 奖励的概率为 $P = \max[(50 - |E_{est} - \theta_{est}|)/50, 0]$，其中 E_{est} 为 S 玩家对 R 玩家信念的估计值。该设计同样通过随机支付方式确定最终奖励。

（五）策略方法（Strategy Method，SM）的使用与激励

每 20 个回合，对受试者进行策略层面的信息收集。具体而言，在未观测到 θ 之前，S 玩家需报告其将采用的截止策略，即给定一个 0 至 100 的整数作为分界点。当真实状态 θ 高于此截点值时，系统自动选择发送"高"消息，低于此值则发送"低"消息；若 θ 刚好等于截点值，则在"高"与"低"中随机选择。与此对应，R 玩家在未知最终消息的情况下同时提交两个行动方案：当收到"高"消息时的行动 a_H 与当收到"低"消息时的行动 a_L。完成策略提交后，计算机根据报告的策略与真实 θ 自动生成双方的收益。在 40 个回合结束后，从两次策略提交中随机抽取一次作为计分并支付给受试者。

在策略报告后，双方还需对对方的策略作出估计。S 玩家需估计 R 玩家在"高"与"低"下分别选择的行动（a_H 和 a_L）。其额外 10 元的获奖概率根据估计的精确度决定：$P = [\max(50 - |aH_{est} - est) - a_H|, 0) + \max(50 - |aL_{est} - a_L|, 0)]/100$。其中 aH_{est} 和 aL_{est} 为 S 玩家对 R 玩家相应决策的估计。R 玩家则需估计 S 玩家采用的截点值，其获奖概率为 $P = \max\left(\dfrac{50 - |cutoff_{est} - cutoff|}{50}, 0\right)$，

其中 $cutoff_{est}$ 为 R 玩家对 S 玩家截点值的估计。此策略方法的引入旨在激励受试者在整体策略层面进行更为深思熟虑的决策，同时为研究者提供关于受试者二阶信念结构的信息。

（六）实验总体程序

图6-1展示了单场实验的整体流程。在实验1中，前20回合 $\varphi=10$，后20回合 $\varphi=20$；在实验2中，则先 $\varphi=20$ 后 $\varphi=10$。通过这种设计，可以比较在不同处理顺序与参数条件下的行为表现，从而更好地检验理论预测与受试者实际行为间的一致性及其稳健性。

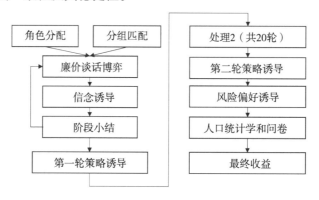

图6-1　实验流程

第五节　实验结果

本节从四个方面对实验结果进行分析。在第一小节，检验假设1，即信息发送者在信息传递中是否采用与中位数截点策略一致的策略；在第二小节，重点考察接收者的决策行为及其背后的逻辑，以解释假设2。随后于第三小节，探讨受试者在诚实传播与信任建立方面的表现，并检验假设3。在最后的第四小节，进一步深入研究受试者行为偏离理论预测的原因，着重考察他们对他方策略的认知、学习过程与策略理性程度。

一、信息发送者的截点选择策略

为检验假设1，先考察信息发送者所发出的信息在多大程度上与理论均衡中位数截点策略一致。根据理论均衡，当真实状态大于50时发送"高"信息，小于50时发送"低"信息。将实际发送的信息与这一均衡策略进行对照。附录二的图B-1显示，在第1场实验中，约90%的发送信息与中位数截点策略一致，而在第2场实验中，这一比例仅超过70%。尽管在第2场实验中有超过20%的信息并未与理论预测完全吻合，但总体而言，此结果对假设1仍提供了有力的支持。

为进一步解析信息发送者的信息传递行为，给每位信息发送者构建一系列可能的"假设性截点值"。具体而言，对于每一位信息发送者，检索从0到100的所有整数截点值，对每一个假设截点计算该信息发送者在全程中有多少次选择与此截点策略不匹配的信息，然后选取最小不匹配次数的假设截点值，作为该信息发送者的潜在截点策略特征值。

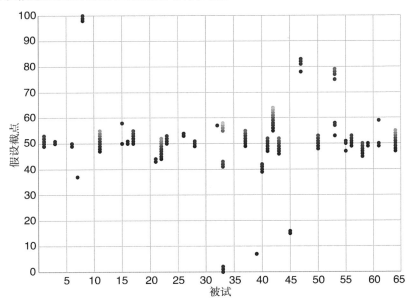

图6-2　假设截点值分布[1]

---

[1] 本章中的图表以及在附录二透明动机下的廉价谈话中所收录的其他相关图表，均通过STATA英文版数据分析软件生成。

　　图6-2展示了基于全部40个回合数据所得到的各受试者潜在假设截点值的分布。结果显示，大部分信息发送者的潜在截点值集中在50左右，与理论预测的中位数截点策略相吻合，从而再次印证了假设1。

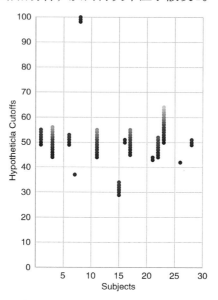

图 6-3-A　假设截点值分布（第1场φ=10）

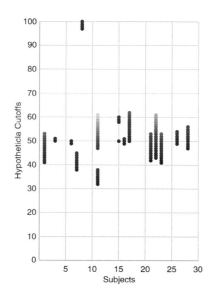

图 6-3-B　假设截点值分布（第1场φ=20）

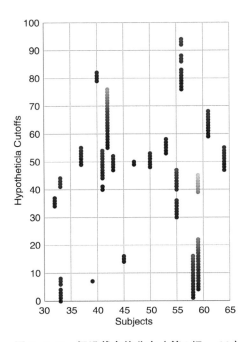

图 6-3-C 假设截点值分布（第2场 φ=20）

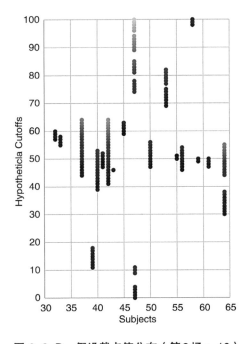

图 6-3-D 假设截点值分布（第2场 φ=10）

然而，如果对各场次与各20回合区间进行更细致的考察，会发现第1场与第2场的信息发送者信息策略呈现显著差异。正如图6-3的四个面板所示，在第1场中，大多数信息发送者的可能截点值高度聚集在中位数附近；而在第2场中，这些截点值分布则更为分散。这种差异反映了第2场的信息发送者在报告策略上与第1场存在本质不同，这一点将在第三小节中详细讨论。

二、接收者的行动与信念

若假设2成立，在大多数信息发送者已近似采用中位数截点策略的情形下，接收者应根据观察到的信息对后验信念进行相应更新：当收到"高"信息时，将后验信念更新至75；当收到"低"信息时，将后验信念更新至25。在此后验信念下，为使自身收益最大化，当$\varphi = 10$时，接收者应当选择的最终投资点位为65（对应高信息）或35（对应低信息）；当$\varphi = 20$时，应当分别选择55（对应高信息）与45（对应低信息）。

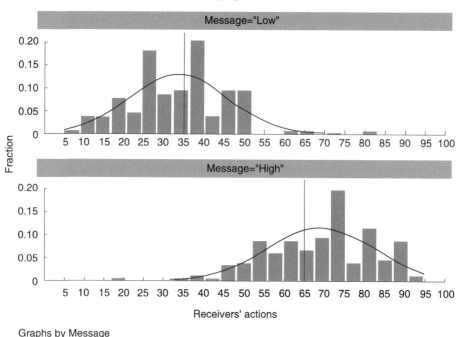

图 6-4-A　接收者行动（第1场 φ=10）

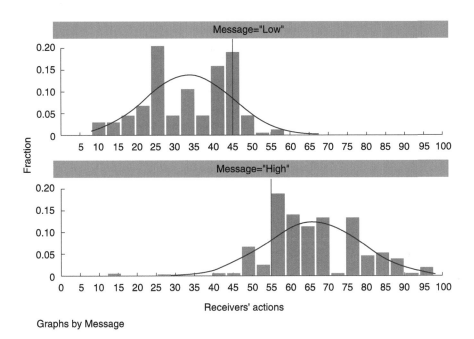

图 6-4-B 接收者行动（第1场 φ=20）

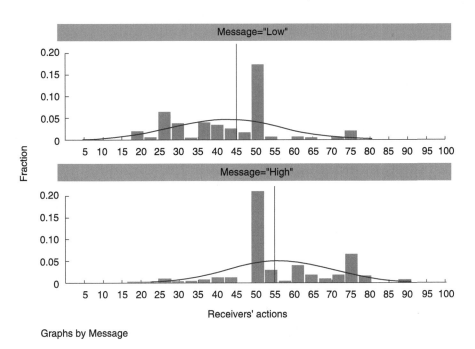

图 6-4-C 接收者行动（第2场 φ=20）

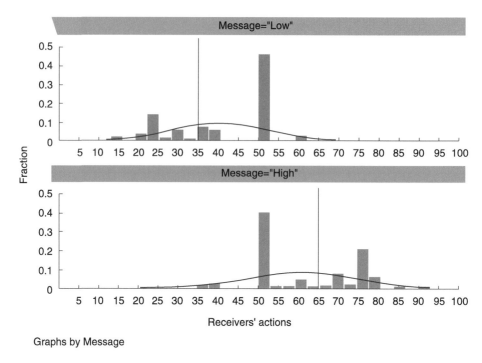

图 6-4-D　接收者行动（第2场 φ=10）

　　然而，实际结果显示，如图6-4四个面板所示，第1场中的接收者普遍存在"过度反应"的倾向。他们在观察到"低"信息时所选取的行动明显低于理论最佳水平（35），而对"高"信息的反应也显著高于理论最佳值（65），呈现集中在25与75两个极值的行为模式。尽管在第二阶段处理（ φ 值变更后）有部分接收者的选择略向理论预测值靠拢，但总体偏差仍较为显著。

　　至于第2场，接收者则表现出高度的"中性"行为，无论收到何种信息，行动选择在很大程度上都集中在50附近。少数接收者在"高"与"低"信息下仍有聚集于25与75的情形，但总体上并未如理论所预期的那样随信息进行相应调整。

　　这些发现明显与假设2相悖。然而，笔者希望进一步探究接收者行为偏离理论预测的深层原因。为此，笔者将接收者的决策过程分为两步：第一步是根据收到的信息更新后验信念；第二步是在更新后信念的基础上选择相应行动。

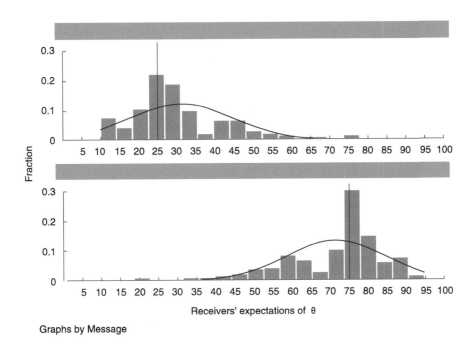

Graphs by Message

图 6-5-A 接收者一阶信念（第 1 场 φ=10 ）

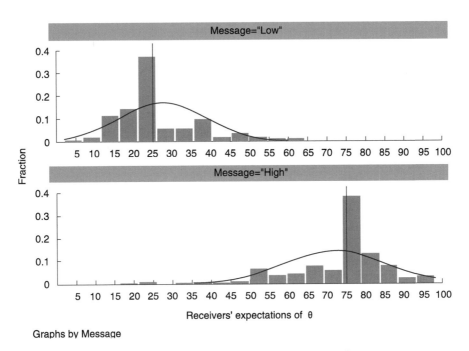

Graphs by Message

图 6-5-B 接收者一阶信念（第 1 场 φ=20 ）

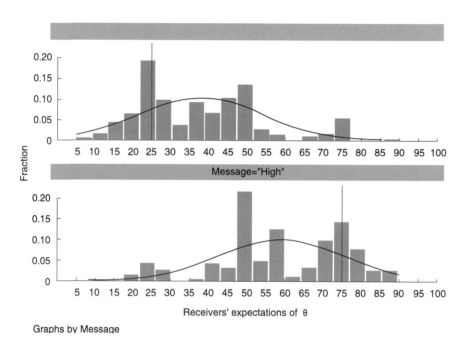

图 6-5-C 接收者一阶信念（第2场 φ=20）

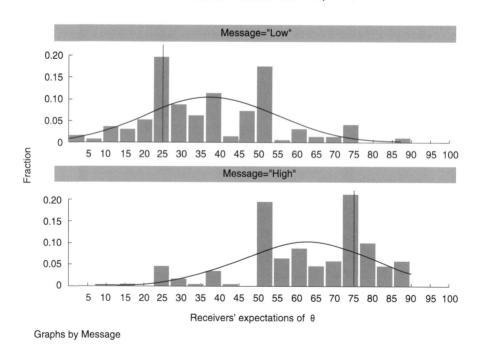

图 6-5-D 接收者一阶信念（第2场 φ=10）

对第一步信念更新行为的考察见图6-5。图中显示，第1场的许多接收者在收到信息后能够正确或近似正确地将其信念更新至25或75。相较之下，第2场中相当数量的接收者根本不对信念作出更新，或仅作出极为保守的微小调整。这意味着第2场中的接收者对传递信息的信息发送者存在更高的不信任度，倾向于无视信息，仿佛未接收到任何有价值的信息。

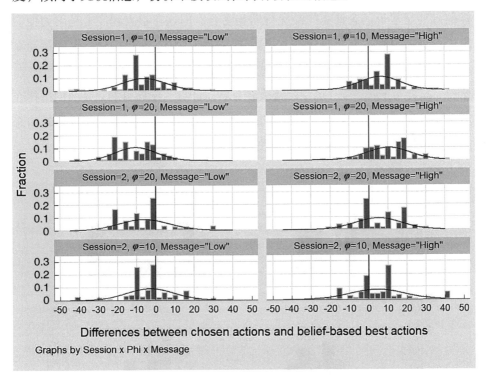

图 6-6　接收者行动偏差

在第二步决策（根据信念选择行动）中，将接收者选定的行动与基于他们更新后验信念而应有的最优行动进行比对。结果表明，接收者普遍存在"过度偏移"的行为特征（图6-6与附录二的图B-2提供了更为详细的分析）。当信念小于50时，他们的实际行动比基于信念的最优行动还要低得多（偏向25的极值）；当信念大于50时，则明显向75偏移。这种对极值的简单化选择强烈暗示了接收者在策略思考上的幼稚性：他们并未严格考虑收益函数，而是直接将后验信念的极值（25或75）当作行动决策点位。

这种幼稚性在 $\varphi=10$ 和 $\varphi=20$ 的不同情形下表现得尤为明显：当 $\varphi=10$ 时，基于后验信念的最佳行动应当是35或65，而接收者却执着于25或75，因而能观察到系统性偏差为10或 -10 的情况；当 $\varphi=20$ 时，最优行动应为45或55，而接收者仍选取25或75，导致系统性偏差为20或 -20。

在第2场中，尽管在排除信念无更新者后，似乎能观察到更多接收者选择的行动与基于信念计算的最优行动相吻合，但这在很大程度上是因为他们的信念更新过程本就十分保守，接近于对称点（50）附近。由于最优行动在接近50的后验信念下与50本身相差不大，他们的行为看似更符合最佳响应。然而，这并不意味着第2场中的接收者更精于计算，反而可能只是他们选择在面对不可信的信息时采取中庸策略（如固定选择50），抑或通过拒绝更新信念来表示对信息发送者不诚实行为的抵制或惩罚。

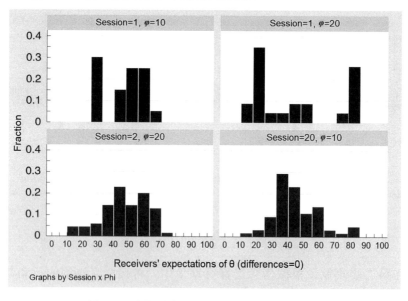

图 6-7 当接收者行动无偏差时的接收者期望

综上所述，偏离假设2的原因在于两个方面：一是部分接收者对博弈结构缺乏足够理解，从而在行动选择上简单地将后验信念值直接套用为行动值（如25或75）；二是接收者对信息发送者缺乏信任，进而不进行正常的信念更新或只进行非常有限的调整，从而选择更接近中立的行动（如50）。这些行为偏差将在第三小节中进一步探讨。

三、报告策略与信任问题

（一）信息发送者的报告策略

为深入分析信息发送者在实验中的真实报告行为，引入一个名为"报告策略"的分类指标，将信息发送者的报告行为分为三大类型。首先是T型策略（T代表Truthful），即信息发送者拥有相对清晰的截点值（通常为中位数或接近中位数附近）并在大部分回合中诚实报告。其次是L型策略（L代表Lie），即信息发送者同样具有相对明确的截点值，但经常在信息报告中撒谎。最后是B型策略（B代表Babbling），即信息发送者的报告截点极为极端或截点估计值在各回合中高度分散，导致报告信息形同无效空谈（babbling），无法给接收者带来有效的状态信息。

在对每位信息发送者的行为进行编码时，先根据前20回合和后20回合分别计算出每位信息发送者的潜在截点策略，然后进一步检视其具体的报告行为，以确保分类的准确性。

图6-8显示了在不同场次与不同φ值条件下，信息发送者策略类型的分布情况。结果表明，第1场和第2场之间存在显著差异：在第1场中，约80%的信息发送者大部分时间诚实报告（T型策略）。相较之下，第2场中仅有平均44%的信息发送者保持高水平的诚实度，同时撒谎（L型）与空谈（B型）策略的比例更高。然而，无论是第1场还是第2场，当实验由前20回合（第一处理）进行到后20回合（第二处理）时，T型策略的比例均出现上升。在第2场中，T型比例从33%增长到55%，而L型与B型的比例随之下降，尤其是B型策略的使用频率在后期显著减少。该趋势亦与附录二中图B-3的分析一致，显示第2场中诚实报告的比例在40个回合的进程中逐步提升。

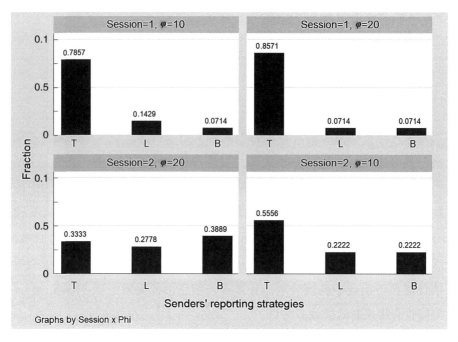

图 6-8　发送者报告策略分布

　　尽管在第一小节中发现，佣金比例φ对信息发送者选择截点策略的影响并不明显，但仅考察截点选择不足以完整检验假设3。传递信息的有效性不仅与截点选择相关，也取决于信息发送者在报告时的诚实程度。通过对各类策略类型（T型、L型、B型）的比较，发现φ的变化并未对信息发送者的诚实报告倾向产生显著影响。相较之下，不同场次之间的差异更为突出、稳定。因此，这些结果为假设3提供了支持：在设定的实验条件下，佣金比例φ的变动并未对传递信息的有效性或信息发送者的报告策略产生显著影响，信息传递状况更多地受特定受试者群体特征和环境因素（如所属实验场次）影响，而非佣金比例本身。

（二）接收者的信任行为

　　为研究接收者对信息发送者信息的信任程度，本章构建了名为"信任"（Trust）的指标，并将接收者的行动策略分为三类：T（Trust-action），表示其行动与信息发送者所传达的信息方向一致；C（Counter-action），表示其行动方向与信息发送者的建议相反；N（None-action）则表示接收者采取中间立场，将行动值直接定为50。与信息发送者报告策略不同，Trust并非以20回合为单位度量，而是对每个回合的接收者决策进行分类。

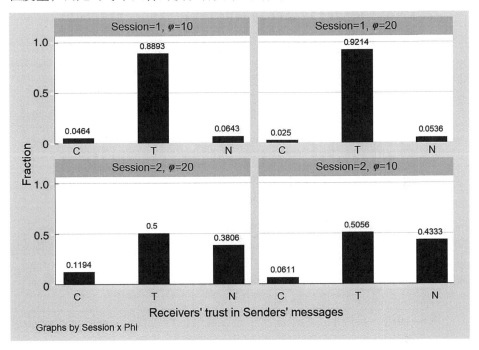

图 6-9　接收者对发送者信号信任程度分布

　　如图6-9所示，在第1场中约90%的接收者行动表现出对信息发送者信息的信任，而在第2场中，只有约一半的接收者采取了信任行动。值得关注的是，第2场中约40%的接受者在观察到信息后选择不做任何调整（将行动值定为50），且这一比例在后20回合有所上升；相较之下，第2场中"反向行动"（C类）的比例也高于第1场。

　　尽管两场实验间在整体信任程度上存在巨大差异，但当接收者确实选择信任信息发送者信息时（T类决策），其具体的行动分布在不同的实验场次与条件下并无显著差异。如附录二的图B-4所示，这类行动的分布特征在两个场次与不同φ条件下大体相似。同时，如果聚焦行动偏离最优策略的程度，可以发现一旦接收者决定信任，他们甚至更倾向于选择与信息发送者信号呈极化对应的行动值（如25或75），这一倾向在第2场中更为明显。

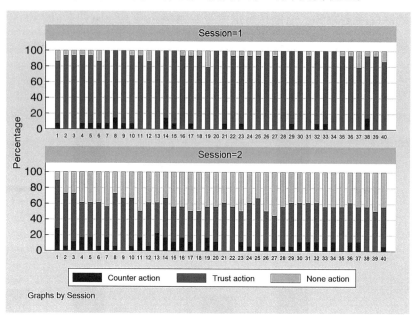

图 6-10　接收者信任程度比例变化

图6-10进一步展示了两个场次中接收者信任行为在所有40个回合实验过程中的动态变化，使研究者能更细致地考察在图6-9中所显示的信任差异和不信任表现。

有趣的是，第2场中较低的初始信任水平似乎并非源自接收者在多个回合互动后对信息发送者不可靠性的经验学习。相反，第2场的接收者从一开始就对信息发送者的建议持有更低的信任，即在首回合时，信任行动比例即显著低于第1场。同时，第2场中的信任行为在最初数回合中出现了动态调整趋势：反向行动（C类决策）在开始的几个回合中显著减少，而不行动（N类决策）比例则显著上升。然而，这一变化并未伴随信息发送者报告策略在第2场中随时间提升其诚实度的过程而出现相应的调整。相反，在经历约10个回合之后，接收者的信任水平趋于稳定，与信息发送者逐渐增加的真实报告策略使用率（约提升20%）并不匹配。

这种"真实报告"与"持续不信任"的不协调现象，可能来自接收者在策略思考上的惰性，或在认知层面上未能及时察觉信息发送者可信度的改善。也不排除接收者因早期被误导而产生愤懑心理，从而以长期不信任的方式对信息发送者加以"惩罚"的可能性。后续分析将结合实验数据更深入地探讨被试在相互认知与学习过程中的表现，并考察其策略成熟度与理性水平，从而进一步解释上述行为偏差现象的成因与内在机理。

（三）理性动机探析：诚实报告与信任决策的轶事性分析

本章实验设计中a_0固定为50，接收者初始投资位置被设定为正确，且信息发送者的收益函数仅与接收者相对于50的最终行动差距相关，因此对信息发送者而言，报告策略在理论上具备对称性。如果信息发送者刻意反向操纵信息，其策略在提高自身收益方面毫无意义。然而，正如实证结果所示，部分信息发送者仍时有不诚实的报告行为，从而引发接收者对信息的质疑。这些信任问题在两个实验场次中表现为显著的行为差异。因此，在实验后问卷的基础上，对信息发送者和接收者的潜在动机进行轶事性探讨。但需要指出的是，这些观察性结论仍需后续研究加以严格检验与证明。

1.信息发送者方面

对于选择谎言策略（Type L）的信息发送者与空谈策略（Type B）的信息发送者而言，其不诚实报告的动机存在差异。Type L信息发送者通常借由谎报信息来测试接收者的信任度，以期降低后者的收益并提升己方收益。他们似乎欠缺对该博弈对称性的深刻理解，误以为通过误导信息即可轻易获取高额回报。部分Type L信息发送者在博弈后期转向更诚实的报告，这一策略转变可能源于他们逐渐意识到谎言对提高自身收益的无效性，或在屡次遭受接收者报复性选择（如选择50行动导致信息发送者无利可图）后认识到继续撒谎最终可能得不偿失。

Type B信息发送者胡乱报告的动机较为多元。他们或是认为这种行为有趣、能干扰对方，或是由于接收者长久坚持在50点位不动，令他们感觉别无选择。当他们意识到此类胡乱报告无法提高自身收益，或被迫面对接收者的即时惩罚时，有的也会逐步转向更为务实和更趋诚实的策略。

　　至于一直较为诚实的Type T信息发送者，他们偶尔的不诚实行动往往意在试探接收者对欺骗的应对策略，或观察如果自己反向报告会有怎样的收益变化。有些Type T信息发送者会在此过程中发现，谎言并无实际好处，或会因为接收者使用50行动进行惩戒性回应而及时调整到诚实报告的轨道。

　　总体而言，信息发送者的不诚实来源复杂多样：有些出于学习与探索搭档策略的需要，有些出于幼稚的自利冲动，有些期望通过误导来占便宜，有些则纯粹出于娱乐或报复心理。随着试错与适应过程的进行，不少信息发送者最终回归或倾向于诚实报告的策略。

　　2.接收者方面

　　接收者的应对策略大致可分为两大类：一类倾向于建立合作关系并在必要时对不诚实报告进行短期的惩罚性回应；另一类则倾向于对信息发送者信息长期不予信任或采取对立立场，从而更易陷入不信任均衡（如持续选择50点位的行动策略）。

　　前一类接收者通常表现为：（1）即便偶尔受骗仍愿意继续相信信息发送者的信息；（2）在发现信息发送者撒谎后短期使用50行动进行快速惩戒，以迫使信息发送者恢复诚实报告；（3）对信息发送者的诚实程度保持警惕，在一般合作的框架下酌情进行惩戒，从而促进长期的"互利−合作"局面。

　　相对地，后一类接收者更倾向于以对立或报复的视角对待信息发送者。这里表现为反向行动（行动方向与信息发送者报告相逆）或持续选择50点位，试图通过降低信息发送者的潜在收益来达到"惩罚"目的。然而，不少接收者误以为牺牲信息发送者收益就能最大化自身收益，而忽略了自身与真实市场状态匹配的重要性。他们未曾深入考虑自身收益函数的数学特性，仅将降低信息发送者收益简单地等同于提高自身收益。此外，一旦这类接收者持续采取50行动策略，信息发送者也可能以相同的报复性手段（如胡乱报告）予以回应，从而陷入双输的信任僵局。

　　与此相反，一些注重双向反馈的接收者认识到若长时间对信息发送者不予信任或持续采用50行动，只会激化对立并最终使双方均难以获益。因此，他们的惩罚行动通常是短期的，并在信息发送者恢复诚实后迅速重建信任与合作。

综上可见，被试在真实与信任问题上的行为表现多元且复杂。他们的策略选择不仅受对方当期与往期行为的影响，也与各自对博弈结构的理解深度相关。后续的分析将更全面地考察被试在学习过程与策略思维层面（如水平推理能力、对方策略的认知与预测）方面的特征，以期为实验结果所反映出的行为偏差和不信任均衡提供更加系统的解释框架。

四、学习、对他方策略的认知与策略推理的精熟程度

为了更加深入地探讨实验结果中行为偏离理论均衡的原因，进一步考察接收者对真实状态的估计精准度、信息发送者对接收者估计与信任行为的判断准确性、被试之间对彼此策略的预测及其精确度，以及在策略实施与报告环节中被试所体现的学习效应、策略稳定性与推理层次。希望通过对这些因素的分析，厘清在复杂的廉价谈判博弈中，受试者表现出的行为偏差与策略动态调整背后的内在逻辑。

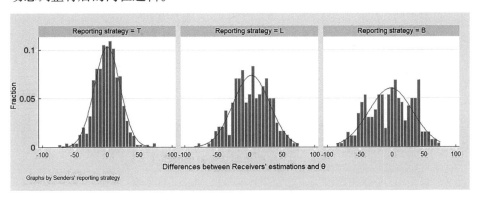

图 6-11　接收者期望与真实状态的偏差分布

（一）接收者对真实状态的期望

回顾前文所示（参见附录二中图 B-5），接收者对真实状态 θ 的估计准确度在不同信息传递策略下呈现差异。如果将信息发送者的报告策略类型与接收者的估计精度联系起来考察（见图 6-11），就可以发现：当接收者面对多

为诚实报告（Type T）的信息发送者时，其对真实状态的估计最为精确；而当信息发送者多为空谈（Type B）时，接收者的估计偏差则最为明显。换言之，信息发送者的信息可信度与接收者对真实市场状态的判断质量存在正向关联。

这一发现与前文两场次数据分析中的结果一致（参见附录二中图 B-6）：在第1场中，信息发送者较少选择谎言或胡乱报告，接收者整体的状态估计精度更高；而在第2场中，谎报与胡乱报告的比例更高，接收者的估计误差也更为突出。

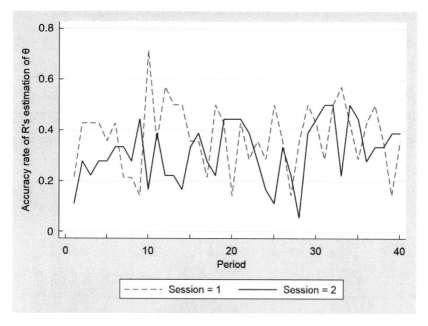

图 6-12　接收者期望准确度的变化

从时间演进的角度（各周期变化）对接收者的估计精度进行考察，发现第1场的估计准确度虽有波动但整体较为稳定；相较之下，第2场的接收者在最初若干周期中的估计精度明显偏低，但随着实验的推进，其准确度逐渐接近第1场的水平（见图 6-12）。表面看来，这或许意味着第2场的接收者在学习与适应上的成效较高。然而，进一步审视图 6-13 所显示的信息可见，这一精度提升更可能源于信息发送者逐渐恢复一定程度的诚实报告，而非仅是接收者自身学习与策略提升的结果。当信息发送者降低撒谎与胡乱报告的比例后，接收者在信息基础更为可靠的情况下自然更易作出相对准确的判断。

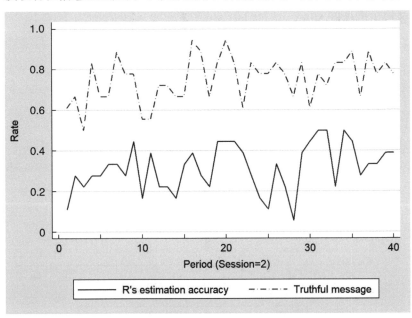

图 6-13 接收者期望准确度与真实信息质量的变化

简言之，接收者对真实状态的判断在很大程度上受信息发送者信息质量的左右。经长时段观察，接收者估计精度的提升与信息发送者报告行为中不诚实成分的降低密切相关。这一结论提示，实验中呈现的行为偏差不仅是单方学习的结果，更是双方策略互动与相互适应的产物。在后续分析中，还将考察接收者与信息发送者在更深层次（如高阶信念与策略稳定性）层面的学习过程与思维水平，从而为实验结果提供更加完整的理论与经验解释框架。

（二）信息发送者关于接收者期望与信任的判断

1. 对接收者关于 θ 的期望值的猜测

与接收者的 θ 估计情况不同，信息发送者对接收者关于 θ 的预期值的猜测准确度不仅随着消息类型（高/低）而变化，也与信息发送者在报告策略中是否诚实相关。如图 6-14 所示，对于高消息，信息发送者往往低估接收者对 θ 的预期；对于低消息，信息发送者则倾向于高估接收者的预期。总体而言，信息发送者对接收者预期的猜测较为保守，相对于接收者的真实预期更接近中值区域（更趋近 50）。

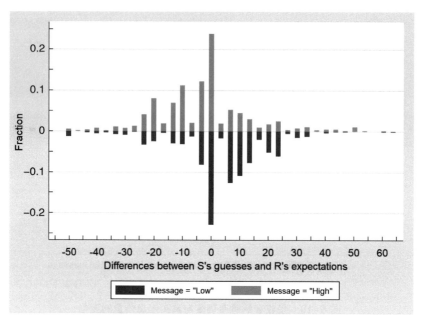

图 6-14　发送者期望与接收者期望的偏差

　　尽管从平均猜测误差来看，使用不同报告策略（诚实、谎报、胡乱报告）的信息发送者之间并无特别明显的整体准确度差异（仅是胡乱报告的信息发送者在平均精度上略显逊色，参见附录二图 B-7），但若进一步考察不同策略类型信息发送者的猜测偏差模式，便能发现有趣的结构性特征。正如图 6-15 所示，诚实报告（T 型）与谎报（L 型）的信息发送者在对低消息的猜测中均有高估倾向，而对高消息的猜测中则有低估倾向。然而，与诚实报告的信息发送者相比，谎报的信息发送者在偏差结构上表现出更为激进的特征，他们的猜测往往偏离中值更远，但在某些条件下意外地更接近接收者的实际期望。此外，对于胡乱报告（B 型）的信息发送者而言，虽然他们中有部分能作出比较精准的猜测，但在更多情况下其猜测模式与 T 型信息发送者的偏差方向相反，即在低消息时会有低估倾向，在高消息时则有会高估倾向，呈现截然相反的误差结构。

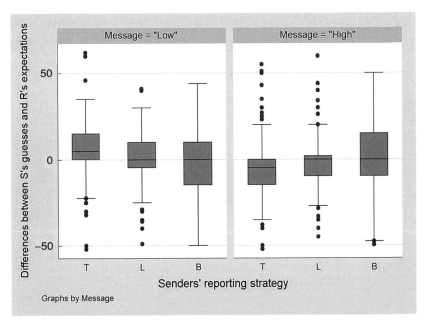

图 6-15　不同报告策略下的发送者期望与接收者期望的偏差

　　进一步分析发现，当信息发送者在猜测接收者期望为25或75时（当接收者确实进行了相对合理的信念更新时），诚实报告的信息发送者表现出相对保守的策略，以较小幅度的高估或低估达到较高的预测精度（参见附录二图B-8）。相反，当接收者未更新信念、始终保持在50附近时，谎报与胡乱报告的信息发送者可能会在不断尝试中了解到对方不进行信念更新的特征，从而频繁猜测50并取得表面上的高预测精度（参见附录二图B-9、B-10）。然而，这并非源于他们对接收者复杂策略的深入理解，而是通过识别接收者策略的"不变性"（总是接近中值）而获得的单点猜测准确。

　　在跨场次比较中（参见附录二图B-11），发现第1场的信息发送者更多倾向于诚实报告，使他们在猜测接收者期望时总体更为精确；而第2场则存在更多尝试与调整，使猜测精度在实验进程中呈现一定的提升趋势（尤其是在第二轮处理阶段预测更为精准）。在时间维度上考察（见图6-16），第2场的信息发送者似乎在后期能够更好地猜中接收者的期望值。但需谨慎解读这一现象：结合前文发现，第2场的许多信息发送者之所以能更精确地猜测50，是因为他们逐渐意识到接收者并未根据消息更新其预期，而只是机械地选择中值。这种对"不学习"的接收者特征的领会使信息发送者通过简单策略就能获得较高的预测精度，而并非真正掌握了对方的深度决策逻辑。

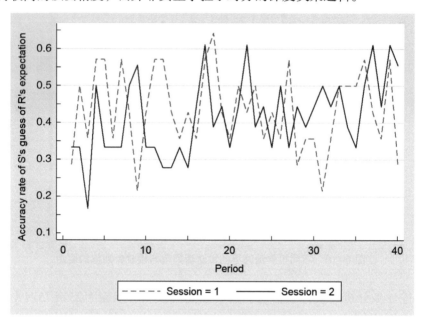

图 6-16　发送者二阶期望准确性的变化

　　为进一步验证上述推断，对接收者期望值分布与信息发送者猜测间的关系进行剖析。结果表明，在第 2 场中，随着周期的推进，信息发送者准确猜中接收者期望为 50 的比例逐步上升（见图 6-17），而这恰与他们整体预测精度的提升同步。由此可见，第 2 场的信息发送者在后期的预测提高更多体现的是对接收者"拒绝更新信念"这一特征的适应性学习，而非对对方数值策略的深入理解与精算。这一发现与后文第六节对被试数理与策略推理精熟度的讨论相呼应，提示在复杂的廉价谈判博弈中，表面上的预测精度提升未必源于更高阶的策略思维，而可能只是对对方僵化策略的惰性适配。

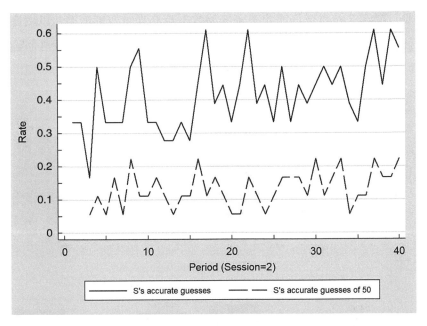

图 6-17 发送者二阶期望准确性与二阶期望为 50 的相关变化

2.对接收者信任程度的预测

如图 6-18 所示，第 1 场中的大多数信息发送者普遍预期接收者会对他们的消息表现出信任，而在第 2 场中，超过 40% 的信息发送者预期自己将不被信任。值得注意的是，这种对不信任的预期并非来自学习效应或行为轨迹的逐步修正：正如附录二图 B-13 所示，第 2 场的信息发送者在第一回合就仅有约 60% 的人预期接收者会信任他们的消息，而同期第 1 场的这一比例则在80% 以上。此外，在 40 个回合中，第 2 场的信息发送者对不被信任的预期比例始终较为稳定，并未随着时间而发生明显变化。

这种差异引发了进一步的思考。首先，第 2 场中较低的信任预期与更高频率的谎报与胡乱报告策略是偶然巧合，还是存在内在逻辑关联？是信息发送者先天倾向于预期不信任导致更容易采用不诚实策略，抑或由于接收者确实更少信任，从而反过来强化了信息发送者对于不被信任的判断？其次，考虑第 2 场的接收者从一开始便缺乏信任，这种信任缺失的双向互动似乎不仅是博弈中策略与反馈的产物，还可能与被试群体之间的人格特征或心理倾向存在关联。探索这一点或许需要更多实验数据与心理量表的辅助，以期在实验外特征（如被试的风险态度、性格特质、社会偏好）与博弈信任度间构建更全面的解释框架。

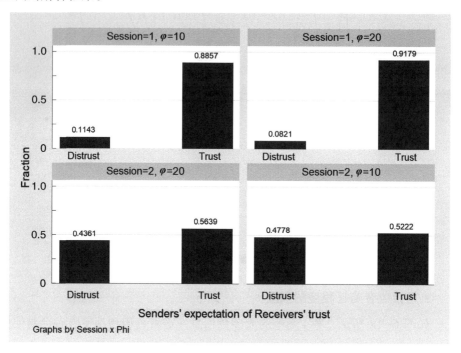

图 6-18　发送者对接收者信任程度的二阶期望分布

附录二图B-14进一步显示了信息发送者对接收者信任预期的准确度对比实际接收者的信任行为情况。结果表明，第1场中信息发送者的信任预期更为接近事实，而在第2场中则显著存在偏差。尽管第2场的信息发送者在第二个处理阶段中信任预期的准确度提升了约10%，但仍未达到第1场的水平。这种差距在时间维度上的表现更为明显：如图6-19所示，第1场中的信息发送者对接收者信任度的预测准确率自始至终保持在较高水准，而第2场中的信息发送者则在最初存在显著的误判，随着时间的推移才逐渐校准。例如，初期时更为常见的过度自信（高估对方的信任度）和低估自信（低估对方的信任度）现象，均在后期有所缓解。这一动态变化明确体现出信息发送者在博弈过程中对接收者信任行为模式的适应性学习，即他们逐渐修正自身对接收者信任状况的预期，从而在中后期表现出更高的预期准确度。

总而言之，这部分结果凸显出在透明动机的廉价沟通博弈中，信任的双向互动存在复杂的动态过程。信息发送者对接收者信任的预期及其准确度不仅受内在策略与实验分组特征影响，还深受行为互动与经验反馈塑造。进一步研究有必要结合被试个体特征、心理属性及外生条件，探讨信任预期形成机制与策略调整的深层原因，从而为廉价谈话博弈中信任与沟通的有效性提供更为立体的解释路径。

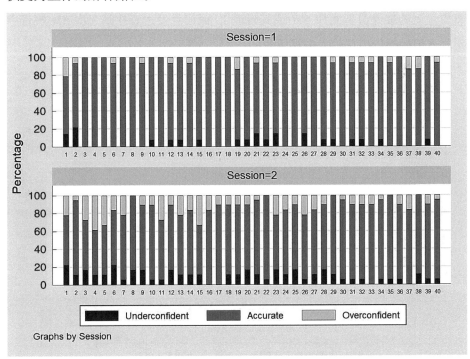

图 6-19 发送者对接收者信任程度的二阶期望比例变化

（三）接收者对信息发送者临界值策略的推断

在本节及后续两节中，将重点分析策略法下被试所报告的策略和猜测情况。本节关注接收者对其匹配信息发送者所选择临界点的猜测；第四节则考察信息发送者对接收者行动策略的推断；第五节将探讨被试在 SM 报告中体现的自洽性。

113

在附录二图 B-15 中，比较了在不同场次与处理下接收者对信息发送者临界值策略的猜测准确度。结果显示，在第1场的首次 SM 报告中，接收者对信息发送者临界值的猜测尤为准确。然而，在其他三个 SM 报告中，约有半数的猜测结果并不完全准确，导致第1场的 SM 报告间猜测准确率出现显著下降。

进一步分析如图 6-20 所示，发现接收者的猜测多集中于 50 附近的临界值，而猜测误差往往源于信息发送者在 SM 中报告的临界值偏离了 50。从而第1场中猜测准确度在两次 SM 报告间的显著滑落，可理解为接收者一贯将信息发送者的临界值猜测为 50（或其附近），而信息发送者在第二次 SM 报告中对临界值的报告出现较大偏移所致。

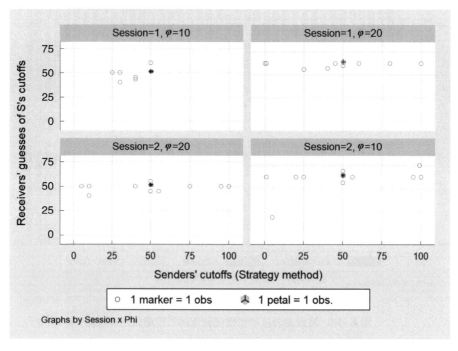

图 6-20　策略法下接收者对发送者所选临界点的猜测分布

然而，这种偏移并不必然表明接收者缺乏对信息发送者策略变化的洞察力。进一步查阅数据发现，有些信息发送者在直接廉价沟通环节中一直执行接近中位数的分割策略（在状态大于 50 时报高、低于 50 时报低），却在第二次 SM 报告中突然声称自己的临界值为 100 等极端值。这种行为表现出与先前沟通策略的高度不一致，可能源于多种原因：一方面，这或许是被试在实验末尾阶段的冲动或不加深思的行为；另一方面，可能是被试对激励机制产生误解，错误地认为在 SM 报告中撒谎能够带来额外收益。一名接收者在问卷中指出，她在第二次 SM 中谎报临界值只是因为"那是最后一轮"，这一回答提示个别被试可能在最后阶段放松了策略严肃性，缺乏理性计算。

在第 2 场中，接收者对信息发送者临界值的猜测准确率在两次 SM 报告中均保持较低水平。具体而言，在 SM 首轮中，一些信息发送者与第一场后期情形类似，报告了与其廉价沟通时期策略不符的极端临界值；也有一些信息发送者报告的极端临界值与其在廉价沟通环节中"胡乱报告"策略相一致。然而，大多数接收者仍然固守在猜测值为 50 上，导致整体猜测准确率偏低。

在第二次 SM 报告中，情况与首次相似。由于接收者无法直接观察对方在 SM 第一轮中的实际临界值选择（仅能看到根据 SM 报告自动执行的消息和行动），他们很难根据第一轮 SM 的反馈来修正第二轮的猜测策略。深入分析第 2 场中的两轮 SM 数据，发现大多数接收者并未获得足以令他们修正猜测的线索。例如，如果信息发送者在 SM 中报告的极端临界值恰好生成了与中位数策略高度相似的自动发送消息（不影响接收者对信息发送者策略的直观判断），那么接收者将缺乏信息来更新其猜测。

值得关注的是，有一名接收者在第二次 SM 中显著提升了猜测准确率。她在第一次 SM 中观察到信息发送者选择的临界值为 10，并在对应状态为 19 时确认信息发送者在使用偏小的临界值策略。获得这一信息后，她在第二次 SM 中将猜测值调整为 15，距离信息发送者第二次 SM 实际报出的临界值 5 仅相差 10。此案例表明，如果接收者在 SM 报告中能够获得足够的偏差信息，那么他们在下一轮 SM 中的猜测能力会相应提高。

总的来看，本节分析显示，接收者在 SM 环境中对信息发送者策略的猜测精度受多种因素影响，包括信息发送者报告策略的自洽性与可靠性、接收者所掌握的信息更新能力，以及激励机制与终局效应导致的非理性或轻率应对。这些结果为后续关于被试策略稳定性、学习过程和决策理性水平的研究提供了参考。

（四）信息发送者对接收者行动的预测

在附录二图 B-16 中，比较了不同场次与处理条件下信息发送者对接收者行动策略的预测与接收者在策略法中报告的真实行动之间的差异。结果显示，信息发送者对接收者行动的预测在第2场中的准确度高于第1场，但在两场实验中，在SM第二轮报告中预测的准确度均有所下降。

如图6-21所示，在第1场中，准确的行动预测主要集中在 25 和 75 两点上，分别对应接收者在看到低报（低）与高报（高）信息时的行动。尽管这一结果可能在表面上体现了信息发送者对接收者策略的某种了解，但更有可能是双方在数值选择上的巧合与幼稚直觉所致。相较之下，第2场中准确预测集中于 50 附近的位置，再次显示出信息发送者对接收者不信任倾向的认知。然而，如前所述，理解对方对自己不信任这一事实的难度相对较低，不需要对接收者在数值层面的行动策略进行细致推断。这意味着，第2场中预测准确度的提升并不一定表明信息发送者在策略思考或学习对方行为模式方面比第一场的被试更为高明或熟练。

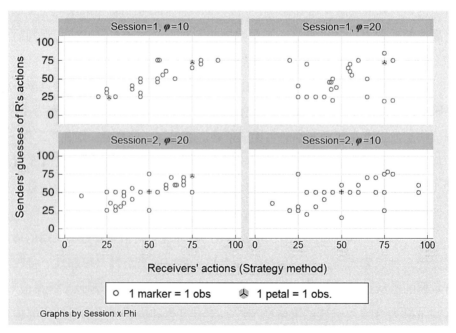

图 6-21　策略法下发送者对接收者所选行动的猜测分布

进一步的深入分析显示，在两场实验中 SM 第二轮预测准确度的下降可能源于部分被试在 SM 环节中的不真实报告或非理性应对。对数据进行了剔除异常值的进一步处理和个体追踪分析后发现，约四分之一的信息发送者在 SM 第二轮中预测准确度有所提高，但更多的信息发送者在这一阶段预测变得更不准确。换言之，与其说他们在了解对方行动策略的道路上愈加清晰，不如说他们在这一过程中更加困惑。值得注意的是，第二场中有更高比例的信息发送者其预测准确度在两轮 SM 中保持不变，然而这在很大程度上是因为他们在两次 SM 报告中都准确地预测接收者会选择 50 行动。这种稳定的预测并非一定源于深思熟虑的策略推断，而更可能来自对接收者不信任和采用中位数行动策略的直观认知。

总的来看，信息发送者对接收者行动策略的认知水平并未在实验后期明显提高，甚至在一些情况下出现了认知混乱的迹象。尽管某些信息发送者确实形成了较为稳定的策略判断（如在第二场中对 50 行动的准确预测），但整体上并不能据此断定他们具备更高的战略复杂度或更有效的学习能力。相反，这些变化更可能是心理直觉、信息不完备、激励机制理解偏差以及实验末期策略松懈等多种因素共同作用导致的。

（五）策略法报告中被试行为的一致性与策略复杂度

本节的分析聚焦于被试在策略法报告环节中展现的自我一致性及策略复杂度。具体而言，考察接收者与信息发送者在报告所选策略与对方策略预期之间的一致性程度，以判断被试对博弈结构和利润最大化决策逻辑的理解程度。

1. 接收者方面

对于接收者而言，针对其在 SM 阶段报告的截点值猜测，基于该猜测为其生成两套对应的最优行动，然后将这些最优行动与接收者实际报告的行动进行比较（参见附录二图 B-17 与 B-18）。

在第 1 场中，发现接收者的报告行动与基于其截点猜测所推导的最优行动存在系统性偏差。接收者往往在收到低报（低）信息时选择的行动低于理论最优值（基于猜测的最优行动应略高一些），而在收到高报（高）信息时的行动高于理论最优值。这种偏差导致其最终行动集中在 25 和 75 两点上。若与前文对 φ 参数进行比较，不难发现：当 $\varphi=10$ 时最优行动与接收者的实际报告行动有 10 的偏差，当 $\varphi=20$ 时偏差则扩大至 20。这一模式再次说明，相当多的被试并没有根据收益函数求解一阶条件来实现利润最大化决策——他们的决策更可能源于简单的、非理性的直觉反应。

相较之下，第 2 场中接收者的行动与截点值猜测的最优行动之间并未体现出明显的规律性偏差。这并不意味着他们更具策略性或更有数学能力，而是因为他们对信息发送者的不信任更普遍，行动选择无法形成如第 1 场那般的稳定偏差模式。然而，无论是第 1 场还是第 2 场，大多数接收者并未表现出熟练运用一阶条件解决问题的能力。这意味着接收者对自身收益函数的理解和策略化思考仍然较为有限。

2. 信息发送者方面

类似地，对信息发送者进行相同检验：基于信息发送者报告的截点选择，为其生成对应的最优行动预测，并与其实际报告的对接收者行动的预测进行比较。

对于第 1 场的信息发送者而言（参见附录二图 B-19），再度观察到类似偏差：信息发送者预期接收者在不同 φ 条件下的行动与理论最优行为存在固定数值的系统偏差（ $\varphi=10$ 时约 10 的偏差， $\varphi=20$ 时约 20 的偏差）。与接收者类似，这反映出信息发送者也欠缺根据接收者的收益函数求解最优行动策略的能力，或者他们并未充分意识到这样求解的必要性。此外，有些信息发送者在 SM 阶段选择了与他们对接收者行动预测完全不匹配的截点值，这进一步显示出他们并未领会其自身收益结构的对称性特征。举例而言，有信息发送者在 SM 中报告了极端的截点值（如 80 或 90）并同时预测接收者的行动为 25 或 75。这类不一致的报告表明，信息发送者并未理解任意向远离中值的方向推动接收者决策并不能提高自身利润的事实。

在第 2 场中，我们发现当 $\varphi=20$ 时，信息发送者对低报信息对应的接收者最优行动预测与其截点猜测下的理论最优行动较为接近（参见附录二图

B-20），但这似乎纯属巧合。例如，一位信息发送者可能选择了一个较极端的截点值（如 80），并预测接收者会不信任其信息而选择 50。由于 50 恰好为基于该截点值计算出来的理论可行行动之一，使其报告呈现出表面上的自洽。然而，这种表观一致性并非源自严谨的数理推断，而可能仅是随机碰巧。同时，当信息发送者报告的截点值进一步偏离（如 90）时，高报信息对应的理论最优行动便不再是 50，故其高报预测与理论最优行动的差异也就进一步显现。

或许有人会认为，信息发送者的行动预测不必与自身截点选择严格匹配，只要他们对接收者的真实行动了如指掌就可被视为"高明"的策略学习。然而，通过深入分析，发现这种解释在本实验中说服力有限：在第 1 场中，信息发送者与接收者同时陷入了对称的幼稚猜测——双方都选择了 25 和 75 这样的数值，并非源于高阶思维，而是由于双方的直觉碰巧一致。而在第 2 场中，信息发送者对接收者不信任倾向的"学习"虽然让他们更轻松地预测接收者保持在 50 这一点上不变，但这种学习仅限于辨识单一数值（50）在行为空间中的特殊地位，而非深入理解对方收益函数或策略结构。

综上所述，我们可以得出结论：本实验中，被试的策略复杂度与自我一致性水平均较低。他们往往无法熟练运用一阶条件求解策略最优点，也无法充分理解对称性的收益结构。即便有些被试表现出一定程度的学习与适应，这些变化也更多地是对简单模式的察觉（如接收者长期停留在 50 或双方同时选择 25 和 75），而非对复杂数理逻辑的掌握。这与经典博弈论理论中对高阶理性和策略化学习的理想化假设相去甚远。后续研究可在实验设计中进一步简化或突出计算复杂度，或增加明确的教学与指引，以检验当被试获得更多策略知识和计算工具后，是否能更接近理论预期的高阶理性决策水平。

第六节　讨　论

本章研究以实验方式检验了由利普诺克西和拉维德（2020）提出的具有透明动机的廉价交流模型。在实验室中构建了一个"经纪人–投资者"的博弈情境，其中信息发送者（经纪人）在获知私有信息后向信息接收者（投资者）发送"高"或"低"信息，而信息接收者则依据所接收之信息作出相应决策。为深入了解被试的决策动机与认知过程，实验采用了两种不同的信念启发与计量方式。此外，还在不同顺序下调整了参数φ的大小，以考察该参数变化对信息传递行为的影响。

研究结果显示，信息发送者的策略选择与理论预测基本一致，他们大多采取接近中位数截点的策略来决定信息报告的边界。然而，接收者的决策行为明显偏离了理论上以利润最大化为目标的最佳响应策略。这种偏差在本章研究中尤为突出，且在其中某一场次中尤为严重。换言之，虽然理论模型为透明动机下的廉价交流博弈提供了清晰的均衡预测，但实验发现的实际行为表明，信息接收者的行动策略并未达到理论期望的精确水准。

进一步分析显示，即使φ的变动未显著影响传递信息的有效性，仍观察到了实验场次之间的显著差异。这暗示影响行为偏差的不仅是模型参数，还可能包括实验参与者群体内部的特征差异。因此推断，这些理论与实验结果之间的偏差在相当程度上可归因于被试的策略认知层次不足：当面对相对复杂的决策框架时，被试无法充分理解利润函数的结构与条件最优决策策略，从而导致信息发送者产生无意义的虚假报告行为与接收者采取过于简单化的决策方案。

当然，并不否认其他因素也可能导致行为偏差。被试的个性特质、认知风格、风险态度以及过往经验均有可能影响他们在博弈中的策略选择。为使研究结果更具稳健性，未来研究可考虑多轮重复实验，以甄别个性差异或经验累积在决策偏差中的作用。

此外，本章研究在设计上对角色分配与配对机制仅检验了顺序效应的影响，而未对其他变量（如角色与配对方式的随机化）进行控制。后续研究可借鉴奥利维尔·邦罗伊（Olivier Bonroy）、亚历克西斯·加拉平（Alexis Garapin）和丹尼尔·莱雷纳（Daniel Llerena）的做法[①]，将固定角色－固定配

---

① BONROY O, GARAPIN A, LLERENA D. Changing partners in a cheap talk game：Experimental evidence[J]. International Journal of Economic Theory，2017，13（2）：197–216.

对、固定角色－随机配对与随机角色－随机配对三种模式纳入考量中，探索在透明动机条件下，不同配对机制对信任与信息传递行为的影响。同时，有必要引入人机对战的实验设计，以剔除人际互动中可能存在的欺骗与不信任因素对行为选择的干扰。进一步地，通过修改实验说明与界面设计，研究者可测试当被试获得更清晰的信息反馈或更简化的博弈框架时，其策略复杂度与纳什均衡趋同性是否得以提升。

同样重要的是，未来研究可尝试向被试提供更全面的历史信息记录，包括过去各期状态、信息、行动与利润的数据。在此基础上，研究者可更深入地考察连续重复博弈中策略学习与复杂度提升的动态过程。

最后，本章研究在实验实现中对信息发送者的报告空间进行了简化，限制其只能发送"高"或"低"两种信息，以利于焦点的明确与分析的便捷。未来研究可将报告空间适度扩张，如允许信息发送者报告更细致的阈值形式（如"高于/低于 X"），从而探索报告方式对战略选择与信息传递有效性的潜在影响［威廉·米诺齐（William Minozzi）和乔纳森·温（Jonathan Woon），2020］[①]。在更丰富的策略空间下，受试者的策略复杂度、灵活度与理性程度或许会更接近理论模型所预设的高阶决策水平。

---

① MINOZZI W，WOON J. Direct response and the strategy method in an experimental cheap talk game[J]. Journal of Behavioral and Experimental Economics，2020，85：101498.

第七章

实验分析：外部信息源下的自主性披露①

① 本章基于笔者与王涵彧的合作文章《外部信息源下的自主性披露——来自实验室实验的证据》，笔者提出研究想法、设计实验、收集数据；王涵彧编写实验程序、收集数据、分析数据、文章写作。

第一节　引　言

一、信息披露背景概述

信息作为市场运作与资源配置过程中的关键要素，其获取、传递与评价在现代经济社会中具有至关重要的地位。斯蒂芬·欧苏－安萨（Stephen Owusu-Ansah）将信息披露界定为企业向外部利害相关者传递关于其经济状况与经营结果的过程，该过程不仅涵盖财务数据，还包括非财务资讯，既可量化亦可定性[①]。这一过程为市场参与者提供了基础判断依据，使投资者、监管者与消费者能够更为理性地评估企业的经营行为与潜在风险。

在经济学与会计领域，信息披露因其对市场透明度与效率的提升而被广泛关注和研究［保罗·希利（Paul Healy）和克里希纳·帕勒普（Krishna Palepu），2001］[②]。信息披露的作用跨越多个市场领域，如在保险市场中，克鲁诺·库科奇（Kruno Kukoc）强调了充分而准确的信息披露有助于消费者作出更为明智的选择[③]；在银行业中，哈姆泽·阿尔·阿莫什（Hamzeh Al Amosh）的研究指出高质量的信息披露有助于增强银行体系的透明度和客户信任，从而降低信息不对称导致的潜在风险[④]；道格拉斯·戴蒙德（Douglas Diamond）和罗伯特·韦雷基亚分析了信息披露对资本成本与市场流动性的影响，进一

---

① OWUSU–ANSAH S. The impact of corporate attributes on the extent of mandatory disclosure and reporting by listed companies in Zimbabwe[J]. The International Journal of Accounting，1998，33（5）：605–631.

② HEALY P M，PALEPU K G. Information asymmetry，corporate disclosure，and the capital markets：a Review of the Empirical Disclosure Literature[J]. Journal of Accounting and Economics，2001.

③ KUKOC K. Information disclosure in a competitive insurance market–the government role[J]. The Geneva Papers on Risk and Insurance Issues and Practice，1998.

④ AMOSH H A A. The role of governance attributes in corporate social responsibility（CSR）practices evidence from jordan[J]. Managerial Auditing Journal，2021.

步阐明了信息畅通如何推动金融市场更有效率地运作[①]。

信息披露之所以广受关注，根源在于其在缓解信息不对称方面的突出效用（保罗·希利和克里希纳·帕勒普，2001）。在市场主体能够获取更为完善与精准的信息条件下，其决策理性程度与资源配置效率势必提升，进而为社会整体福利的增进创造条件。尽管信息披露可能涉及一定成本，但在多数情境下，这些成本相较于其所带来的长期收益与公共信任提升，显得微不足道。

在企业信息披露实践中，通常区分强制性披露与自愿性披露两大类。前者源于法律法规和监管要求，后者则由企业出于声誉管理、市场竞争与信任构建等考虑，在法定要求之外自主提供更多信息。加里·米克（Gary Meek）、克莱尔·罗伯茨（Clare Roberts）和西德尼·格雷（Sidney Gray）将自愿性披露定义为企业管理层为满足报告使用者需求而主动提供的额外会计及其他相关信息[②]。

二、现有研究分析

（一）自主性信息披露

信息经济学的经典研究已表明，只要信息可验证且披露成本不高，市场竞争机制将促使企业趋向于完全自愿披露［基普·维斯库西（Kip Viscusi），1978[③]；格罗斯曼和哈特，1980；格罗斯曼，1981；米尔格罗姆，1981］。然而，经验和实证研究显示，现实情境中的自愿性披露并非总能达到理论所预测的完全状态［艾伦·马蒂奥斯（Alan Mathios），2000[④]；迈克尔·卢卡

---

① DIAMOND D W, VERRECCHIA R E. Disclosure, liquidity and the cost of capital[J]. The Journal of Finance, 1991.

② MEEK G K, ROBERTS C B, GRAY S J. Factors influencing voluntary annual report disclosures by U.S., U.K. and Continental European multinational corporations[J]. Journal of International Business Studies, 1995, 26(3): 555-572.

③ VISCUSI W K. A note on 'lemons' markets with quality certification[J]. Bell Journal of Economics, 1978, 9(1): 277-279.

④ MATHIOS A D. The impact of mandatory disclosure laws on product choices: an analysis of the salad dressing market[J]. Journal of Law and Economics, 2000, 43(2): 651-678.

（Michael Luca）和乔纳森·史密斯（Jonathan Smith），2015[①]；本杰明·贝德森（Benjamin Bederson）、金哲、菲利普·莱斯利（Phillip Leslie）、亚历山大·奎因（Alexander Quinn）和邹奔，2018[②]]。实验研究揭示了导致不完全披露的心理与认知根源：接收方通常缺乏足够的策略意识与怀疑精神，不能对未披露信息进行充分推断（金哲、卢卡和马丁，2021）。简言之，当接收方无法明晰识别信息提供者的策略动机时，后者便能通过选择性或不完全披露来影响市场判断。

在此背景下，一些研究尝试纳入更为复杂的模型条件。瓦莱里娅·布尔迪亚（Valeria Burdea）、玛丽亚·蒙特罗（Maria Montero）和马丁·塞夫顿（Martin Sefton）通过结合"廉价对话"框架研究了在信息不可验证条件下的披露策略[③]；金哲、卢卡和马丁（2021）考察了企业在披露复杂信息时可能面临的策略性选择与接收方的系统性误判；杰里米·贝尔托梅（Jeremy Bertomeu）、伊万·马里诺维奇（Iván Marinovic）、斯蒂芬·特里（Stephen J. Terry）和费利佩·瓦拉斯（Felipe Varas）发现80%的企业存在有意识的信息策略管理行为，其中约40%的企业存在有意隐瞒信息的现象[④]。丹尼尔·阿哈伦（Daniel Aharon）则指出，当监管者尝试利用行为金融学研究成果补强信息披露机制时，如何充分应对企业策略性披露与信息接收者的认知局限仍是未解之题[⑤]。

（二）外部信息源

信息不完全披露现象激发了学界对外部干预如何促进信息有效披露的思考。现实中，媒体与政府干预往往通过引入额外的信息来源，对消费者决策

① LUCA M，SMITH J. Strategic disclosure: the case of business school rankings[J]. Journal of Economic Behavior and Organization，2015，112：17-25.

②BEDERSON B B，JIN G Z，LESLIE P，et al. Incomplete disclosure: evidence of signaling and countersignaling[J]. American Economic Journal: Microeconomics，2018，10（1）：41-66.

③ BURDEA V，MONTERO M，SEFTON M. Communication with partially verifiable information: an experiment[J]. Games and Economic Behavior，2023.

④ BERTOMEU J，MARINOVIC I，TERRY S J，et al. The dynamics of concealment[J]. Journal of Financial Economics，2022.

⑤ AHARON B. Transparency and information asymmetry in financial markets: a critical perspective[J]. Brill Research Perspectives in International Banking and Securities Law，2023，4（4）：1-65.

与企业披露行为产生重要影响。以"3·15晚会"为例，此类传媒监督和政府干预可被视为第二信息发送方，持续向市场发布真实信息，弥补企业可能的选择性披露不足。在该情境下，消费者关注度分布不均，部分消费者能够接收来自媒体和政府的真实信息，从而在一定程度上缓和企业信息不对称造成的市场失灵。

已有研究表明，在有外部信息介入时，即使信息传递具有廉价对话的特征，仍可实现关键信息的有效传递与可信沟通［罗伯特·奥曼（Robert Aumann）和塞尔吉乌·哈特（Sergiu Hart），2003］[1]。道格拉斯·戴蒙德和罗伯特·韦雷基亚强调提高市场透明度与信息共享对股市流动性与资源配置效率的正面作用[2]。保罗·泰洛克（Paul Tetlock）则展示了媒体报道对投资者情绪与市场表现的重要影响[3]，方莉莉（Lily Fang）和乔尔·佩雷斯（Joel Peress）研究了媒体广度与深度对市场信息效率的推动[4]，而乌米特·古伦（Umit Gurun）和亚历山大·巴特勒（Alexander Butler）的研究表明，媒体倾向性报道可显著影响投资者与企业行为[5]。

上述研究强调外部信息对市场互动与信息披露结果的作用，但对外部信息介入如何改变披露方与接收方的策略互动尚缺乏系统性探讨。

三、研究空缺与本章贡献

尽管已有文献对企业信息披露行为的形成机制进行了广泛讨论，但在外部信息介入对自主性信息披露决策影响的研究方面仍存在不足。当前研究多聚焦于内部治理、监管环境、分析师关注、审计委员会特征以及企业所有权结构对信息披露的影响，而较少从外部信息源这一维度系统审视其对企业信

---

① AUMANN R J，HART S. Long cheap talk[J]. Econometrica，2003.

② DIAMOND D W，VERRECCHIA R E. Disclosure，Liquidity，and the cost of capital[J]. The Journal of Finance，1991.

③ TETLOCK P C. Giving content to investor sentiment：The role of media in the stock market[J]. The Journal of Finance，2007.

④ FANG L，PERESS J. Media coverage and the cross-section of stock returns[J]. The Journal of Finance，2009.

⑤ GURUN U G，BUTLER A W. Don't believe the hype：local media slant，local advertising，and firm value[J]. The Journal of Finance，2012.

息策略选择和信息接收者信息处理的促进或扭曲作用。

本章研究的创新之处在于，将外部信息源这一关键因素纳入实验研究框架中，考察在媒体与政府等外部信息干预条件下，企业在自主性信息披露策略上所产生的行为变化。通过实验室情境模拟与策略互动分析，本章研究期望为理解和优化现代经济体系中信息披露机制提供新颖证据与洞察。具体而言，本章研究将有助于回答如下问题：外部信息如何改变企业自主披露的激励和决策逻辑，消费者或投资者在面对内部与外部信息源时的行为反应及信任格局如何演化。在此基础上，有望为政策制定者与监管者提供参考，以期通过合理利用外部信息来源，促进信息透明度与市场效率的提升。

第二节　实验的理论预测与假设建立

当外部信息关注度参数 $r = 0$ 时，博弈可通过如下博弈树来描述（见图 7-1）。在该情形下，若发送方选择不披露信息，接收方的策略性推断将基于初始先验概率，即自然状态中高与低状态的比率。此时，对于拥有完全理性和较高分析能力的精明型接收方而言，将倾向于假设发送方采取分离均衡，即当真实状态为高值时，发送方会选择披露，从而与低值状态的沉默行为相区分。相对地，对于天真型接收方来说，其可能误以为发送方采取混合均衡，即无论状态高低均不披露信息，使其难以从不披露信号中得到有效区分。

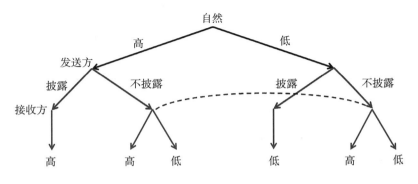

图 7-1　决策树结构（ $r=0$ ）

当 $0<r<1$ 时，博弈的决策树结构如图7-2所示。在该设定下，即使存在外部信息干预（外部信息 m_0 以概率 r 披露），当接收方观察到不披露行为时，其仍需结合 $1-r$ 倍的自然状态分布来更新信念。这意味着接收方在面临不披露信息的情形下，依旧不得不回归对先验概率的考量。对于精明型接收方，在获得不披露信号后仍倾向于推断发送方在高值状态下必然披露、低值状态下选择不披露，从而形成分离均衡认知。天真型接收方则仍可能将不披露行为解释为无论高低状态皆不披露的混合均衡情形。

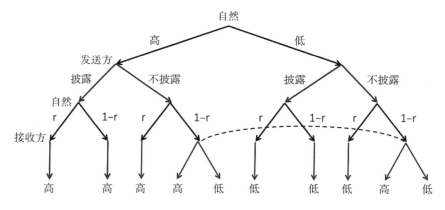

图 7-2　决策树结构（$0<r<1$）

通过对比 $r=0$ 与 $0<r<1$ 的两种决策树可知，无论外部信息关注度 r 的取值如何，其对接收方处理不披露信号的策略逻辑都并无本质改变。精明型与天真型接收方的信念更新方式在结构上保持一致，即精明型始终倾向于分离均衡的解释，而天真型始终更可能接受混合均衡的误读。这暗示外部信息关注度的变化本身并不足以改变博弈中的基本行为模式与均衡性质。

据此，本章提出如下假设：

H_0：无论 r 的取值如何，玩家的行为倾向在整体上都保持一致性，即精明型玩家与天真型玩家的策略模式并不会因 r 的改变而发生显著差异。换言之，外部信息关注度的调整并不能从根本上改变玩家间的信息传递与信念更新逻辑。

第三节 实验设计

本节将详细介绍实验的开展方式、参数设定和处理方法，包括实验所需的环境与材料、被试招募及样本特征、参数设置与实验步骤，并说明实验中关键自变量与处理方式的安排。

（一）实验方法

本实验在北京外国语大学行为经济实验室中完成。实验室环境能够确保受试者彼此独立且信息隔离，实验室内每位受试者均配备一台个人终端电脑。实验采用z-Tree软件（乌尔斯·菲施巴赫，2007）进行编程与运行。通过使用z-Tree软件，可实现实验流程的标准化与自动化，从而确保数据采集的客观性与可重复性。

（二）被试情况

本实验共招募北京外国语大学本科生参与者100名，其中男性与女性各50名。实验为期约60分钟，依据实际的汇率与报酬机制保证参与者平均每分钟获得约1元人民币的经济补偿，以确保被试在实验过程中的激励兼容性。

（三）参数设置

（1）分组与角色分配：每组实验大约包括16名被试，以确保在多轮重复博弈中有足够的配对变化。每一轮中，所有被试随机两两配对，其中一名被指定为发送方（玩家S)，另一名为接收方（玩家R)。在固定角色条件下，玩家S与玩家R的角色在整个实验中不变；在非固定角色条件下，角色在一定规则下可能转换。

（2）轮次与重复博弈：每组进行45轮重复博弈。在每一轮中，玩家S与玩家R重新随机配对。重复博弈设计旨在考察被试在多轮互动中的学习效应和策略调整。

（3）报酬与货币转换：实验中采用虚拟货币W计价。实验结束后，研究者将虚拟货币按事先公告的汇率转化为人民币，并通过移动支付方式（如微信或支付宝）支付给被试。报酬方案设计确保被试拥有足够的动机认真参与并作出理性决策。

（四）实验步骤

具体实验程序如下：

（1）参数告知阶段：每一轮开始时，玩家 S 与玩家 R 均被告知当前外部信息关注度参数 r 的值。

（2）状态抽取：计算机从状态空间 $\Pi = \{1,2,3,4,5\}$ 中均匀抽取一个状态 θ，该状态仅对玩家 S 可见。每个状态出现的概率相等，即各状态的先验分布为均匀分布。

（3）发送阶段：玩家 S 在观察到私有信息 θ 后，决定是否披露。此时玩家 S 在屏幕上看到 θ 值，并在界面中选择披露（$m_1 = \theta$）或不披露（$m_1 = n$）。玩家 S 在此阶段无时间限制。玩家 R 此时处于等待状态。

（4）信息整合：该轮的最终信息 m 以概率 r 来自外部信息源（完全真实可验证），以概率 $1-r$ 来自玩家 S 的选择 m_1。计算机根据 r 的值自动决定 m 的来源。

（5）响应阶段：玩家 R 在屏幕上仅能观察到信息 $m \in \{1,2,3,4,5,n\}$，并知道该信息以 r 的概率来自外部信息源，以 $1-r$ 的概率来自玩家 S。玩家 R 需要根据所观察到的信息以及对对方策略的推断，在可行行动集合 A 中选择一个行动 a（为一整数值）。玩家 R 在此阶段同样没有时间限制。玩家 S 在玩家 R 决策过程中等待。

（6）收益计算与反馈：当玩家 R 完成决策后，计算机计算双方本轮的收益。玩家 S 的收益为 $W_1 = 100 - 20(5-a)$，玩家 R 的收益为 $W_2 = 100 - 25|\theta - a|$。在一轮博弈结束后，是否向参与者公开真实状态 θ 及实际收益信息取决于实验处理条件（有反馈或无反馈）。

（五）实验变量与处理设计

本章研究采用 $2 \times 2 \times 3$ 的被试设计。具体而言：

（1）角色设定：分为固定角色与可变角色两种处理方式。

（2）反馈机制：分为有反馈与无反馈两类。在有反馈条件下，每轮结束后向参与者披露真实状态 θ；在无反馈条件下则不披露真实状态。

（3）外部信息关注度r：设置3种水平，分别为$r=0$（无外部信息干预）、$r=0.2$（较低干预强度）和$r=0.8$（较高干预强度）。

综上所述，三因素组合产生12种处理条件，每位被试仅参与其中一种处理。

通过上述设计，本章研究可在多维度上考察外部信息干预（由参数r体现）、反馈机制（有无反馈）与角色设定（固定与否）对自主信息披露、信息接收者决策与最终市场效率的影响。

第四节　实验结果分析

本节将对实验的基础统计结果与总体行为特征进行呈现和讨论。首先介绍被试的基本信息与收益分布，其次分析发送方的信息披露行为和接收方在观察信息后对秘密数字的猜测情况，最后对实验结果与理论预测间的偏差及其可能原因进行探讨。

（一）被试信息

本章研究共计有100名被试参与实验，平均每组约16人。根据外部信息干预强度（$r=0$，0.2，0.8）以及有无反馈机制的二因素设定，对被试进行分组。具体而言，"无反馈 × $r=0$"实验组有16名被试，"无反馈 × $r=0.2$"组20名，被试数略多以提高统计精度；"无反馈 × $r=0.8$"组18名；"有反馈 × $r=0$"组16名；"有反馈 × $r=0.2$"组14名；"有反馈 × $r=0.8$"组16名。最终被试人数分布如表7-1所示。

表 7-1　被试人数分布

单位：人

干预强度	有反馈	无反馈
$r=0$	16	16
$r=0.2$	20	14
r=0.8	18	16

在人口统计特征方面，参与者中约79%为女性，20%为男性，1%为非二元性别；在专业分布上，约70%的被试为商科专业，30%为非商科专业；在年级与学历方面，本科生占77%，其中大一至大四学生分别为27人、24人、15人、11人；约60%的被试表示有朋友同时参加本次实验（同一场次）。

在收益方面，本实验共进行45轮博弈，每轮生成多对匹配，累计约4500次决策（对应2250次匹配）。所有被试在实验开始均获得10元出场费。在此基础上，根据他们在实验中的决策表现最终获得差异化报酬。本次实验的最终平均收益为39.2元，最高收益为51元，最低收益为28元（见表7-2）。该收益水平确保了被试在实验过程中的激励相容性。

表7-2　被试收益分布（平均、最高、最低）

收益（元）（平均、最高、最低）	有反馈	无反馈
$r=0$	39.4、47、28	41.1、51、34
$r=0.2$	39.4、48、29	38.7、45、34
$r=0.8$	39.9、46、35	36.6、45、29

整体来看，不同r水平及反馈机制对最终收益有一定影响，但在此阶段尚无深入统计检验，仅为基本描述。

（二）发送方披露与接收方猜测情况的总体分析

理论模型预测，当秘密数字较高时，发送方应有极高的概率选择披露，以便接收方据此采取与真实状态相匹配的行动；而当秘密数字较低时，理论预测发送方可能不披露，并使接收方在无信息的情形下将未披露状态默认推断为最低值，从而最终接收方可有效区分不同状态并进行相应决策。

然而，实验结果表明，发送方在有利状态下（如秘密数字为4或5）虽有较高披露率，但仍低于理论模型所预测的100%披露水平。同时，在不利状态下（如秘密数字为1或2），发送方的披露频率亦未达到理论预期。整体披露率偏低，且远低于经典信息披露理论所预测的分离均衡结果（见图7-3）。当秘密数字为2及以上时，理论预测披露应接近100%，而实证中该比例明显偏低。

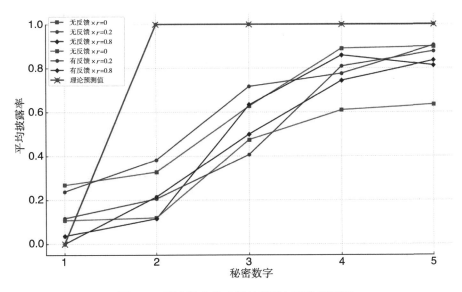

图 7-3　秘密数字的实际披露率与理论预测值

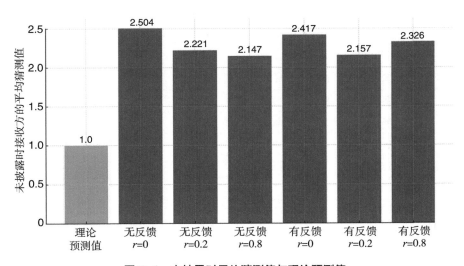

图 7-4　未披露时平均猜测值与理论预测值

在接收方层面，与理论预测显著偏离的是：当发送方未披露信息时，接收方的平均猜测值显著高于理论预测中的"默认最低值"推断（见图7-4）。理论模型假设精明型接收方在面对未披露信息时推断发送方状态为最低（如 $\theta=1$），从而采取与此推断相匹配的行动。然而，实证结果显示，接收方存在

"天真化"倾向，即未能充分理解不披露行为背后的策略含义，往往对未披露的秘密数字作出偏高推断。

这一实验结果与金哲、卢卡和马丁（2021）的研究结论在方向上保持一致。金哲、卢卡和马丁（2021）也发现实际情形中披露行为远不及理论预测中的充分分离，而接收方普遍显现出对未披露信息的误判和过高猜测。从跨实验室比较的视角来看，与哈佛商学院受试者数据相比，北京外国语大学的受试者在理解该信息披露博弈逻辑时似乎更为"天真"，不仅发送方整体披露水平更低，而且在未披露情形下接收方的猜测值更高，与理论预测偏离程度更大。这种差异在商科专业与非商科专业学生中均有所体现，说明该天真倾向并非单纯由专业背景决定。

表 7-3　无反馈条件下的总体披露与猜测情况

变量	无反馈 r=0（16人）		无反馈 r=0.2（20人）		无反馈 r=0.8（18人）	
	N	mean	N	mean	N	mean
披露（秘密数字=1）	71	0.268	84	0.238	83	0.0361
披露（秘密数字=2）	64	0.328	81	0.383	86	0.116
披露（秘密数字=3）	83	0.627	106	0.717	80	0.637
披露（秘密数字=4）	73	0.890	85	0.776	71	0.859
披露（秘密数字=5）	69	0.899	94	0.904	85	0.812
秘密数字（未披露时）	141	2.113	172	2.180	211	2.081
猜测（披露=1）	19	1.316	20	1	3	1
猜测（披露=2）	21	2.333	31	2.097	10	2
猜测（披露=3）	52	3	76	2.974	51	2.961
猜测（披露=4）	65	3.815	66	3.879	61	3.836
猜测（披露=5）	62	4.677	85	4.859	69	4.754
猜测（未披露时）	141	2.504	172	2.221	211	2.147
猜测－秘密数字（未披露时）	141	0.390	172	0.0407	211	0.0664

表 7-4 有反馈条件下的总体披露与猜测情况

变量	有反馈 r=0（16人）		有反馈 r=0.2（14人）		有反馈 r=0.8（16人）	
	N	mean	N	mean	N	mean
披露（秘密数字=1）	83	0.108	60	0.117	64	0
披露（秘密数字=2）	75	0.120	63	0.206	65	0.215
披露（秘密数字=3）	80	0.475	59	0.407	62	0.500
披露（秘密数字=4）	59	0.610	68	0.809	78	0.744
披露（秘密数字=5）	63	0.635	65	0.877	91	0.835
秘密数字（未披露时）	228	2.364	159	2.201	181	2.287
猜测（披露=1）	9	1	7	1	0	/
猜测（披露=2）	9	2	13	2	14	2
猜测（披露=3）	38	3	24	3	31	3
猜测（披露=4）	36	4	55	3.982	58	3.983
猜测（披露=5）	40	4.950	57	4.930	76	5
猜测（未披露时）	228	2.417	159	2.157	181	2.326
猜测–秘密数字 （未披露时）	222	0.0541	159	0.0440	181	0.0387

从有反馈与无反馈条件的比较来看，有反馈条件下的披露率和猜测模式与无反馈条件基本一致。尽管反馈机制为参与者提供了额外的信息积累过程，但在整体平均水平上，接收方对不披露行为的理解和应对依旧较为有限，发送方也并未充分利用反馈信息提高其披露策略的分离度。

总体而言，本实验的结果重申了信息披露行为中广泛存在的天真性与不完全分离特征。接收方在面对不披露信息时并未产生足够的怀疑与策略性推断，而发送方也并非以严格的利润最大化逻辑行事。这一偏差可能由多种因素引起，如参与者在有限时间与注意力下的决策简化、对信息披露博弈的非充分理解或对他方策略变化的学习不充分等。

未来研究可考虑引入更多实验条件，如给参与者增加训练与提示环节，或使用更为直观的界面与信息展示方式，以检验这些机制对减少天真化决策和提高披露分离度的影响。此外，引入不同院校及专业背景的被试群体，以进一步探究信息披露逻辑理解能力的异质性因素，也是值得后续关注的方向。

（三）有反馈与无反馈的比较分析

本小节通过对比有反馈与无反馈两类实验处理条件，以考察反馈机制对发送方披露策略和接收方猜测行为的影响。结果显示，两类条件下的行为模式在显著性水平和动态变化趋势上存在明显差异。

1.发送方行为差异

在有、无反馈对照下的披露行为分析表明，无反馈条件下的发送方更倾向于披露信息。在 $r=0$ 条件下，这一现象最为突出。双样本比例检验结果指出，无反馈条件下的披露率显著高于有反馈条件，且差异在高秘密数字状态下尤为明显：当秘密数字为4时，p 值为 0.0002；当秘密数字为5时，p 值为 0.0003，均达到传统显著性水平。

进一步采用线性回归分析发现，在 $r=0$ 条件下，有反馈组的不披露行为比无反馈组增加了约 0.251；当 $r=0.2$ 时，增幅为 0.021；当 $r=0.8$ 时，增幅为 0.207。整体而言，有反馈机制的引入似乎使发送方更有动力保留信息，即在存在反馈的情况下，发送方对信息披露的诱因有所削弱。这可能源于发送方在反馈机制下预期接收方会通过反馈信息进行策略性更新，从而降低了披露带来的长期优势。

2.接收方行为差异与学习效应

在接收方层面，数据显示无反馈条件下的接收方对于未披露秘密数字的平均猜测值持续高于有反馈条件下的相应水平。无反馈处理组的接收方对未披露状态的猜测呈现较为稳定的高估倾向，并无显著的跨期调整趋势（对猜测值与真实值之差随轮次变化的回归分析 p 值为 0.650，表明轮次对该差异无显著影响）。

相较之下，有反馈处理组则表现出清晰的动态学习过程。当接收方在每轮结束后获得真实秘密数字反馈后，其对未来轮次中未披露状态的猜测会逐步修正，以期更接近真实状态的分布情况。回归分析结果表明，在有反馈条件下，猜测误差（猜测值与真实值之差）随轮次的推进逐步缩小，p 值为 0.008，达到显著水平。具体而言，接收方在实验初期倾向于高估未披露秘密数字，但随着持续反馈的积累，其猜测值逐渐下降，并在实验后期转为略低于实际秘密数字的水平。这一过程表明，有反馈机制有效促进了接收方的认知更新和策略改进，使其在反复博弈中达到更为理性和精明的决策状态。

3.专业背景差异与反馈机制作用

在无反馈条件下，商科学生与非商科学生在面对未披露信息时的猜测存在显著统计差异（t检验 p 值为0.0001）。商科学生的猜测较低，表现出更符合理论逻辑的谨慎态度，说明他们在无外部信息反馈的条件下仍能较好地理解信息披露的策略内涵，从而在决策中展现出较低的"天真"程度。

然而，在有反馈条件下，这一专业背景差异不再显著。说明反馈机制的存在在一定程度上弥合了不同背景学生在信息理解和策略思考能力上的差距。通过持续的反馈信息循环，非商科学生得以学习并调整其判断策略，从而使最终预测水平趋同于商科学生。该结果进一步印证了反馈机制在改善决策者信息处理与策略更新能力方面的重要作用，尤其是在信息不对称和策略不透明的情境中。

综上所述，有、无反馈机制的引入在很大程度上影响了发送方和接收方的行为逻辑与学习进程。在无反馈条件下，各方决策较为固化，接收方对未披露信息的误判也较难修正；而有反馈机制的引入则有效促进了接收方的策略学习，使其决策逐步向更理性、更符合理论模型预期的方向发展。同时，反馈对受试者专业背景差异的缓冲作用凸显了反馈信息在建立更公平和更高效决策环境中的潜在价值。

表 7-5　接收方猜测和实际秘密数字具体情况

	无反馈			有反馈		
	$r=0$	$r=0.2$	$r=0.8$	$r=0$	$r=0.2$	$r=0.8$
对秘密数字的猜测	2.504	2.221	2.147	2.417	2.157	2.326
1～15轮	2.708	2.448	2.104	2.606	2.509	2.000
16～30轮	2.409	2.129	2.106	2.333	1.981	2.446
31～45轮	2.388	2.077	2.218	2.329	1.981	2.492
实际秘密数字	2.492	2.180	2.081	2.364	2.201	2.287
1～15轮	2.250	2.310	2.015	2.310	2.302	1.909
16～30轮	2.068	2.194	2.091	2.395	2.056	2.385

	无反馈			有反馈		
	$r=0$	$r=0.2$	$r=0.8$	$r=0$	$r=0.2$	$r=0.8$
31～45 轮	2.020	2.019	2.128	2.382	2.250	2.525
猜测－实际秘密数字	0.078	0.008	0.013	0.011	−0.009	0.008
1～15 轮	0.092	0.028	0.018	0.059	0.042	0.018
16～30 轮	0.068	−0.013	0.003	−0.012	−0.015	0.012
31～45 轮	0.073	0.012	0.018	−0.011	−0.054	−0.007

外部信息源关注度 $r=0$，0.2，0.8 的影响分析：

本实验进一步探讨了外部信息源关注度（r）变化对发送方披露行为的影响。理论预测认为，无论 r 取值如何，都不应显著影响发送方的披露行为。然而实证结果表明，r 对实际披露策略的影响复杂多样，且与理论预期不符。

（四）整体分析与显著性检验

在对整体样本进行分析时，r 与"未披露时的平均秘密数字"之间存在负相关趋势，但无论有无反馈条件，该相关性均未达统计学显著水平（无反馈组：$t=-0.89$，$p=0.469$；有反馈组：$t=-1.51$，$p=0.270$）。这意味着，从全样本整体来看，r 对披露策略的影响较弱，或者说在平均意义上并不显著。

（五）异质性分析：商科与非商科被试的对冲效应

为了深入探究这一不显著性背后的原因，本研究对被试群体进行子样本划分，重点分析在性别、年级、专业、风险偏好、实验经验及社交因素（是否与朋友同时参与实验）等多维属性下的差异。结果显示，专业背景（商科与非商科）对 r 影响披露行为的方向起到关键的作用。

线性回归结果表明，在商科与非商科两个群体中，r 对"未披露时的平均秘密数字"的影响方向完全相反，且在统计上十分显著（在无反馈条件下，商科与非商科组 p 值均为 0.000；在有反馈条件下，商科组 p 值为 0.016，非商科组 p 值为 0.000）。具体而言，随着 r 的增大，商科学生呈现显著降低未披露秘密数字平均值的倾向，而非商科学生则恰恰相反，随着 r 的提升而提高未披露秘密数字的平均水平。

（六）对具体秘密数字的披露频率回归分析

为进一步明确上述差异的内在机制，本实验对 r 与每个秘密数字的披露频率关系进行回归分析（见表7-6）。结果发现，当外部信息关注度（r）提升时，商科学生减少对不利条件（低秘密数字）的披露，并增加对有利条件（高秘密数字）的披露；而非商科学生则展现出相反趋势，随着 r 的增加，减少了对有利条件的披露。

表 7-6　商科和非商科群体披露频率与 r 变量的回归分析 p 系数

P 系数	商科	非商科
秘密数字	−0.064**	−0.119
秘密数字	−0.012	−0.061
秘密数字	0.0475	−0.064
秘密数字	0.0928*	−0.235***
秘密数字	0.067*	−0.167***

注：***, **, *分别代表1%、5%、10%的显著性水平。

表7-6中，p 系数结果体现了商科与非商科群体在不同秘密数字下对 r 的不同反应模式。对于商科学生而言，r 的提升显著降低了其披露不利信息的频率，并提高了其在有利条件下的披露率；相对地，非商科学生对高秘密数字的披露率则随着 r 的上升而显著下降。这一分化进一步说明，尽管两类群体在面对外部信息的理论逻辑上均存在天真性误解，但商科学生在此基础上表现出了更趋于策略性甚至可谓"小聪明"的应对方式。

（七）现实启示：从"3·15 晚会"的案例谈起

理论模型预测外部信息源的关注度增减不应影响企业披露行为，但现实商业环境中往往与此相悖。以"3·15晚会"为代表的外部信息源案例可为印证。当消费者对外部信息源的关注度提升时（如临近"3·15晚会"的日期），企业面临更严苛的社会监督和信息揭露压力，此时企业往往倾向于隐藏不利信息。这与本实验中商科学生在 r 增大时更少披露不利条件信息的实验结果如出一辙。该现实案例表明外部信息源能够通过增强消费者对外部信息的关注度，间接对企业的信息披露策略及生产经营决策施加影响。

第五节　结论与分析

综上所述，本研究的实验结果反驳了假设 H_0，即理论预测的"r 值变化对披露行为无影响"的结论在实证层面并未得到支持。无论商科或非商科学生均未严格遵循理论逻辑，这意味着外部信息源的存在及关注度变化确实会影响信息披露行为，只是具体效应方向和强度因被试群体特征而异。商科学生在此过程中表现出的策略性应对与现实商业活动的观察结果相吻合，为未来研究进一步探索外部信息源在市场信息传播与决策影响中的作用提供了有益线索。

一、被试信念与行为：发送方信念的分析

在主实验45轮结束后，本研究要求所有在实验中扮演发送方角色的被试，对接收方在未披露状态下对秘密数字的平均猜测值进行评估。表7-7报告了不同处理条件下发送方的平均猜测情况。结果显示，"无反馈 $\times r=0.2$"处理条件下的发送方平均猜测最高（3），其次为"有反馈 $\times r=0.2$"处理条件下的发送方（2.714）。总体而言，无反馈条件下的平均猜测值普遍高于有反馈条件，而在三个不同的外部信息关注度设置（$r=0$、$r=0.2$、$r=0.8$）中，$r=0.2$ 时发送方的平均猜测水平最高。

分专业来看，商科被试的平均猜测值为2.3，非商科被试的平均猜测值则为2.8（专业因素对猜测值的回归分析 p 值为0.015）。这一结果说明，商科群体在对信息披露逻辑的理解上展现出更高程度的精明性和策略思考——他们预期接收方在未披露时的猜测值会相对较低。这一观察与前文结论一致，即商科学生在信息博弈中表现出较低的"天真"程度。

表 7-7 发送方信念以及行为与信念的一致性

	无反馈			有反馈		
	r=0	*r*=0.2	*r*=0.8	*r*=0	*r*=0.2	*r*=0.8
信念 （对不披露时接收方猜测的猜测）	2.313	3	2.133	2.25	2.714	2.213
行为与信念的一致性 （信念≤数字时披露 或信念≥数字时不披露）	74.44%	78.89%	85.68%	71.94%	80.63%	83.89%
1～15轮	66.67%	78.00%	85.19%	76.67%	82.86%	88.33%
16～30轮	78.33%	74.67%	88.89%	68.33%	80.95%	83.33%
31～45轮	78.33%	84.00%	82.96%	70.83%	78.10%	80.00%
当秘密数字 =1 或 2 时						
行为与信念的一致性	77.04%	69.70%	82.25%	78.48%	80.49%	95.35%
1～15轮	67.39%	69.81%	78.95%	82.69%	86.49%	91.11%
16～30轮	81.82%	65.08%	84.31%	75.40%	78.72%	97.87%
31～45轮	82.22%	75.50%	83.61%	77.55%	76.92%	97.30%

二、行为与信念的一致性分析

当将发送方行为与其事后报告的信念进行比较时，可以观察到二者存在较高程度的一致性。在表7-7中，发送方在信息披露策略与其对接收方猜测值的信念之间的匹配度平均值约为80%。这一结果表明，发送方在作出披露或不披露决策时，在很大程度上受其对接收方行为预期的影响。进一步分析显示，有无反馈因素并未显著影响行为与信念的一致程度（ p 值为0.775），而外部信息关注度 r 则显著地影响了这一关系（ $p=0.000$ ）：当 r 从0增加到0.8时，行为与信念的一致性由约73%上升至85%。

当外部信息源影响度提高（ r 增大）时，发送方更可能意识到接收方能够利用外部信息源进行更加准确的判断，从而倾向于更严格地按照自身信念采取披露策略，以有效操控接收方的预期。这种倾向可以被理解为发送方策略性行为的加强：当他们认为接收方在有外部信息的情境下判断更为严格、审慎时，他们更倾向于确保自己所持的信念与行动决策一致，以期在信息不对称的博弈中占据有利的位置。

总而言之，实验结果表明：

（1）在对未披露时接收方猜测值的评估中，商科被试展现出更高的精明性，而非商科被试则相对更为天真。

（2）发送方的实际披露行为在相当程度上与其信念保持一致，且这种一致性受外部信息关注度r的影响显著增强。

（3）随着r的增大，发送方更加谨慎地制定策略，使自己的信念与披露行动相匹配，以应对接收方在外部信息环境下可能更敏锐和精确的判断行为。

这些发现为我们理解在信息不对称和外部信息干预下的策略性信息披露决策提供了实证依据，并为进一步研究外部信息对市场主体行为的影响方向和机制提供了有益线索。

三、接收方信念分析

主实验45轮结束后，要求所有扮演接收方角色的被试，对发送方在不同秘密数字条件下的披露比例进行回顾性猜测。图7-5-1至图7-5-6展示了接收方信念与实际披露情况的关系，其中，"空心圆圈"的大小代表猜测特定比例的被试数量，无点实线为接收方平均猜测比例，黑点实线为45轮中发送方的平均披露比例，矩形实线为后15轮的实际披露比例。

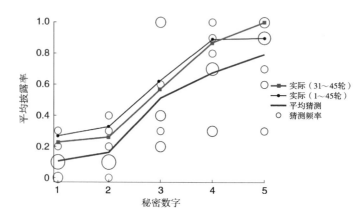

图 7-5-1　信息接收者信念与实际情况（无反馈 × r=0）

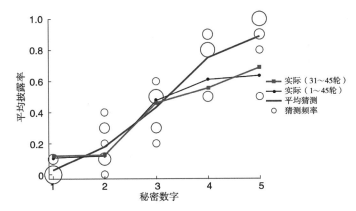

图 7-5-2　信息接收者信念与实际情况（有反馈 × r=0）

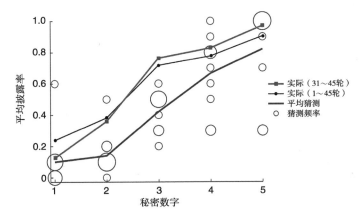

图 7-5-3　信息接收者信念与实际情况（无反馈 × r=0.2）

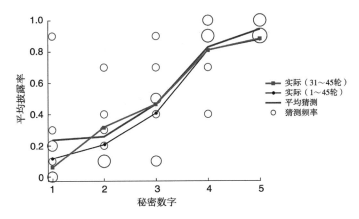

图 7-5-4　信息接收者信念与实际情况（有反馈 × r=0.2）

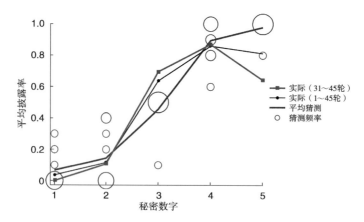

图 7-5-5　信息接收者信念与实际情况（无反馈 × r=0.8）

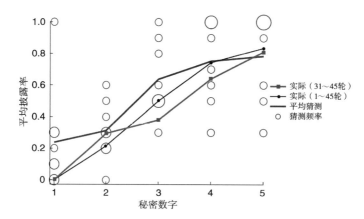

图 7-5-6　信息接收者信念与实际情况（有反馈 × r=0.8）

　　从图中可见，接收方的信念呈现明显的个体差异性，但整体平均趋势与发送方的实际披露情况在大方向上一致。进一步对比无反馈条件与有反馈条件，可以发现在有反馈条件下接收方对披露比例的预测更加接近现实。与此同时，当无反馈与低外部信息关注度（r值较低）相叠加时，接收方普遍低估了发送方的披露频率；而当有反馈与高外部信息关注度（r值较高）相结合时，接收方则整体倾向于高估发送方的披露比例。

　　这一结果可以从两个方面进行理解。一方面，由于外部信息源的引入与r值的变化，接收方无法明确区分接收到的信息是源自发送方的自愿披露还是外部信息的被动呈现。在r值较高的条件下，接收方获得的披露信息频率整体增加，从而引发了接收方对发送方披露积极性的高估。这是接收方在认知上未充分剔除外部信息影响的一种表现。

另一方面，有无反馈对接收方信念准确度的影响尤为显著。有反馈处理为接收方提供了额外的学习机会，使其在持续的实验过程中对发送方的策略性决策模式有着更深入的理解。通过不断获得真实秘密数字的反馈，接收方得以更清晰地识别发送方不披露信息的条件与动机，从而在对未来情况作出预测时展现出更高的精确度与稳定性。

此外，这种学习和注意力集中机制也有助于接收方在进行信念评估时关注未披露情境下的特征与规律。由于有反馈处理提供了关于未披露时真实秘密数字的直接信息，接收方在建立信念结构时更倾向于纳入这些新获得的知识，从而增强了他们对披露行为的整体理解与预测能力。

综合而言，实验结果表明：

（1）接收方的披露频率预测趋势在整体上与实际情况保持一致，但会受到外部信息关注度与有无反馈条件的显著影响。

（2）在无反馈与低r值条件下，接收方存在显著低估发送方披露频率的倾向；在有反馈与高r值条件下，接收方则可能对披露频率进行高估。

（3）有反馈机制为接收方提供了认知修正与学习的路径，使其更合理地整合信息，从而在实验后期提高预测准确度。

上述发现强调了在信息不对称和外部信息干预背景下，个体对他方行为模式的动态学习和认知更新过程，以及外部信息与反馈机制在这一过程中的关键作用。

四、被试行为的逐轮动态分析

在本小节中，重点考察实验过程中被试行为随轮次变化的动态特征，分别从发送方的披露行为与接收方的猜测行为两个方面展开分析。

（一）发送方披露行为的动态分析

针对发送方的披露行为，使用线性回归模型检验各变量与披露概率之间的关系。表7-8报告了相应的回归结果，其中展示了回归系数的p值。无论是否纳入场次固定效应或个体固定效应，回归结果的统计显著性与系数大小均无明显变化，表明了这些估计结果较为稳健。

表 7-8　发送方披露行为的回归分析 p 系数

	对于所有秘密数字披露与否		对于秘密数字 =2 披露与否	
	（1）	（2）	（1）	（2）
前五轮	−0.015993 （0.032287）	−0.014979 （0.032991）	−0.126826 （0.098260）	−0.058992 （0.054264）
轮次	−0.000885 （0.001278）	−0.000856 （0.001268）	−0.003008 （0.003431）	−0.001922 （0.002690）
信息发送者对信息接收者在未报告情况下的猜测低于实际的秘密数字	0.114402 （0.101453）	0.090284 （0.070883）	0.118028 （0.121158）	
当秘密数字 =2	0.070694 （0.040502）	0.083792*** （0.020720）		
当秘密数字 =3	0.383033*** （0.057532）	0.409683*** （0.037668）		
当秘密数字 =4	0.538846*** （0.061313）	0.570574*** （0.039233）		
当秘密数字 =5	0.585825*** （0.080024）	0.606300*** （0.032086）		
常数项	0.351898** （0.111819）	0.474798*** （0.059753）	0.270432 （0.192201）	0.789264*** （0.091497）
观测样本数	2 250	2 250	434	434
R^2	0.372876	0.481018	0.107200	0.448755
实验场固定效应	Yes	No	Yes	No
个体固定效应	No	Yes	No	Yes
被试其它控制变量	Yes	No	Yes	No

注：***,**,*分别代表1%、5%、10%的显著性水平。

由表7-8可见，"前五轮"这一变量的系数虽为负，但并不显著，说明实验初期（前五轮）与后续轮次相比，披露率虽略有降低但差异并无统计显著性。此外，"轮次"系数在所有模型中均接近零且不显著，显示发送方的披露倾向在整个实验进程中并未出现有统计意义的趋势性变化，即披露行为在时间维度上保持稳定。

与此同时，秘密数字大小对披露行为影响显著且符合预期，随着秘密数字值的增大，发送方的披露概率显著提升。这一结果再次验证了前文所得出的规律：发送方在面对较为有利的状态（较大的秘密数字）时更愿意披露，以期获得更高收益。

综合来看，发送方的披露行为在整个实验过程中具有较强的稳定性与一致性。其披露策略并未随轮次演进发生显著改变，而是主要受秘密数字本身的驱动。

（二）接收方猜测行为的动态分析

表7-9展示了接收方猜测行为的回归分析结果。同样地，无论是否纳入固定效应，回归系数的统计显著性与大小均无显著变化，表明了结果稳健可靠。

表 7-9　接收方猜测行为的回归分析 p 系数

	接收方猜测	
	（1）	（2）
前五轮	−0.116804 （0.092667）	−0.131847 （0.091330）
轮次	−0.010347*** （0.002221）	−0.011563*** （0.002628）
接收方信念（对未披露秘密数字的平均值的推断）	0.608151** （0.161447）	
常数项	2.006938*** （0.433504）	3.470838*** （0.054508）
观测样本数	1 092	1 092
R^2	0.098592	0.209447

	接收方猜测	
	（1）	（2）
实验场固定效应	Yes	No
个体固定效应	No	Yes
被试其它控制变量	Yes	No

注：***, **, *分别代表1%、5%、10%的显著性水平。

与发送方结果不同的是，"轮次"这一变量对接收方猜测表现出显著的负向影响（$p<0.01$）：随着轮次的增加，接收方对未披露信息对应的秘密数字猜测值显著下降。这一结果说明，接收方在不断的交互中展现出一定的学习能力，即随着实验进程的推进，接收方逐步修正了对未披露状态下秘密数字的高估倾向，使其猜测更趋向于谨慎与理性。

此外，"接收方信念"这一变量与接收方猜测之间呈现显著正相关关系（$p<0.05$），意味着接收方对未披露状态下秘密数字分布的主观信念会正向影响其猜测决策。当接收方相信未披露状态可能对应较高的秘密数字时，其猜测值也随之提高。这进一步印证了接收方在决策过程中的认知调整机制：他们不仅受先验分布与经验信息的影响，也根据自身信念对未来情境进行更新与推断。

总体而言，接收方在重复博弈过程中展现出一定的学习与适应能力，其猜测行为在时间维度上表现出动态修正的特点。在有反馈信息的条件下，接收方的学习与认知修正更为精确，从而能够更好地理解发送方的策略与激励结构。

（三）小结

本小节的逐轮动态分析表明，发送方的披露行为在实验过程中相对稳定，受秘密数字大小的显著影响，但不随时间变化而明显调整；而接收方则在多轮交互中不断调整其判断与猜测，呈现随时间递进的适应性与学习特征。此种动态演化为后续探讨信息传递有效性与主体战略互动的机制提供了重要线索和依据。

第六节　不足与展望

本研究针对信息披露行为及其对决策者预期的影响进行了系统性分析，并在一定程度上拓展了理论内涵与实践洞察。然而，本研究亦存在一定的局限性，亟待未来研究予以完善与深化。

首先，本研究的被试构成在专业背景方面尚不够均衡。尽管实验样本中包含商科与非商科背景的参与者，但非商科参与者的数量相对有限，这或许在一定程度上影响了研究结果的外部效度和广泛适用性。未来的研究应在被试招募方面进一步扩大样本覆盖面，尤其是增加非商科专业及更多学科领域受试者的比例，以确保研究结论能更好地适用于多元化的群体结构。

其次，本研究的模型设计主要聚焦于信息披露环节，对生产过程和供应链体系中其他关键决策因素的考量相对不足。在现实经济环境中，企业决策往往涉及生产、营销、监管合规及声誉管理等多重要素的联动作用。未来可在模型中加入生产环节的决策过程，将信息披露与企业内部运营及外部市场环境要素关联起来，以提升模型对真实情境的契合度和解释力。

最后，本研究的实验设计在信息来源的区分方面尚有不足。在当前实验条件下，接收方难以精确地判断接收到的信息究竟源于企业自主披露抑或来自外部信息源（如媒体与监管机构）的压力。这种信息来源的不确定性可能干扰了接收方预期的形成与演化过程，从而影响对信息披露策略本身的精准解读。后续研究可在实验设计中明确区分信息来源，使被试能够清晰地辨析信息的属性及可信度，从而更为准确地评估接收方对信息披露策略的认知和反应过程。

综上所述，本研究为理解信息披露决策及其效应提供了有价值的经验与理论依据，但依然有待在样本构成、模型建构与信息来源辨识等多个层面加以拓展和优化。未来研究可通过引入更丰富的学科背景受试者、纳入更为复杂的决策链条，以及更加精细的信息源区分策略来提升研究结果的鲁棒性和解释力，以期更全面地揭示信息披露行为背后的经济学逻辑与实践启示。

第八章

实验平台与实验代码

第一节　Veconlab 实验平台

Veconlab 是美国弗吉尼亚大学著名实验经济学学者查尔斯·霍尔特教授开发的一套在线实验研究平台。该平台的设计初衷在于为研究者和教育者提供相对低门槛的实验经济学工具，从而支持多类经济行为与博弈模型的实验验证和教学演示。在传统的实验室环境中，研究者往往需要通过安装与配置复杂的实验软件，或者借助具备专业编程背景的团队成员方能实现数据收集与实验控制。Veconlab 显著降低了实验组织难度，使研究人员能够在较短时间内创建相对标准化的实验，并邀请被试通过网络参与。这种基于浏览器的设计在一定程度上冲破了物理空间与时间的限制，为跨地域、多样化被试群体的招募与实验组织提供了便利。

Veconlab 的功能特征主要体现在其预设的模块化结构之上。该平台涵盖多种标准经济学实验模块，包括市场博弈、拍卖、议价、投票决策、公共品供给及其他相关的博弈论经典实验。在此框架下，研究者可根据自身的需求快速选择合适的实验类型，无须从零开始编写代码。对于信息传递与信念更新相关的实验研究，Veconlab 则提供了一系列包含消息发布与接收环节的博弈模板。在这些模块中，被试可能被随机分为不同角色，如信息发送者与信息接收者，信息发送者在实验进行中可提供可验证或不可验证的信息、建议或者预测，而信息接收者则根据所获得的信息对后续决策进行调整。研究者可借助这些与信息相关的模块灵活地设定信号空间、消息可信度以及信息成本，并通过参数设定实现对博弈条件的精确控制。

在信息传递领域中，研究人员通常关注发送方和接收方如何在不对称信息条件下调整策略。Veconlab 可支持此类情境的简单实现。例如，在某些投资与信任博弈模块中，发送方可向潜在投资者发布关于市场状态或项目类型的消息，而接收方则依据接收到的信号更新其信念并决定投资数额。这些内嵌的消息传递机制与支付函数设定为研究者检验理论模型提供了基础条件。研究者在实验参数设定时，可要求平台在关键决策节点自动询问被试的主观概率评估、信念报告或对信息精度的判断，从而为后期数据分析提供原始材料。

对于信念诱导与报告这一信息传递实验的关键步骤，Veconlab的灵活性虽不如自编程软件，如z-Tree或oTree般无限制，但仍能通过在关键阶段增加问题环节向被试提问收集他们的主观信念数据。研究者可在实验前配置该问题环节的出现时机、题目数量以及回答方式。有些实验模块甚至允许设定激励相容的支付规则，以确保被试在报告主观概率时有足够的动机认真思考，从而减少随意应答和噪音。借助此类功能，研究者可分析被试在信息不对称与不完全信息背景下的信念更新特征。

数据输出与后处理的便捷性是Veconlab的又一特点。在实验结束后，平台会自动生成包含各回合每位被试决策数据的文件，如CSV或XLS格式。数据通常包括轮次编号、玩家角色与身份、他们在该回合的决策、所获回报以及系统记录的公共信息与私人信息。这对于分析信息传递实验中核心变量的相互关系十分有用。研究者可以将输出数据导入统计分析软件（如Stata、R、Python）中进行多元回归或结构方程模型分析，对信念更新模式、信息策略稳定性以及信息披露与决策效率之间的关系展开深入探讨。

在教学与初级实验研究方面，Veconlab作为已有的网络化平台凸显了出色的可用性和稳定性。相比z-Tree这类更为灵活但需精通脚本语言的软件，Veconlab在预设模块层面为教学者快速复现经典实验（如猜均值博弈、市场定价实验、公共品自愿贡献机制等）提供了捷径。研究者可在课堂中让学生亲身体验信息传递博弈，从而帮助他们更好地理解理论模型的直观含义。在多轮互动与信息迭代过程中，学生将亲眼目睹双方的策略调整、信号失真以及信念修正的完整过程。通过这样的经历，学生既能认识到信息在博弈决策中的关键地位，也能感知到现实决策中信息不对称问题的复杂性。

在少数情况下，如果研究问题需要更高的定制化程度（如多维信号空间、多阶段动态信念更新、多属性决策环境中信息分层披露与模块化定价策略），研究者仍可能需要转向更灵活的平台。然而，作为对基础与中档复杂度问题的回应，Veconlab已能满足绝大多数有关信息传递与信念更新的初级需求。研究者可先使用Veconlab进行试点测试与课堂教学实验，再根据需要迁移至更复杂的软件实现最终研究设计，从而实现由简入繁的研究路径。

总而言之，Veconlab作为一款由权威学者主导开发的在线经济学实验平台，在实验设计、实施与数据处理方面为信息传递实验研究提供了简便而高效的帮助。通过借助其预设模块与配置选项，研究者可将信息传递理论模型中的关键特征转化为可操作的实验环境，从而有效检验模型预测、对比理论变体以及探索信息结构变动对个体与群体决策的影响。在信息传递实验经济学研究不断拓展的背景下，Veconlab的使用也展现了从理论到实验验证的便捷路径，为本书此前介绍的理论基础与实验设计策略提供了更为务实的技术支持。

接下来以经典的信号博弈为例，展示如何通过Veconlab执行一个实验设计。

以管理员的身份登录Veconlab网站：

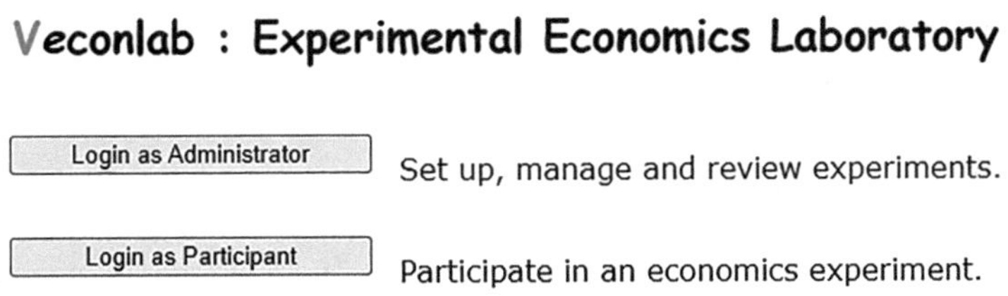

Veconlab : Experimental Economics Laboratory

Login as Administrator　Set up, manage and review experiments.

Login as Participant　Participate in an economics experiment.

图 8-1　初始界面

在主界面中点击"Information"：

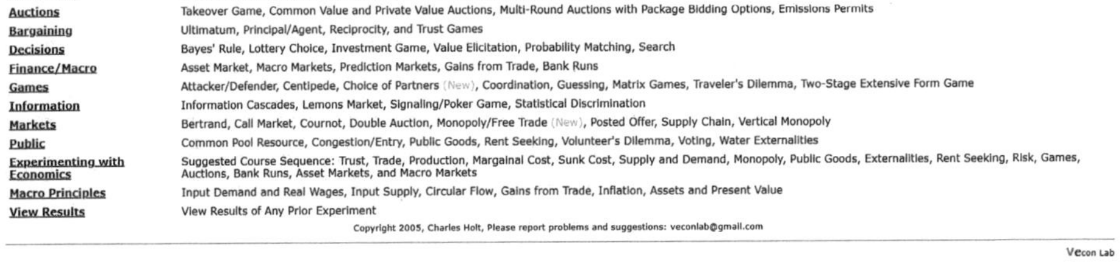

VeconLab Experiment Selection Menu

Announcements:	See the *Experimenting with Economics* Menu of Suggested Experiments for an Economics Course with a Behavioral Focus
Get Started	Register Now, Instructions, Session Names, On-line Demo, Hints, Experiment Data Link
Auctions	Takeover Game, Common Value and Private Value Auctions, Multi-Round Auctions with Package Bidding Options, Emissions Permits
Bargaining	Ultimatum, Principal/Agent, Reciprocity, and Trust Games
Decisions	Bayes' Rule, Lottery Choice, Investment Game, Value Elicitation, Probability Matching, Search
Finance/Macro	Asset Market, Macro Markets, Prediction Markets, Gains from Trade, Bank Runs
Games	Attacker/Defender, Centipede, Choice of Partners [New], Coordination, Guessing, Matrix Games, Traveler's Dilemma, Two-Stage Extensive Form Game
Information	Information Cascades, Lemons Market, Signaling/Poker Game, Statistical Discrimination
Markets	Bertrand, Call Market, Cournot, Double Auction, Monopoly/Free Trade [New], Posted Offer, Supply Chain, Vertical Monopoly
Public	Common Pool Resource, Congestion/Entry, Public Goods, Rent Seeking, Volunteer's Dilemma, Voting, Water Externalities
Experimenting with Economics	Suggested Course Sequence: Trust, Trade, Production, Marginal Cost, Sunk Cost, Supply and Demand, Monopoly, Public Goods, Externalities, Rent Seeking, Risk, Games, Auctions, Bank Runs, Asset Markets, and Macro Markets
Macro Principles	Input Demand and Real Wages, Input Supply, Circular Flow, Gains from Trade, Inflation, Assets and Present Value
View Results	View Results of Any Prior Experiment

Copyright 2005, Charles Holt, Please report problems and suggestions: veconlab@gmail.com

VeconLab

图 8-2　实验选择界面

点击"Signaling Game"：

Vecon Lab Asymmetric Information

Information Cascades	Sequential Predictions with Private Information
Lemons Market	New: Fast Shopping Setup for Large Classes
Signaling Game	With Beer/Quiche and "Stripped Down Poker" Options
Statistical Discrimination	An Employment Market Game
View Results	View Results of Any Prior Setup

Auctions, Bargaining, Decisions, Finance, Games, Markets, Public, Micro Principles, Macro Principles, Main Menu

Vecon Lab - December 21, 2024

图 8-3　非对称信息实验选择界面

点击"Next"：

Signaling Game: Introduction

The first mover in a signaling game observes a randomly determined state of nature (e.g. their "type") and chooses a signal. The other other player sees the signal but not the state, and makes a response. For example, the "beer/quiche" interpretation is that the proposer wakes up feeling either strong or weak, and then decides whether to drink beer or eat quiche for breakfast. The responder sees the breakfast choice and decides whether to fight or flee. The payoff structure may yield equilibria that yield "separation" (signals reveals types) or "pooling" (both types send the same signal). One extension involves price signaling by a seller with a randomly determined product quality (high or low) that cannot be directly observed by a buyer unless a verification cost is incurred.

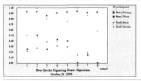

There is an alternative "stripped down poker" in which one player draws a card, high or low, and either raises or folds. If the proposer raises, the responder can fold or call. The Nash equilibrium involves randomization in which players sometimes bluff with a low card. This is an excellent game to teach the notion of randomized strategies in a context where being unpredictable has intuitive appeal.

Next ->

Vecon Lab - December 21, 2024

图 8-4　信号博弈实验初始界面

设置实验的基本信息，以本书前述的啤酒-乳蛋饼信号博弈为例：

Signaling Game: Start Session (Page 1 of 6)
(with Beer\Quiche, Price Signaling, and Poker Options)

Experiment Title: December 21, 2024
Session Name: sxu1

Students will need to use this session name to join *your* experiment.
They can log in from veconlab.econ.virginia.edu/login.html

Choose Setup
⦿ Defaults
◯ Customize This option allows you to adjust all parameter settings.
◯ Last Setup This retrieves parameters from the previous setup with this session name.

Number of Treatments: 2 ⌄

Terminology:
◯ NOT READY Poker
◯ Neutral
⦿ Beer/Quiche
◯ Price Signaling

Note: The Poker, Beer/Quiche and Price setups are described on the prior Signalling Game Introduction page. A recommended "after hours" experiment for a large class is to use **Poker** terminology, along with the **own pace** option on the next page.

Proceed to Set Parameters

Vecon Lab - December 21, 2024

图 8-5　信号博弈实验基本信息界面

接下来设置博弈的基本参数，包括被试人数、是否等待所有被试完成当前轮次的实验任务后进行、是否使用实验后调查问卷、初始资金设置、是否跳过实验说明等。

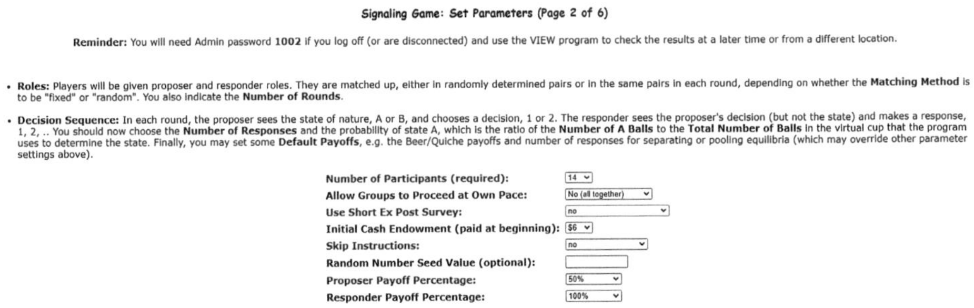

Signaling Game: Set Parameters (Page 2 of 6)

Reminder: You will need Admin password **1002** if you log off (or are disconnected) and use the VIEW program to check the results at a later time or from a different location.

- **Roles:** Players will be given proposer and responder roles. They are matched up, either in randomly determined pairs or in the same pairs in each round, depending on whether the **Matching Method** is to be "fixed" or "random". You also indicate the **Number of Rounds**.
- **Decision Sequence:** In each round, the proposer sees the state of nature, A or B, and chooses a decision, 1 or 2. The responder sees the proposer's decision (but not the state) and makes a response, 1, 2, .. You should now choose the **Number of Responses** and the probability of state A, which is the ratio of the **Number of A Balls** to the **Total Number of Balls** in the virtual cup that the program uses to determine the state. Finally, you may set some **Default Payoffs**, e.g. the Beer/Quiche payoffs and number of responses for separating or pooling equilibria (which may override other parameter settings above).

Number of Participants (required): [14 ▾]
Allow Groups to Proceed at Own Pace: [No (all together) ▾]
Use Short Ex Post Survey: [no ▾]
Initial Cash Endowment (paid at beginning): [$6 ▾]
Skip Instructions: [no ▾]
Random Number Seed Value (optional): [   ]
Proposer Payoff Percentage: [50% ▾]
Responder Payoff Percentage: [100% ▾]

图 8-6　信号博弈实验参数设置界面

如本书前述所示，信号博弈分为分离均衡和混同均衡，通过两个不同的处理分别验证被试行为是否与理论的均衡行为相同。

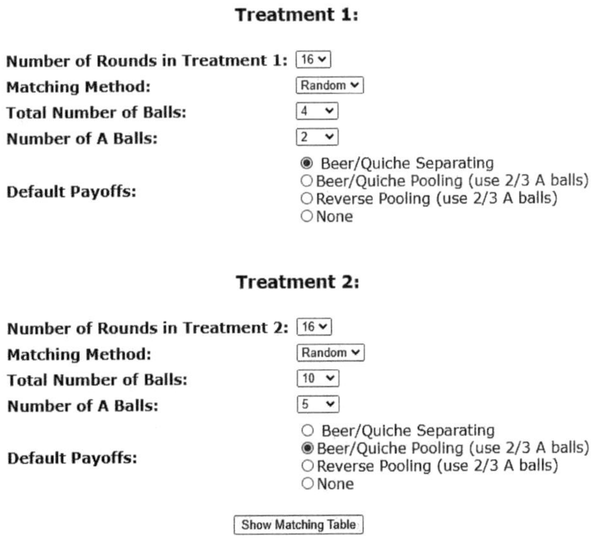

Treatment 1:

Number of Rounds in Treatment 1: [16 ▾]
Matching Method: [Random ▾]
Total Number of Balls: [4 ▾]
Number of A Balls: [2 ▾]

Default Payoffs:
  ◉ Beer/Quiche Separating
  ○ Beer/Quiche Pooling (use 2/3 A balls)
  ○ Reverse Pooling (use 2/3 A balls)
  ○ None

Treatment 2:

Number of Rounds in Treatment 2: [16 ▾]
Matching Method: [Random ▾]
Total Number of Balls: [10 ▾]
Number of A Balls: [5 ▾]

Default Payoffs:
  ○ Beer/Quiche Separating
  ◉ Beer/Quiche Pooling (use 2/3 A balls)
  ○ Reverse Pooling (use 2/3 A balls)
  ○ None

[Show Matching Table]

图 8-7　信号博弈实验场次设置界面

接下来进入实验说明的宣讲阶段。被试进行多轮的信号博弈，并且每轮随机与另一轮被试匹配为一组。根据被试本人被分配的类型（Strong or Weak），作出策略性的选择（Beer or Quiche）。

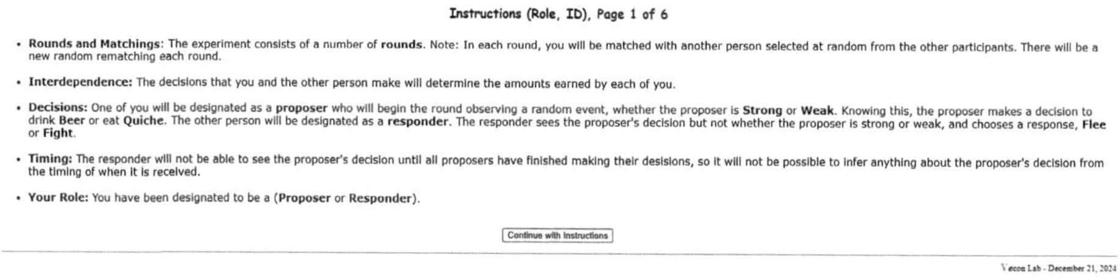

Instructions (Role, ID), Page 1 of 6

- **Rounds and Matchings:** The experiment consists of a number of **rounds**. Note: In each round, you will be matched with another person selected at random from the other participants. There will be a new random rematching each round.

- **Interdependence:** The decisions that you and the other person make will determine the amounts earned by each of you.

- **Decisions:** One of you will be designated as a **proposer** who will begin the round observing a random event, whether the proposer is **Strong** or **Weak**. Knowing this, the proposer makes a decision to drink **Beer** or eat **Quiche**. The other person will be designated as a **responder**. The responder sees the proposer's decision but not whether the proposer is strong or weak, and chooses a response, **Flee** or **Fight**.

- **Timing:** The responder will not be able to see the proposer's decision until all proposers have finished making their decisions, so it will not be possible to infer anything about the proposer's decision from the timing of when it is received.

- **Your Role:** You have been designated to be a (**Proposer** or **Responder**).

[Continue with Instructions]

Vecon Lab - December 21, 2024

图 8-8　信号博弈实验实验说明初始界面

展示被试选择行动时的实验界面：

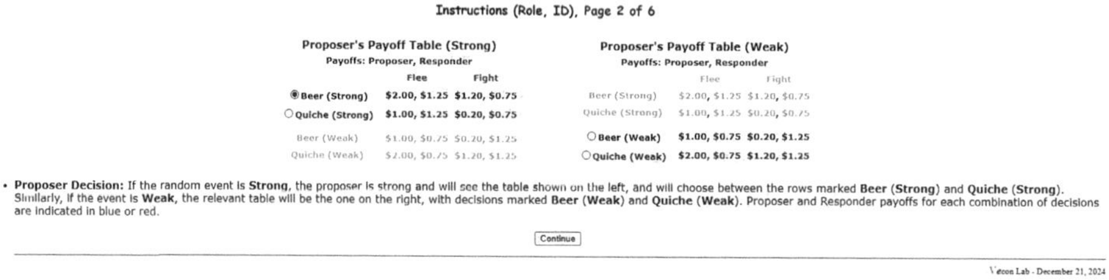

Instructions (Role, ID), Page 2 of 6

Proposer's Payoff Table (Strong)				Proposer's Payoff Table (Weak)		
Payoffs: Proposer, Responder				Payoffs: Proposer, Responder		
	Flee	Fight			Flee	Fight
● Beer (Strong)	$2.00, $1.25	$1.20, $0.75		Beer (Strong)	$2.00, $1.25	$1.20, $0.75
○ Quiche (Strong)	$1.00, $1.25	$0.20, $0.75		Quiche (Strong)	$1.00, $1.25	$0.20, $0.75
Beer (Weak)	$1.00, $0.75	$0.20, $1.25		○ Beer (Weak)	$1.00, $0.75	$0.20, $1.25
Quiche (Weak)	$2.00, $0.75	$1.20, $1.25		○ Quiche (Weak)	$2.00, $0.75	$1.20, $1.25

- **Proposer Decision:** If the random event is **Strong**, the proposer is strong and will see the table shown on the left, and will choose between the rows marked **Beer (Strong)** and **Quiche (Strong)**. Similarly, if the event is **Weak**, the relevant table will be the one on the right, with decisions marked **Beer (Weak)** and **Quiche (Weak)**. Proposer and Responder payoffs for each combination of decisions are indicated in blue or red.

[Continue]

Vecon Lab - December 21, 2024

图 8-9　信号博弈实验总收益说明界面

注：如果随机事件为 Strong，则提议者为 Strong，看到左侧高亮的数字，同样，如果事件为 Weak，则相关数字为右侧高亮的数字。

在这个例子中，被试为信息发送者并且类型为 Weak，对应的实验界面为：

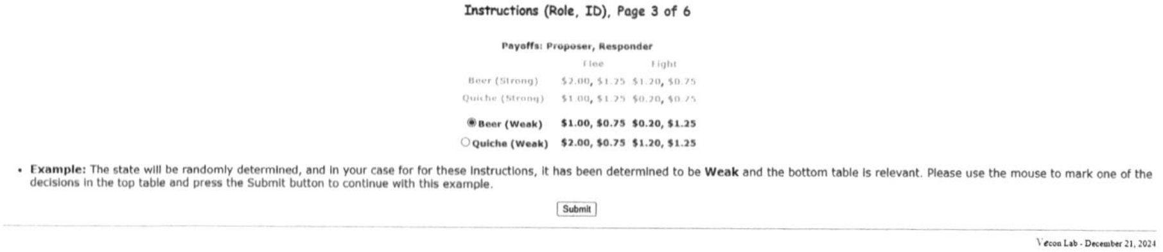

Instructions (Role, ID), Page 3 of 6

Payoffs: Proposer, Responder		
	Flee	Fight
Beer (Strong)	$2.00, $1.25	$1.20, $0.75
Quiche (Strong)	$1.00, $1.25	$0.20, $0.75
● Beer (Weak)	$1.00, $0.75	$0.20, $1.25
○ Quiche (Weak)	$2.00, $0.75	$1.20, $1.25

- **Example:** The state will be randomly determined, and in your case for these instructions, it has been determined to be **Weak** and the bottom table is relevant. Please use the mouse to mark one of the decisions in the top table and press the Submit button to continue with this example.

[Submit]

Vecon Lab - December 21, 2024

图 8-10　信号博弈实验信息发送者收益说明界面

注：随机事件被决定为 Weak，所以相关收益为表中下半部分的高亮数字。

当被试为信息接收者时，对应的实验界面为：

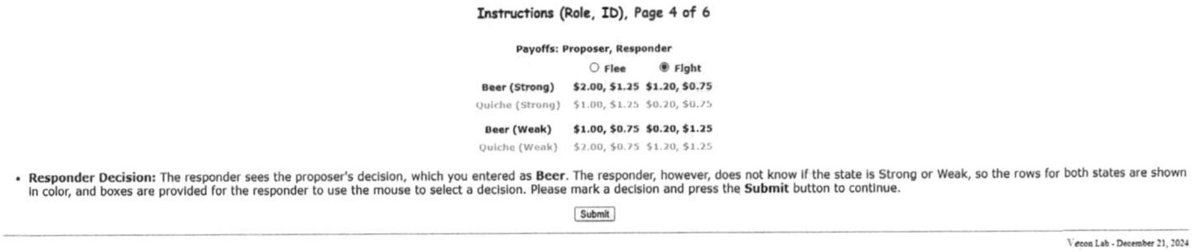

Instructions (Role, ID), Page 4 of 6

Payoffs: Proposer, Responder

	○ Flee	● Fight
Beer (Strong)	$2.00, $1.25	$1.20, $0.75
Quiche (Strong)	$1.00, $1.25	$0.20, $0.75
Beer (Weak)	$1.00, $0.75	$0.20, $1.25
Quiche (Weak)	$2.00, $0.75	$1.20, $1.25

- **Responder Decision:** The responder sees the proposer's decision, which you entered as **Beer**. The responder, however, does not know if the state is Strong or Weak, so the rows for both states are shown in color, and boxes are provided for the responder to use the mouse to select a decision. Please mark a decision and press the **Submit** button to continue.

Submit

Vecon Lab - December 21, 2024

图 8-11　信号博弈实验信息接收者收益说明界面

注：响应者看到了提议者选择了 Beer，但是不知道随机事件为 Strong, 还是 Weak，所以这里相关受益为表中 Beer 相关的高亮数字。响应者决定逃跑还是战斗。

最后对实验说明进行总结：

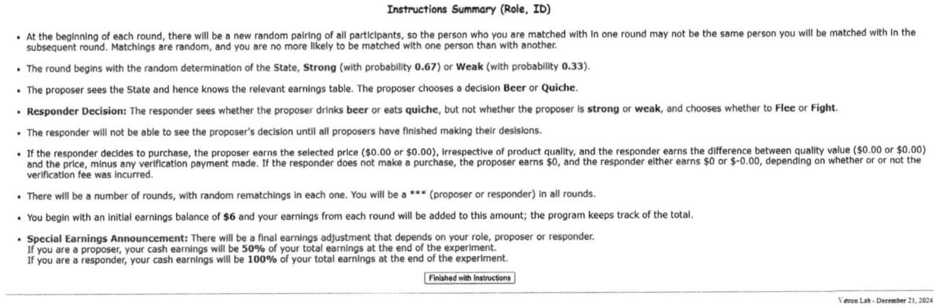

Instructions Summary (Role, ID)

- At the beginning of each round, there will be a new random pairing of all participants, so the person who you are matched with in one round may not be the same person you will be matched with in the subsequent round. Matchings are random, and you are no more likely to be matched with one person than with another.
- The round begins with the random determination of the State, **Strong** (with probability **0.67**) or **Weak** (with probability **0.33**).
- The proposer sees the State and hence knows the relevant earnings table. The proposer chooses a decision **Beer** or **Quiche**.
- **Responder Decision:** The responder sees whether the proposer drinks **beer** or eats **quiche**, but not whether the proposer is **strong** or **weak**, and chooses whether to **Flee** or **Fight**.
- The responder will not be able to see the proposer's decision until all proposers have finished making their decisions.
- If the responder decides to purchase, the proposer earns the selected price ($0.00 or $0.00), irrespective of product quality, and the responder earns the difference between quality value ($0.00 or $0.00) and the price, minus any verification payment made. If the responder does not make a purchase, the proposer earns $0, and the responder either earns $0 or $-0.00, depending on whether or or not the verification fee was incurred.
- There will be a number of rounds, with random rematchings in each one. You will be a *** (proposer or responder) in all rounds.
- You begin with an initial earnings balance of **$6** and your earnings from each round will be added to this amount; the program keeps track of the total.
- **Special Earnings Announcement:** There will be a final earnings adjustment that depends on your role, proposer or responder.
  If you are a proposer, your cash earnings will be **50%** of your total earnings at the end of the experiment.
  If you are a responder, your cash earnings will be **100%** of your total earnings at the end of the experiment.

Finished with Instructions

Vecon Lab - December 21, 2024

图 8-12　信号博弈实验实验说明总结界面

第二节　z-Tree 编码展示：以"外部信息源下的自主性披露"为例

Veconlab 虽然能处理基本的实验设计，但是由于是在给定的变量环境下进行的参数选择，缺乏了实验设计的灵活性。因而，在实际的实验经济学研究之中，研究者更倾向于选择可以进行程序编译的实验平台。本节以"外部信息源下的自主性披露"为例介绍如何使用 z-Tree 这一可编译的实验平台执行实验。由于本节的实验设计是以金哲、卢卡和马丁（2021）的实验为基础，在 z-Tree 语言的编写上借鉴了金哲、卢卡和马丁（2021）的程序设计。

在完成实验说明介绍后，根据被试的角色分配进入不同的实验界面。当被试被分配为信息发送者时，先以等概率生成一个秘密数字，并只私下展示给信息发送者。信息发送者决定披露或不披露数字。

当被试被分配为信息接收者时，先以概率p决定信息源，或为一完全真实的信息源，或为信息发送者的信息源。信息接收者观察到这一信号后，猜测秘密数字。

```
S player =|= (time_s)N
    subjects.do { ... }
        //Determine if active
        if (type==1){ Participate=1; }
        else { Participate=0; }
    subjects.do { ... }
        if (Participate==1){

            //Draw secret number
            draw=roundup(random()*draw_range,1);

            //Start clock
            begintime = gettime();

        }
    Active screen
        Header
        Standard
            你是玩家S
            <>你本轮的秘密数字是 <draw | draw>。
            请选择行动：（选择完成后，将有一则信息以p=0.8的概率从准确外部信息源将你的秘密数字传输给玩家R，另外（1-p）=0.2的概率由你的选择决定是否有信息传输给玩家R）
            <>本实验的p为：<p|p>
            不披露
                subjects.do { ... }
                    //Determine consideration time
                    report=0;
                    endtime = gettime();
                    consideration = endtime-begintime;
            披露数字
                subjects.do { ... }
                    //Determine consideration time
                    report=1;
                    endtime = gettime();
                    consideration = endtime-begintime;
        Payoffs
        Waitingscreen
```

图 8-13　信息传递实验代码界面

```
R player =|= (time_r)N
    subjects.do { //Determine if active ... }
    subjects.do { ... }
        //Determine message sent

        if (Participate==1){

        //Determine key variables
        report=find(same(p_groupcount)&not(same(Subject)), report);
        draw=find(same(p_groupcount)&not(same(Subject)), draw);

        //Determine key variables
        m0=draw;
        draw_range_1=1;
```

```
draw_p=roundup(random()*draw_range_1,0.1);

//Draw massage
if (draw_p<=p){
  m=m0;
  m_number=1;}
else {
   if (report==1) {
     m=draw;
     m_number=1;
   }
   else { m_number=0;}
}


//Start clock
begintime = gettime();

}
```

```
Active screen
  Header
  Standard
    你是玩家R。
    你将得到一则信息,这则信息以p=0.8的概率从外部准确信息源中得来,以 (1-p) =0.2的概率来自玩家S的行动。
    < >本实验的p值为<p|p>
    你得到的信息 (如果有) 是:
  Standard
    < >"玩家S的秘密数字是 <draw | draw>。"
  Standard

    请做出你的猜测: : IN( guess )
    提交
      subjects.do { //Determine consideration time ... }
  Payoffs
  Waitingscreen
```

图 8-14 信息接收实验代码界面

控制被试的风险偏好。采用实验经济学常用的霍尔特－拉里测试进行风险偏好诱导。一般而言,一个测试包括10个问题,每个问题都要求被试在彩票A与彩票B之间作选择。通常,彩票A的内容在10个问题中固定,为无风险彩票,而彩票B的内容则改变被试获得丰厚收益的概率。因此,对于一个理性的被试而言,当丰厚收益的概率低时,被试选择彩票A;当丰厚收益的概率高时,被试选择彩票B。研究者可根据被试在第几个问题从彩票A转换为彩票B来度量和判断被试的风险偏好。图8-15所呈现的代码可生成一个霍尔特－拉里测试。

163

```
□ ☐ Final stage =|= (60)N
  □ ⚙ subjects.do ( ... )
      │  if(Period==(rounds+extra)){ Participate=1; }
      └  else { Participate=0; }
  □ ⚙ subjects.do ( ... )
      │  if (Participate==1){
      │
      │  //Add holt-laury payment
      │  if (draw_row==1){ if (lottery1==1){ if(draw_lottery>draw_row) { holt_pay=1.60; } else { holt_pay=2; } else { if(draw_lottery>draw_row) { holt_pay=0.10; } else { holt_pay=3.85; } } );
      │  if (draw_row==2){ if (lottery2==1){ if(draw_lottery>draw_row) { holt_pay=1.60; } else { holt_pay=2; } else { if(draw_lottery>draw_row) { holt_pay=0.10; } else { holt_pay=3.85; } } );
      │  if (draw_row==3){ if (lottery3==1){ if(draw_lottery>draw_row) { holt_pay=1.60; } else { holt_pay=2; } else { if(draw_lottery>draw_row) { holt_pay=0.10; } else { holt_pay=3.85; } } );
      │  if (draw_row==4){ if (lottery4==1){ if(draw_lottery>draw_row) { holt_pay=1.60; } else { holt_pay=2; } else { if(draw_lottery>draw_row) { holt_pay=0.10; } else { holt_pay=3.85; } } );
      │  if (draw_row==5){ if (lottery5==1){ if(draw_lottery>draw_row) { holt_pay=1.60; } else { holt_pay=2; } else { if(draw_lottery>draw_row) { holt_pay=0.10; } else { holt_pay=3.85; } } );
      │  if (draw_row==6){ if (lottery6==1){ if(draw_lottery>draw_row) { holt_pay=1.60; } else { holt_pay=2; } else { if(draw_lottery>draw_row) { holt_pay=0.10; } else { holt_pay=3.85; } } );
      │  if (draw_row==7){ if (lottery7==1){ if(draw_lottery>draw_row) { holt_pay=1.60; } else { holt_pay=2; } else { if(draw_lottery>draw_row) { holt_pay=0.10; } else { holt_pay=3.85; } } );
      │  if (draw_row==8){ if (lottery8==1){ if(draw_lottery>draw_row) { holt_pay=1.60; } else { holt_pay=2; } else { if(draw_lottery>draw_row) { holt_pay=0.10; } else { holt_pay=3.85; } } );
      │  if (draw_row==9){ if (lottery9==1){ if(draw_lottery>draw_row) { holt_pay=1.60; } else { holt_pay=2; } else { if(draw_lottery>draw_row) { holt_pay=0.10; } else { holt_pay=3.85; } } );
      │  if (draw_row==10){ if (lottery10==1){ if(draw_lottery>draw_row) { holt_pay=1.60; } else { holt_pay=2; } else { if(draw_lottery>draw_row) { holt_pay=0.10; } else { holt_pay=3.85; } } );
      │
      │  //Determine total profit
      │  if (profit_current<0){ profit_current=0; };
      │
      │  if (type==1){
      │  profit_final = roundup(profit_current/150 + holt_pay + showupfee,1);
      │  }
      │  elsif (type==2){
      │  profit_final = roundup(profit_current/250 + holt_pay + showupfee,1);
      │  }
      │
      └  }
  □ ☐ Active screen
    □ ☐ Container 0
      □ ☐ Container top
        □ ☐ Standard
          │ ☐ 感谢您参与本次实验！
          │ ☐
          │ ☐ 你换算成人民币的最终收益（包含出场费和额外任务）是：: OUT( profit_final )
          │ ☐
          └ ☐ 好的
    ☐ Waitingscreen
```

图 8-15　风险偏好提取实验代码界面

做被试的社会人口统计，作为外生协变量进入回归式中。

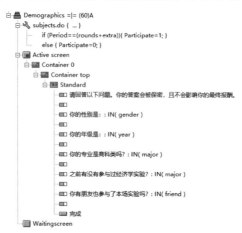

图 8-16　人口社会学信息收集实验代码界面

以上通过 z-Tree 的实验平台完成了"外部信息源下的自主性披露"的实验执行。

第九章

数据处理展示：以"外部信息源下的自主性披露"为例

下面是对Stata代码进行的详细注释，旨在帮助读者理解代码每一步的含义和背后逻辑。代码的功能主要包括：从z-Tree导出的实验数据文件中导入数据、合并数据集、生成和转换变量、进行基本的数据处理、加权、分类，并最终对数据进行统计分析和回归分析，以用于经济学实验的数据后处理和统计推断。

第一节 数据载入

```
clear all
cd "C:\Data"
ztree2stata subjects using 1-0.2wu.xls，clear
tempfile T1
save "`T1'"
gen feedback=0
save T1.dta，replace
```

其中，clear all：清除当前内存中的数据与程序。cd：切换工作目录到指定路径。ztree2stata subjects using 1-0.2wu.xls，clear：使用第三方命令ztree2stata将z-Tree导出的数据（Excel格式）转换成Stata数据集并载入内存。subjects表示转化受试者层面的数据。tempfile T1：创建临时文件T1。save "`T1'"：将当前数据集保存为临时文件T1。gen feedback=0：生成变量feedback并赋值0（表示无反馈处理）。save T1.dta，replace：将数据集保存为T1.dta文件，覆盖同名文件。

接下来几段代码逻辑类似，只是载入不同处理条件下的数据集：

```
clear all
cd "C:\Data"
```

```
ztree2stata subjects using 2-0.8wu.xls，clear
tempfile T2
gen feedback＝0
save "`T2'"
save T2.dta，replace
…
clear all
cd "C:\Data"
ztree2stata subjects using 6-0you.xls，clear
tempfile T6
gen feedback＝1
save "`T6'"
save T6.dta，replace
```

重复上述步骤，将6个不同条件的实验数据分别导入Stata并保存成单独的dta文件，并根据实验设计给定feedback变量。

```
use T1.dta
append using T2.dta
append using T3.dta
append using T4.dta
append using T5.dta
append using T6.dta
tempfile All
save "`All'"
save All.dta，replace
```

其中，use T1.dta载入第一个数据集。append using ……将其他5个数据集依次追加合并到当前数据集中。最终将合并后的完整数据集保存为All.dta。

第二节 数据清理

```
clear all
use " C:\Data \All.dta"
generate p_factor
generate p_factor = .
replace p_factor = 1 if p = = 0
replace p_factor = 2 if p = = 0.2
replace p_factor = 3 if p = = 0.8
```

导入合并好的数据集All.dta。根据p值创建p_factor分类变量。

```
generate p_nr
gen p_nr1 = 1 if p_factor = = 1
replace p_nr1 = 2 if p_factor = = 2
gen p_nr2 = 1 if p_factor = = 1
replace p_nr2 = 2 if p_factor = = 3
gen p_nr3 = 1 if p_factor = = 2
replace p_nr3 = 2 if p_factor = = 3
```

为不同的p_factor组合创建p_nr1、p_nr2、p_nr3这3个比较因子，用于后续t检验分组比较。

```
generate blocks of periods
gen period_5 = floor ( ( Period−1 ) /5 ) +1
```

将实验的轮次分为5轮一组的模块。

```
type of role
gen sender = ( type = = 1 )
```

根据type变量创建哑变量sender，如果type = = 1则为发送方，否则为接收方。将session和subject从字符串转换为数值。

```
destring session，replace force
```

```
destring subject, replace

gen int_session = round( session )

gen int_subject = round( subject )

gen id = int_session*1000 + int_subject
```

将session和subject字符型转换为数值型，并进行四舍五入，然后生成一个id用来唯一标识被试（id = session*1000 + subject）。

初始化权重变量：

```
generate weights = .

replace weights = 16/14 if feedback = =0 & p= =0

replace weights = 20/14 if feedback = =0 & p= =0.2

replace weights = 18/14 if feedback = =0 & p= =0.8

replace weights = 16/14 if feedback = =1 & p= =0

replace weights = 1 if feedback = =1 & p= =0.2

replace weights = 16/14 if feedback = =1 & p= =0.8
```

根据treatment条件为样本分配权重weights，用于后续加权回归。

```
create new summary variables

create action variables for sender

gen report1 = report if draw = =1 & sender = =1

gen report2 = report if draw = =2 & sender = =1

gen report3 = report if draw = =3 & sender = =1

gen report4 = report if draw = =4 & sender = =1

gen report5 = report if draw = =5 & sender = =1

gen draw_nr = draw if sender = =1 & report = =0
```

```
create action variables for receiver

gen guess1 = guess if draw = =1 & sender = =0 & report = =1

gen guess2 = guess if draw = =2 & sender = =0 & report = =1

gen guess3 = guess if draw = =3 & sender = =0 & report = =1
```

```
gen guess4 = guess if draw = = 4 & sender = = 0 & report = = 1
gen guess5 = guess if draw = = 5 & sender = = 0 & report = = 1

gen guess_nr = guess if sender = = 0 & report = = 0

gen diff_nr = guess − draw if sender = = 1 & report = = 0
```

为不同秘密数字状态下的报告行为及猜测行为生成单独的变量report1－report5、guess1－guess5。draw_nr记录未报告时的秘密数字，guess_nr为未报告时接收方的猜测，diff_nr是未报告时猜测与真实值之差。

```
gen diff_nr1 = diff_nr if p_factor = = 1
gen diff_nr2 = diff_nr if p_factor = = 2
gen diff_nr3 = diff_nr if p_factor = = 3
```

分p_factor类别生成对应的差值变量，便于分组分析。

```
add variable labels
label var report1 "Report ( secret number = 1 )"
......
label var diff_nr "Guess − secret number ( no report )"
```

为生成的变量添加标签，以便于输出结果和理解。

霍尔特－拉里测试的相关代码

```
gen holt = 0
replace holt = 1 if holt_pay ! = −1
```

```
fix holt laury variables
replace holt_pay = 0 if holt_pay = = . | holt_pay = = −1
egen holt_pay_new = max ( holt_pay ), by ( id )
replace holt_pay = holt_pay_new
......
```

对霍尔特－拉里测试相关变量进行清洗与合并，将各轮彩票选择记录合并为个人层面最大值等处理，用于度量风险偏好。

```
gen risk_rev = 0

replace risk_rev = 1 if lottery1>lottery2 | ... | lottery9>lottery10

replace risk_rev = . if holt = = 0
```

根据霍尔特-拉里测试的结果计算风险决策的反常现象和风险类型等。

```
gen risk_genre = 1 if risk_type = = 1 | risk_type = = 2 | risk_type = = 3

replace risk_genre = 2 if risk_type = = 4 | risk_type = = 5 | risk_type = = 6

replace risk_genre = 3 if risk_type = = 7 | risk_type = = 8 | risk_type = = 9
```

将风险类型简化为三个类别：风险喜好、风险中性、风险厌恶。

```
keep feedback p report1 report2 report3 report4 report5 draw_nr guess_nr guess1
guess2 guess3 guess4 guess5 diff_nr weights major
```

保留分析需要的关键变量。

第三节　数据分析

```
output the table

bysort feedback p: outreg2 using "Table1.doc", replace excel label sum（log）
eqkeep（N mean）

keep if major = = 1

bysort feedback p: outreg2 using "Table2.doc", replace excel label sum（log）
eqkeep（N mean）
```

使用outreg2将汇总统计输出。

总的来说，代码的逻辑：

1.数据准备：从多个Excel文件中导入实验数据，并合并成一个数据集。

2.变量处理：生成各种分类变量（feedback，p_factor，sender，id等）、加权变量、转化数据类型、根据条件生成子变量（report1-5，guess1-5等）。

3.统计描述：使用outreg2、table、sum、tabstat等对数据进行描述性统计，并导出为Word格式表格报告。

4.统计检验与回归分析：运用prtest、ttest、anova、logit、reg对分组差异和因果关系进行检验。利用cluster（session）对标准误进行聚类稳健调整。

5.图形呈现：使用twoway scatter和twoway line等绘图命令输出图表，用于对可视化披露率和猜测率之间进行对比。

希望这些注释能帮助读者理解代码的功能。从数据清洗、变量生成、加权、标记处理条件、统计检验到可视化的完整流程，都是经济学实验数据后处理和分析的常见步骤。

第十章

实验分析：利他偏好信息披露对信任博弈决策的影响[1]

---

[1] 本章基于作者与党媛的合作文章《利他偏好信息披露对信任博弈决策的影响——基于实验经济学的研究》，作者提出研究想法、设计实验、收集数据；党媛设计实验、收集数据、分析数据、文章写作。

第一节　引　言

在经济活动中，信任是决定市场运转效率与可持续发展的关键因素之一。然而，由于信息的不对称性和不完全性，信任的建立与维系常常面临严峻挑战。典型的现象是"劣币驱逐良币"：在缺乏可靠信息的环境中，即使存在守法诚信的合作者，市场参与者也可能因无法判别对方品质而采取保守、缺乏信任的交易策略。这不仅降低了整体的市场效率，也阻碍了潜在的互利合作关系的形成。因此，探究信息与信任行为之间的互动，对理解市场中主体决策机制和完善相关制度设计具有重要意义。

在现实情境中，信息缺失导致的信任难题比比皆是。除了传统金融与投资领域，互联网和电子商务的快速发展拓展了匿名化、低约束的交易场景，如在线保险、众筹平台、二手商品买卖等。在这些交易模式中，身份门槛低、偏好信息模糊，个体对他人动机与特性的认知往往不足，从而引发对对方信誉和品质判断上的困难。为减轻这些信息不对称带来的信任困境，市场机制正不断完善信息反馈系统，包括交易评价体系、信用评级或历史记录的公开化等。研究表明，信息机制的引入确有助于提升市场效率和改善信任水平［费利克斯·戈特沙尔克（Felix Gottschalk）、旺达·米姆拉（Wanda Mimra）和克里斯蒂安·怀贝尔（Christian WaibelGottschalk），2020①；彼得·约斯特（Peter Jost）、斯蒂芬·雷克（Steffen Reik）和安娜·雷西（Anna Ressi），2021②］，但具体的信息披露方式与内容、个体如何解读和利用这些信息，仍是具有开放性的研究问题。为此，有必要在可控条件下的实验环境中，对信息、信任行为的影响进行更为系统的探索，以期为现实中的制度优化提供有

---

① GOTTSCHALK F，MIMRA W，WAIBEL C. Health services as credence goods：A field experiment[J]. The Economic Journal，2020，130（629）：1346–1383.

② JOST P J，REIK S，RESSI A. The information paradox in a monopolist's credence goods market[J]. International Journal of Industrial Organization，2021，75.

益参考。

从理论视角出发，传统经济学基于"经济人"假设，认为市场参与者以自我利益最大化作为行为准则。然而，实验经济学的蓬勃发展发现，个体决策常常偏离纯粹的自利逻辑，社会偏好、情感与道德因素广泛影响着信任和合作行为［乔伊斯·伯格（Joyce Berg）、约翰·狄克豪特和凯文·麦凯布，1995[①]；罗伯特·福赛斯（Robert Forsythe）、乔尔·霍洛维茨（Joel Horowitz）、内森·萨文（Nathan Savin）和马丁·塞夫顿（Martin Sefton），1994[②]；维尔纳·古特（Werner Güth）、罗尔夫·施密特伯格（Rolf Schmittberger）和伯恩德·施瓦茨（Bernd Schwarze），1982[③]；胡安·卡德纳斯（Juan Cardenas）和杰弗里·卡彭特（Jeffrey Carpenter），2008[④]；恩斯特·费尔（Ernst Fehr）、西蒙·加希特（Simon Gächter）和格奥尔格·基希施泰格（Georg Kirchsteiger），1996[⑤]］。社会偏好理论为解释合作、信任和互惠现象提供了丰富的研究框架。然而，该理论多将偏好视为内生且相对固定的心理倾向，较少关注偏好作为可传递与可利用的信息本身所具有的策略价值。如果在一场信任博弈中，参与者可获得对方的利他偏好信息，那么这种信息能否影响信任者的投资与被信任者的回报策略？这一问题有助于深化研究者对社会偏好在决策过程中信息属性的认识。

基于上述问题，本书通过信任博弈实验，对在公开被试双方利他偏好信息的情境下，投资方与回报方的策略选择变化进行探讨。具体而言，当投资者可以获知代理人的利他偏好程度，或当代理人知道投资者了解其利他程度，双方的行为决策是否因此产生显著差异？实验结果显示，与理论预期相比，

① BERG J, DICKAUT J, MCCABE K. Trust, reciprocity and social history [J]. Games and Economic Behavior, 1995, 10(1): 122–142.

② FORSYTHE R, HOROWITZ J L, SAVIN N E, et al. Fairness in simple bargaining experiments[J]. Games and Economic Behavior, 1994, 6(3): 347–369.

③ GÜTH W, SCHMITTBERGER R, SCHWARZE B. An experimental analysis of ultimatum bargaining[J]. Journal of Economic Behavior & Organization, 1982, 3(4): 367–388.

④ CARDENAS J C, CARPENTER J. Behavioral development economics: Lessons from field labs in the developing world[J]. Journal of Development Studies, 2008, 44(3): 337–36.

⑤ FEHR E, GÄCHTER S, KIRCHSTEIGER G. Reciprocal fairness and non-compensating wage differentials[J]. Journal of Institutional and Theoretical Economics, 1996.

利他信息的公开更能影响被信任方（代理人）的回报决策。代理人在面对不同利他偏好的投资者时，会根据双方偏好的比较以及被投资者付出信任程度的评估对自身策略进行调整。这表明，偏好信息不仅影响个体的自我认知与行为选择，也通过改变对他人偏好与决策的预期影响交互博弈中的整体战略平衡。

从理论意义上来看，本研究从偏好信息的角度对信任博弈进行重新审视，为理解社会偏好在博弈决策中的动力机制提供了新思路。除在强调社会偏好作为内在倾向的研究范式之外，本研究还强调偏好信息在市场互动中所发挥的信息传递与战略影响作用，从而丰富了有关信任与合作行为形成机制的研究维度。就现实意义而言，当前许多市场机制与政策设计均依赖信息披露来解决信用和信任难题。本研究的发现为现实世界信息制度设计提供了一定的经验借鉴：在适当条件下披露合作者的偏好信息，有助于引导更高水平的诚信与信任行为，实现更有效率的市场互动。

综上所述，本研究将通过实验经济学方法，探究利他偏好信息披露对信任博弈中投资和回报策略选择的影响，为理解信息披露、社会偏好与市场效率之间的复杂动态关系提供新的证据，并为政策制定者和市场设计者在信息机制优化方面提供有益参考。

第二节　文献综述

在探索匿名随机匹配条件下的信息披露与信任行为之间的互动关系之前，需对相关文献进行系统回顾与分析。现有研究已在囚徒困境和信任博弈等经典博弈范式下，就匹配机制与信息披露如何影响个体决策与合作意愿展开广泛讨论。以下将从囚徒困境中的匿名合作行为与信息披露研究、信任博弈与信息披露研究、偏好信息披露及其测度研究三个方面进行回顾，为本研究奠定理论基础。

一、囚徒困境中的匿名合作行为与信息披露

在囚徒困境博弈中，信息是促进或阻碍匿名合作行为的关键因素。史蒂文·施瓦茨（Steven Schwartz）、理查德·杨（Richard Young）和克里斯蒂娜·兹维纳基斯（Kristina Zvinakis）采用无限重复囚徒困境博弈研究信息披露对合作行为的影响[①]。在实验中，参与者处于匿名状态，通过不同场次的重复匹配不断进行博弈。在标准组之外，研究者还设置了额外的处理条件，在某些条件下，博弈开始前即向个体披露其当期匹配对象在上一场博弈中的行为记录。结果显示，预先提供的相关信息可显著提升初始阶段的合作水平。然而，当博弈连续进行、参与者逐渐通过自身经验了解当期对象时，信息的影响可能弱化，这意味着信息披露对合作的促进作用在早期更为显著。

为进一步区分匹配机制和信息披露在促进合作中的相对重要性，约翰·达菲（John Duffy）和杰克·奥克斯（Jack Ochs）通过操纵匹配机制（固定匹配与随机匹配）和信息披露方式进行实验检验[②]。结果显示，在无限重复囚徒困境框架下，如果参与者每轮都随机匹配新对象，则信息披露无法有效促成合作。这是因为，在随机匹配环境中，个体无法通过长期互动累积信誉与预期，即便有信息，因其无法针对特定伙伴持续调整策略，也会削弱信息对合作的激励作用。相比较之下，在固定匹配机制下，长期关系的建立可令信息更有效地引导合作。因此，匹配机制在此类博弈中起着主导作用，而信息披露的效果则取决于匹配的稳定性和重复互动的可持续性。

总体而言，虽然在囚徒困境中匹配机制是影响合作的关键要素，但信息披露仍是不可忽视的次要决定因素。当无法长期重复互动时，信息披露提供了替代通过经验积累信任的渠道，为促进合作提供了可能路径。这一结论提示，在现实市场中，当交易者无法建立长期关系或法律约束有限时，信息披露有助于减轻信任难题。

---

① SCHWARTZ S T, YOUNG R A, ZVINAKIS K. Reputation without repeated interaction: a role for public disclosures[J]. Review of Accounting Studies, 2000, 5（4）: 351–375.

② DUFFY J, OCHS J. Cooperative behavior and the frequency of social interaction[J]. Games and Economic Behavior, 2009, 66（2）: 785–812.

二、信任博弈与信息披露

相较于双边均存在偏离合作强烈动机的囚徒困境，信任博弈提供了更为灵活的合作空间。乔伊斯·伯格、约翰·狄克豪特和凯文·麦凯布首次采用信任博弈设计分析投资环境中的信任与互惠[①]。传统逆向归纳理论预测，在一次性博弈条件下，代理人应选择不返还，以最大化自身收益；委托人由此预期代理人不返还，从而不选择投资。理论上，纳什均衡为无信任与零合作。

然而，实证研究显示，引入信息机制可破除上述均衡预期。约翰·达菲、Huan Xie和Yong-Ju Lee在匿名随机匹配的信任博弈中发现，当委托人在决策时获知代理人的历史决策信息时，信任与互惠水平显著提高[②]。这是因为，委托人可依据过往表现评估代理人的可信度，从而更有信心进行投资。而代理人为维持良好声誉、吸引未来投资，也会选择更高程度的互惠决策。由此证明，在匿名场景下，信息披露可通过声誉渠道促进信任形成。

上述研究重点在于披露历史行为信息，本研究则拟探究另一个维度：个体的社会偏好信息（如利他偏好）的披露是否也能发挥类似作用？与历史决策记录相比，偏好信息相对更为稳定和内在。在现实中，获取他人具体行为记录可能存在技术与法律障碍，而测量并披露个体利他、善意等特质却更加可行。这为本书提供切入点，即考察社会偏好信息披露对信任博弈策略选择的影响。

三、偏好信息披露与测量

社会偏好包括差异厌恶偏好、利他偏好、互惠偏好等类型，其中利他偏好往往被视为一种无条件社会偏好［詹姆斯·考克斯（James Cox），2004[③]；纳瓦·阿什拉夫（Nava Ashraf）、艾里斯·博内特（Iris Bohnet）和尼基塔·皮安

---

① BERG J, DICKAUT J, MCCABE K. Trust, reciprocity and social history [J]. Games and Economic Behavior, 1995, 10（1）: 122-142.

② DUFFY J, XIE H, LEE Y J. Social norms, information and trust among strangers: theory and evidence[J]. Economic Theory, 2011, 52（2）: 669-708.

③ COX J. How to identify trust and reciprocity[J]. Games and Economic Behavior, 2004, 46（2）: 26-81.

科夫（Nikita Piankov），2006[①]]。与互惠偏好依赖对方行为不同，利他偏好是个体在内部就他人福利的提升本身获得效用。因此，若在信任博弈中为委托人和代理人披露潜在对手的利他偏好信息，个体可能据此预估对方的可靠性与合作倾向，从而调整投资与返还策略。

阿斯特丽德·丹嫩贝格（Astrid Dannenberg）、托马斯·里希曼（Thomas Riechmann）、博多·施图尔姆（Bodo Sturm）和卡斯滕·福格特（Carsten Vogt）在研究差异厌恶对公共物品博弈的影响时，采用两步式实验设计为本研究提供借鉴[②]。第一步是测度参与者的公平偏好，将其归类为不同类型；第二步是在公共物品博弈中，对部分参与者在决策前披露其合作伙伴的偏好类型。结果显示，当参与者知道合作者为"公平型"时，其投资额显著提高。这说明，偏好信息能有效影响个体在公共产品领域的合作水平。

在偏好测度方法上，詹姆斯·福勒（James Fowler）通过最后通牒博弈验证了利他偏好的稳健测量方式[③]。最后通牒博弈结果与问卷量表及现实捐赠行为显著相关，表明最后通牒博弈是测量利他偏好的可靠工具。本书将借鉴此方法，通过最后通牒博弈获取受试者的利他偏好水平，并将此信息在信任博弈中进行披露，以考察偏好信息对信任与合作决策的影响。

综合以上文献，本书将接续前人关于匹配机制、信息披露与信任行为的研究脉络，将关注点聚焦于偏好信息作为一种特殊信息源的作用机制，从而丰富对市场中信息披露与信任决策复杂关系的理解。

---

① ASHRAF N, BOHNET I, PIANKOV N. Decomposing trust and trustworthiness[J]. Experimental Economics, 2006, 9(3): 193–208.

② DANNENBERG A, RIECHMANN T, STURM B, et al. Inequity aversion and individual behavior in public good games: an experimental investigation[J]. SSRN Electronic Journal, 2007, 7(34).

③ FOWLER J. Altruism and turnout[J]. Journal of Politics, 2006, 68(3): 674–683.

第三节 实验设计

一、实验流程

本研究的实验通过线上方式进行，主要借助腾讯会议平台、微信交流渠道以及美国弗吉尼亚大学开发的Veconlab平台完成。首先，所有受试者在约定时间统一加入腾讯会议，实验主持人通过共享屏幕和文字说明的方式向所有受试者提供一份详细的实验说明文件。在被试充分阅读后，主持人以口头讲解的形式对实验流程、参与方式、报酬规则以及Veconlab平台的基本操作进行说明。若被试在阅读与听取解释过程中存在疑问，可通过微信私聊向实验主持人咨询。确定所有被试均已理解实验规则和程序后，实验任务正式启动。实验全程匿名进行，被试需在会议与交流中隐去真实个人信息，且禁止被试之间相互交流。在实验过程中若出现技术问题或概念混淆，受试者可随时通过私聊与实验主持人沟通。包括事后调查问卷，整个实验持续约90分钟。实验结束后，每位有效参与者均可获得35元人民币的统一报酬。

二、实验任务

本研究实验任务包括两个阶段的博弈实验与一项问卷调查。其中，第一阶段为最后通牒博弈实验，用于测度个体的利他偏好；第二阶段为信任博弈实验，旨在考察利他偏好信息披露对信任与回报决策的影响；最终的问卷调查则用于收集被试基本信息与决策动因。

（1）最后通牒博弈实验。

在最后通牒博弈中，每名被试将与另一匿名被试随机配对。被试作为"提议人"拥有10个初始筹码，而其被配对的对象（接收者）则无筹码。提议人可在两人之间任意分配这10个筹码，接收者只能被动接受，无法拒绝。若提议人选择留下x个筹码给自己，则接收者获得$10-x$个筹码，提议人与接收者的最终收益分别为x和$10-x$。该实验结果可反映提议人的利他程度，成为后续信任博弈信息披露的依据。

（2）信任博弈实验。

在信任博弈环节，所有被试在完成最后通牒博弈后再次随机配对，并随机决定谁为委托人（第一行动者）与代理人（第二行动者）。两者初始均拥有10个筹码。

委托人决定是否向代理人转移一部分筹码y（$0 \leqslant y \leqslant 10$）。若委托人不转移筹码，则该轮博弈即结束，双方收益保持为初始水平：委托人10个筹码，代理人10个筹码。若委托人转移y个筹码，则这些筹码在传递过程中自动增值为$3y$个筹码。此时，代理人获得$10+3y$个筹码，而委托人保留$10-y$个筹码。接着，代理人可选择返还z个筹码给委托人$0 \leqslant z \leqslant 3y$。若代理人返还$z$个筹码，则委托人最终收益为$10 - y + z$，代理人最终收益为$10 + 3y - z$。若代理人选择不返还筹码（相当于$z=0$），则实验随即结束。

在信息披露条件下，委托人与代理人在决策开始前会获悉对方在最后通牒博弈中的分配决策情况，从而了解对方的利他偏好水平。无信息条件组则直接进行上述博弈，无须考虑对方利他偏好信息。

（3）问卷调查。

在两个阶段博弈结束后，所有被试需在线完成一份调查问卷。该问卷分为三部分，共14个题目：

第一部分：采集被试人口学特征及背景信息，包括年龄、性别、年级、经济学专业背景、是否有往期实验参与经验等。

第二部分：测度受试者在公平、信任与助人态度方面的心理倾向。这部分的3个题目参考陈叶烽等（2010）研究中的GSS调查问卷，以检验受试者的信任偏好与实际实验行为的一致性。

第三部分：以开放式自陈方式让被试阐述决策动因，从而为解释实验结果与分析行为特征提供更为丰富的质性信息。

三、数据与变量说明

本研究于2023年3月中旬通过线上招募方式邀请54名大学生参与者。在综合考虑时间安排后，将实验定在2023年3月12日进行。实验当天，由于技术问题，3名报名者无法顺利参与，最终51名被试进入实验程序。另有1名被试数据因匹配机制原因而无效，故有效样本为50名。这些受试者来自不同院校、年级与专业背景，其中包含9名男性、41名女性，平均年龄为21岁。

通过对实验数据进行整理，本研究将根据最后通牒博弈实验结果对个体利他偏好程度进行分类与量化，并利用相应的行为变量（如在信任博弈中的投资量、回报量）进行统计分析。表10-1将对主要变量的概念、计算方式及统计描述进行详细说明，以确保数据处理与后续计量分析的透明度和可重复性。

表 10-1　变量定义及描述

	概念	变量名	变量描述	取值	均值	标准误
实验行为	分组处理	*Treatment*	是否获知了匹配对象的利他偏好信息	0= 无信息披露，1= 有信息	0.52	0.50
	自我分配额	*PrivateMe*	受试者在最后通牒博弈实验中分配给自己的份额，能反映受试者的利他水平	0 到 10	6.06	1.60
	匹配对象分配额	*PrivateYou*	匹配对象在最后通牒博弈实验中分配给自己的份额，能反映受试者匹配对象的利他水平	0 到 10	6.06	1.60
	委托人投资额	*PrincipalOut*	信任博弈实验中委托人的投资额，即信任投资行为	0 到 10	4.92	2.69
	委托人投资回报额	*PrincipalIn*	信任博弈实验中委托人收到的来自代理人的投资分红	0 到 30	5.92	5.46
	代理人返还额	*AgentOut*	信任博弈实验中代理人返还给委托人的投资分红，即可信任回报行为	0 到 30	5.92	5.46
	代理人受投资额	*AgentIn*	信任博弈实验中代理人收到的来自委托人的投资额	0 到 10	4.92	2.69
信息问卷	年龄	*Age*	实验对象的年龄	18 到 25	20.74	1.41
	性别	*Gender*	实验对象的性别	1= 男性，2= 女性	1.82	0.39
	专业	*Econ*	实验对象是不是经济类专业学生	0= 不是，1= 是	0.12	0.33
	实验经验	*Exp*	实验对象是否有经济学实验经历	0= 没有，1= 有	0.20	0.40
	年级	*Class*	实验对象所处年级	1 到 6	3.26	1.24

续 表

	概念	变量名	变量描述	取值	均值	标准误
信息问卷	GSS 信任	*Trust*	下面两种说法你相对赞成哪种？ 1. 一般而言，大部分人是值得信任的； 2. 一般而言，在和多数人打交道时怎么谨慎也不为过	1=第一种说法， 0= 第二种说法	0.40	0.49
	GSS 公平	*Fair*	下面两种说法你相对赞成哪种？ 1. 这个世界上大部分人会客观公正地对待你； 2. 这个世界上大部分人在有机会的时候会试着利用你	1=第一种说法， 0= 第二种说法	0.28	0.45
	GSS 助人	*Help*	下面两种说法你相对赞成哪种？ 1. 人们大多数时候还是乐于助人的； 2. 他们只不过是为自己谋利而已	1=第一种说法， 0= 第二种说法	0.56	0.50

第四节　结果分析

一、描述性分析

在最后通牒博弈实验中，假设参与者为典型"经济人"，预期的纳什均衡为提议人将所有筹码自留，不予对方分配。然而，本实验结果显示，仅有8%的提议人选择0分配，而平均分配比例高达39.4%。这一水平显著高于文献中常见的平均分配比例（约25%，参见陈叶烽等，2012），且分配比例最高频次集中于50%的分配点位。这不仅表明本实验被试群体相较于经典经济人设定更具利他倾向，也意味着大学生群体在面对简单的最后通牒博弈时表现出较高的社会偏好（图10-1展示了分配额百分比的频率分布）。

在信任博弈实验中，理论上若以自利和严格理性为前提，则委托人无投资、代理人不返还的无信任均衡应占据主导。然而，实验结果同样偏离预期。在无信息组与有信息组中，委托人的平均投资额均约为50%的初始筹码，且代理人平均返还额在无信息组和有信息组分别为6.08和5.77，显著高于零返还假设水平。相较于已有文献的统计，本研究的受试者在信任与可信任两个维度中均展现出较高水平。这在表10-2的描述统计中有所体现。

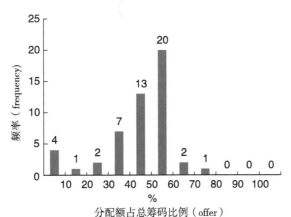

图 10-1　最后通牒博弈实验分配额的百分比分布图

整体而言，无论是最后通牒博弈还是信任博弈，本研究受试者的行为均显著偏离了传统的"经济人"自利假设，展现出较高的利他倾向与一定程度的信任和互惠行为。

表 10-2　两项实验均值比较

实验类型	实验角色		分配均值		标准误	最小值	最大值
最后通牒博弈	提议者	50	平均分配额	3.94	1.59	3	10
信任博弈无信息组（*treatment*=0）	委托人	12	平均投资额	4.83	2.21	2	10
	代理人	12	平均返还额	6.08	4.68	0	15
信任博弈信息组（*treatment*=1）	委托人	13	平均投资额	5.00	3.16	0	10
	代理人	13	平均返还额	5.77	6.29	0	20

二、回归分析

本节利用线性回归模型考察信任博弈中委托人与代理人决策背后的影响因素，重点考察最后通牒博弈中利他偏好信息（由分配比例衡量）对信任（投资决策）及可信任（返还决策）的作用机制。

1.委托人投资行为的影响因素

回归结果显示，委托人的投资决策并未明显受其自身利他偏好影响。相反，经济学专业背景与匹配对象的低利他偏好有助于提升委托人的投资额。这一发现暗示，委托人的投资更多出于获取更高收益的期望及战略性考量（如期望代理人出于互惠而返还），而非单纯出于利他动机。问卷动因分析支持这一推断：部分委托人将三倍放大的投资额视为增值手段，以期实现风险与回报间的权衡。

2. 代理人返还行为的影响因素

代理人的返还额显著受互惠偏好（由委托人实际投资额体现）和代理人自身的利他偏好影响。代理人收到的投资越多，其返还额就越高，这体现了代理人在互惠心理下的行为调整。另一个重要的发现是，当利他偏好信息对双方均是已知时（信息处理效应），高利他程度的代理人反而可能减少返还额。这一结果似乎与简单的利他假设相悖，说明当新信息加入后，代理人会将自身与对方的利他偏好进行对比。如果发现对方不如自己慷慨，代理人可能会选择降低互惠程度，以寻求更有利的策略平衡。信息披露使代理人在利他与互惠两种偏好间进行复杂权衡，从而影响最终的返还行为。

3. 委托人投资回报的影响因素

信息披露对委托人投资回报额的影响与对代理人返还行为的影响具有相似特征。互动项回归检验显示，当彼此的利他信息相互知晓时，委托人实际投资额对其最终回报额具有显著影响。与此同时，经济学专业背景对回报有正向影响，而自述高信任倾向的被试则略显出较低回报倾向。这表明信息在信任博弈中的影响是多维度且依情境变化的。

4. 代理人受投资额的影响因素

代理人获得的投资额与委托人的利他偏好正相关，且信息披露会进一步强化这一相关关系。当双方公开利他信息时，委托人更有可能根据对方的利他程度调整投资额，以寻求最优回报。信息的引入为委托人对代理人行为特征的预测提供了更多依据，从而影响其投资策略的形成与调整。

表 10-3 最后通牒博弈与信任实验的回归检验

解释变量	被解释变量			
	PrincipalOut	*PrincipalIn*	*AgentOut*	*AgentIn*
Treatment	6.21 （7.73）	−14.52 （11.75）	−20.13* （9.24）	−1.83 （8.47）
AgentIn			1.29*** （0.40）	
PrincipalOut		0.74 （0.50）		
PrivateMe	−0.05 （0.76）	−1.91 （1.06）	−1.28** （0.54）	−0.43 （0.41）
PrivateYou	0.56* （0.30）	−1.01 （0.63）	−1.76 （1.06）	−1.49* （0.79）
Treatment×AgentIn			0.08 （0.63）	
Treatment×PrincipalOut		0.73 （0.67）		
Treatment×PrivateMe	−0.64 （0.88）	1.41 （1.22）	1.39* （0.71）	−0.07 （0.65）
Treatment×PrivateYou	−0.62 （0.69）	0.44 （0.80）	2.02 （1.20）	0.35 （0.82）
Gender	1.99 （1.64）	−1.06 （1.82）	−2.75 （3.64）	3.31* （1.82）
Age	0.07 （0.92）	−1.74 （1.27）	−0.08 （1.13）	−0.83 （0.71）
Econ	4.18** （1.83）	4.99* （2.68）	−1.77 （3.24）	−4.56*** （1.43）
Exp	−1.98 （1.61）	−0.07 （2.40）	−1.21 （2.37）	−1.66 （2.08）
Class	0.01 （1.10）	−0.39 （1.29）	0.44 （1.95）	1.30 （1.11）
Trust	2.33 （2.59）	−3.64* （1.96）	2.16 （2.49）	1.11 （1.04）
Fair	−0.30 （3.00）	3.79 （3.19）	2.71 （2.40）	−2.25 （1.53）

解释变量	被解释变量			
	PrincipalOut	*PrincipalIn*	*AgentOut*	*AgentIn*
Help	−1.61 （2.74）	0.48 （2.86）	1.49 （3.51）	5.16** （2.13）

注：***、**和*分别表示在1%、5%、10%的水平上显著。

第五节　总结与讨论

本研究通过最后通牒博弈与信任博弈的有无信息披露实验，探究了利他偏好信息对信任行为与互惠行为的影响。主要结论包括：

第一，委托人在信任博弈中的投资决策并未明显受自身利他偏好影响，而更多地被经济学专业背景、预期回报、风险偏好等因素左右。

第二，对于代理人而言，利他偏好与互惠偏好同时发挥作用。信息披露使代理人在比较自身与对方的利他水平后进行更为复杂的策略选择。当获得对方偏好信息并发现对方不如自己慷慨时，代理人可能减少返还额，破坏原有互惠均衡。

这些发现对已有文献有所拓展。与仅披露过去行为数据不同，披露个人偏好信息可能强化了道德与身份评价的维度，从而改变决策模式。这与Duffy et al.（2011）中信息披露促进互惠的结果有差异，提示信息类型与信息内容是未来值得深入研究的要素。

现实中，网上交易和一次性匿名交互日益普及，信任问题的解决有赖于信息机制的完善。本研究结果说明，信息披露的确影响交易各方行为，但信息内容和信息类型对市场效率与合作行为的优化作用并非一成不变。未来研究可继续探讨信息披露在不同市场环境、不同人群与更复杂信息维度下的影响机制，并可引入更多实验设计、实地数据与理论模型加以验证和扩展。

第十一章

实验分析：公共物品问题中社会准则和惩罚及其作用机制研究[①]

① 本章基于作者与王语涵的合作文章《公共物品问题中社会准则和惩罚及其交互作用研究》，作者提出研究想法、设计实验、收集数据；王语涵设计实验、收集数据、分析数据、文章写作。

第一节 引 言

公共物品问题是经济学与社会科学中关于个体间合作和搭便车行为的经典研究议题。传统经济学在自利理性人假设下预测，当个人面临公共物品决策时，往往倾向于不贡献而搭便车，导致公共物品供给不足的纳什均衡。然而，大量实验和现实观察表明，人们的实际行为明显偏离该预测。个体在公共物品博弈中经常表现出超越纯自利的利他与互惠倾向，从而在一定条件下实现更高水平的合作。

在已有研究中，为解释何种因素有助于维持合作、限制搭便车行为，学者探讨了多元变量的作用，包括重复博弈的动态过程、边际人际回报率变化、信息反馈、社会身份归属与交流沟通等［杰拉尔德·马威尔（Gerald Marwell）和露丝·艾姆斯（Ruth Ames），1981①；黄斯涅，2015］。其中，利他性惩罚和社会准则是两个重要的研究方向。惩罚机制可通过对偏离公共利益目标的个人施加代价，激励个体提高贡献水平；社会准则在群体中形成共享的期望标准，从而影响个人效用评价与决策过程。

一、惩罚对个人贡献的影响

大量实验研究指出，当给予个体施加惩罚的权利时，整体贡献值往往上升（恩斯特·费尔和西蒙·加希特，2000）②。原因在于低贡献者预期被惩罚会调整策略，提高后续回合的贡献。此外，奥利维尔·博切特（Olivier Bochet）、塔尔博特·佩奇（Talbot Page）和路易斯·普特曼的研究还发现惩罚的运用并非完全策略性，有时会表现出非理性成分，如在实验最终回合中，个体仍

---

① MARWELL G, AMES R. Experiments on the provision of public goods I: resources, interest, group size and the free rider problem[J]. American Journal of Sociology, 1979, 84（6）: 1335–1360.

② FEHR E, GÄCHTER S. Cooperation and punishment in public goods experiments[J]. American Economic Review, 2000, 90（4）: 980–994.

会实施不具未来激励意义的惩罚[①]。更有甚者，埃莉诺·奥斯特罗姆（Elinor Ostrom）、詹姆斯·沃克和罗伊·加德纳（Roy Gardner）的研究发现了"反社会惩罚"现象，即高贡献者反遭惩罚[②]。这类行为显示，惩罚动机并非仅由简单的边际回报或策略考虑驱动，而可能与公平感、嫉妒或愤怒等心理因素相关。

二、社会准则对个人贡献的影响

社会准则是指群体中个体对适宜行为方式的共同期望。乔治·阿克洛夫（George Akerlof）和雷切尔·克兰顿（Rachel Kranton）的研究强调了身份与社会准则对个人行为决策的重要性[③]。在公共物品博弈中，社会准则可表现为群体成员对"合适贡献水平"的共识，从而在心理层面影响个体的效用判断。当个体贡献偏离该准则时，可能在心理层面产生负效用。埃内斯托·鲁本（Ernesto Reuben）和阿尔诺·里德尔（Arno Riedl）的研究表明，社会准则会引导个人行为，使其更接近群体期望的贡献水平，从而部分缓解公共物品难题[④]。

三、文献不足与本章贡献

已有研究对惩罚和社会准则对公共物品贡献行为的影响有初步探讨，但仍存在以下不足：第一，关于惩罚与社会准则的交互作用尚缺乏成熟定量模型，多数研究仅停留在定性分析层面。第二，现有研究很少将"偏离程度"作为中介变量纳入模型中，对惩罚机制的心理动因和非策略性惩罚行为的定量解释不足。第三，对于社会准则的形成与维持机制仍有待深入探讨，尤其

---

① BOCHET O，PAGE T，PUTTERMAN L. Communication and punishment in voluntary contribution experiments[J]. Journal of Economic Behavior and Organization，2005，60（1）：11–26.

② OSTROM E，et al. Covenants with and without a sword：self governance is possible[J]. American Political Science Review，1992，86（2）：404–416.

③ AKERLOF G A，KRANTON R E. Economics and identity[J]. The Quarterly Journal of Economics，2000，115（3）：715–753.

④ REUBEN E，RIEDL A. Enforcement of contribution norms in public good games with heterogeneous populations[J]. Games and Economic Behavior，2013，77（1）：122–137.

是当群体成员可以相互交流与惩罚时，社会准则是如何内生形成并对个人决策产生影响的。本研究将以规范的公共品博弈为基准，控制被试是否具备相互惩罚和交流能力，考察社会准则与惩罚对个人贡献的交互影响，并重点检验偏离量在惩罚与贡献行为间的中介作用。

第二节　研究方法与模型设定

一、模型设定

在传统经济学中，以自利为前提的公共物品决策模型预测个体不贡献。然而在实际实验中，个体常偏离此预测。为此，在传统效用模型中引入惩罚机制与社会准则因子。

1.基础效用模型（无惩罚、无准则）

个体的效用函数为：

$$U_i = y - g_i + a \sum_{j=1}^{n} g_j。$$

式中，y 为初始资金，g_j 为个体 j 对公共账户的贡献，a 为公共物品的边际回报率，且通常 $a < 1$。此时的纳什均衡为 $g_j = 0$。

2.引入惩罚机制

当存在惩罚时，他人可施加惩罚使个体损失部分收益，个体也需承担实施惩罚的成本：

$$U_i = (1 - p_{ji}) \left(y - g_i + a \sum_{j=1}^{n} g_j \right) - p_{ij}。$$

式中，p_{ij} 为他人对自己施加的惩罚比例，p_{ij} 为个体对他人施加惩罚的成本。惩罚的存在使个体考虑避免受罚，以提高贡献。

3.引入社会准则与偏离量

设定社会准则 I 为小组成员共同认可的理想贡献值。个体若偏离此准则，则其心理效用减少。定义偏离量 dev_i 为所有成员贡献偏差的平均度量：

$$devi = \frac{1}{n}\sum_{j=1}^{n}(I - g_j)^2。$$

将社会准则与偏离成本纳入模型：

$$U_i = (1 - p_{ji})\left(y - g_i + a\sum_{j=1}^{n}g_j\right) - p_{ij} - Ddevi。$$

此模型中，若个体偏离社会准则过多，则将产生额外的心理损失（由参数D表征）。为维持更高的效用水平，个体倾向减少偏离，进而提高贡献值。

这一模型下的纳什均衡为：

$$g_i = \frac{(1 - p_{ji})(a - 1)n}{2D} + I。$$

假设基于上述模型与理论推断，提出以下假设：

假设1：当社会准则I提高时，个体贡献g_j上升。即当群体形成较高的期望贡献水平时，个体为减少偏离带来的负效用而提高贡献。

假设2：当他人惩罚水平p_{ji}提高时，个体贡献g_j上升。即惩罚机制促使个体为避免受罚而提高贡献。

假设3：偏离量$devi$在惩罚与个人贡献间起中介作用。他人惩罚可能通过降低偏离量，促使个体更接近社会准则，从而提高贡献。

通过后续的实验与数据分析，本研究将检验这些假设，并对社会准则形成机制、惩罚效率及二者的交互效应进行实证探讨。

下面是根据表格结果与统计分析的内容，对实验结果进行更为学术化和深入的论述，以使读者更充分地理解数据分析与结果解释的逻辑及意义。

二、实验设计

（一）自愿贡献机制与实验流程

本研究采用自愿贡献机制（Voluntary Contribution Mechanism，VCM）范式探讨公共物品供给中的个人贡献行为与决策机制。VCM范式的经典设定是N名被试被分为若干固定小组，每组成员都获得相同的初始资金，被试可自由决定向公共账户和私人账户投入多少资金。私人账户投资的收益仅归个人所有，而公共账户的收益则会根据事先确定的生产函数分配给小组的全体成员。

本研究在VCM基础上引入了两个关键实验处理因素：（1）惩罚机制，即后10轮中被试可对他人实施成本性惩罚，进而影响他人的收益分配；（2）组内交流，即部分被试组在每轮决策前有2分钟的"聊天室"环节，组员可以就贡献策略进行沟通与讨论。在该实验框架下，重点考察社会准则形成、惩罚实施以及交流沟通对个人贡献行为的交互影响。

（二）参数设定与实验条件

本研究的参数设置和实验设计如下：

轮次：一场实验共20轮。前10轮不包含惩罚环节，后10轮引入惩罚机制。

分组方式：4人为一组，小组成员在整场实验中固定不变，有助于在重复互动中形成相对稳定的社会准则。

回报率设置：私人账户回报率为1，即投入1单位代币收获1点报酬。公共账户边际回报率为$a=0.4$，即每投入1代币到公共账户，最终公共收益会给每位成员带来0.4点报酬。由于$a<1$，在传统自利模型预测下个体无动力自发贡献。然而实际实验往往显示有正额贡献。

惩罚机制：引入依比例施加的惩罚，个体可以付出一定成本对他人实施相应比例的扣减。表11-1呈现了点数与成本函数的对应关系，从中可见惩罚对承受者和施加者均有代价。该成本设计有助于考察惩罚行为的边际收益与心理激励。

表 11-1 惩罚成本函数

点数	1	2	3	4	5	6	7	8	9	10
惩罚承受者损失占比（%）	10	20	30	40	50	60	70	80	90	100
惩罚施加者损失占比（%）	1	2	4	6	9	12	16	21	25	30

（三）实验设计与自变量、因变量

本研究采用2（交流：有/无）×2（惩罚：有/无）混合设计，其中惩罚为被试内变量（前后10轮对比），交流为被试间变量（有交流组与无交流组）。

因变量：

1. 个体贡献值（g）：考察在不同时段、不同实验条件下个体对公共账户的投入。

2. 惩罚实施与接受情况：记录个体对他人惩罚的点数与花费以及来自他人的惩罚强度。

3. 准则（I）与偏离量（$devi$）：从组内贡献平均水平和沟通过程（有交流组）中提取社会准则信息，并根据贡献偏差计算偏离量。

（四）实验对象与程序

实验在北京外国语大学行为实验室进行，共有44名本科生参与，其中有效数据40份。所有被试均未修过行为经济学课程，从而减少先验知识对决策的影响。实验软件采用Veconlab在线程序，实验结束后根据20轮累计收益的0.01倍给予现金支付。

实验步骤包括随机分配被试入组，区别于有交流组（在决策前有2分钟交流时间）与无交流组（不允许任何沟通），先进行10轮无惩罚机制的VCM博弈，再进行10轮有惩罚机制的VCM博弈。数据采集包括每轮的贡献、收益、惩罚点数及其成本等。

三、数据分析与结果讨论

（一）描述性统计分析

对关键指标进行描述统计，结果显示：

1. 个人贡献（g）均值为M = 10.916，SD = 5.638，表明平均贡献额在相对较高的水平波动。考虑公共账户的边际回报率低于1，该贡献值明显偏离自利模型预测的零贡献均衡。

2.准则（I）均值为 M = 7.65，SD = 8.409，说明在组内互动与轮次重复中形成了一定程度的社会期望值，但方差较大，表明不同小组之间存在显著的贡献标准差异。

3.自己对他人实施的惩罚平均为 M = 1.276，SD = 2.031，他人对自己施加的惩罚平均为 M = 1.170，SD = 1.727。该结果表明，惩罚行为并非普遍，而是较低频率且有较大变异，这与已有文献中发现的惩罚异质性相一致。

表 11-2 描述性统计

		g	I	p_{ij}	p_{ji}
个案数	有效	80	80	80	80
	缺失	5	5	5	5
平均值		10.916	7.65	1.276	1.170
中位数		11.000	4.00	0.000	0.150
标准偏差		5.6383	8.409	2.0314	1.7271
范围		19.9	20	10.0	7.5
最小值		0.1	0.0	0.0	0.0
最大值		20.0	20	10.0	7.5

（二）回归分析

以贡献值 g 为因变量，以准则 I、来自他人的惩罚 p_{ji} 以及交流组别 *treatment* 为自变量的逐步回归分析见表 11-3。

表 11-3 回归分析

模型	R	R方	调整后 R方	标准估算的错误	R方变化量	F方变化量	自由度1	自由度2	显著性F变化量
1	0.515	0.265	0.256	4.8636	0.265	28.170	1	78	<0.001
2	0.590	0.348	0.331	4.6129	0.082	9.707	1	77	0.003
3	0.654	0.428	0.406	4.3466	0.081	10.727	1	76	0.002

模型1预测变量：常量，I。

模型2预测变量：常量，I，p_{ji}。

模型3预测变量：常量，I，p_{ji}，*treatment*。

表 11-4 方差分析

模型		平方和	自由度	均方	F	显著性
1	回归	666.358	1	666.358	28.17	<0.001
	残差	1845.051	78	23.654		
	总计	2511.409	79			
2	回归	872.912	2	436.456	20.511	<0.01
	残差	1638.497	77	21.279		
	总计	2511.409	79			
3	回归	1075.567	3	358.522	18.977	<0.01
	残差	1435.842	76	18.893		
	总计	2511.409	79			

模型1预测变量：常量，I。

模型2预测变量：常量，I，p_{ji}。

模型3预测变量：常量，I，p_{ji}，*treatment*。

准则对个人贡献的正效应显著（$\beta = 0.146$，$p < 0.001$）：当组内形成更高的期望贡献标准时，个体倾向提高投入以减少偏离负效用。该结论支持假设1，即社会准则有助于提升个人贡献水平。

他人惩罚对个人贡献的正效应显著（$\beta = 0.286$，$p = 0.006$）：表明惩罚存在激励个体提高贡献的作用，支持假设2。个体为避免进一步受罚，会增加对公共品的投入。

组别效应显著（$p = 0.002$）：说明在有/无交流条件下，个体贡献存在显著差异。通常有交流组可能更易形成并维持较高的社会准则，从而提高贡献。

通过模型比较，$g = \beta_1 I + \beta_2 p_{ji} + \beta_3 treatment + \varepsilon$ 的拟合度最佳，说明将社会准则、惩罚与组间交流因素同时纳入分析中有助于更全面地解释贡献行为。

表 11-5 最优模型回归分析

模型		B	标准误	Beta	t	显著性	置信下限	置信上限	容差	VIF
1	常量	8.274	0.737		11.223	<.0001	6.806	9.724		
	I	0.345	0.065	0.515	5.308	<.0001	0.216	0.475	1	1
2	常量	7.155	0.786		9.103	<.0001	5.59	8.721		
	I	0.348	0.062	0.520	5.645	<.0001	0.226	0.471	1	1
	p_{ji}	0.936	0.301	0.287	3.116	.003	0.338	1.535	1	1
3	常量	15.943	2.784		5.728	<.0001	10.399	21.488		
	I	0.786	0.146	1.172	5.396	<.0001	0.496	1.075	0.160	6.267
	p_{ji}	0.807	0.286	0.247	2.824	.006	0.238	1.377	0.981	1.020
	treatment	−7.987	2.439	−.713	−3.275	.002	−12.845	−3.13	0.159	6.296

（三）方差分析与配对样本t检验

采用2（交流：有/无）×2（惩罚：有/无）混合因素方差分析，结果显示：

交流主效应显著（$F=8.592$，$p=0.006$）：说明允许组内沟通能够整体提升公共物品贡献水平，或降低个体搭便车倾向。

惩罚主效应显著（$F=46.199$，$p<0.001$）：引入惩罚机制显著提高平均贡献值。

交互作用不显著（$F=1.042$，$p=0.314$），表明交流和惩罚在本实验条件下的影响是相对独立的，相互叠加并未产生超加和或互斥效果。

组间变量（交流、不交流）主效应显著（$F=8.592$，$p=0.006$）。

表 11-6 主体间效应检验

	平方和	自由度	均方	F	显著性
截距	9533.161	1	9533.161	278.1	<0.001
treatment	294.528	1	294.528	8.592	0.006
误差	1302.626	38	34.280		

表 11-7　主体内效应检验

	平方和	自由度	均方	F	显著性
punishment	495.51	1	495.51	46.199	<0.01
punishment×treatment	11.175	1	11.175	1.042	0.314

配对样本t检验结果表明，在进入惩罚环节的第11轮，相较于第10轮无惩罚状态下的贡献显著提升。控制组（无交流）在第10轮与第11轮的贡献差异显著（$p=0.04$），而实验组（有交流）在此差异上不显著（$p=0.519$），暗示有交流组在前期就可能已通过沟通达到较高稳定的贡献水平，不需要惩罚机制的突然加入引发较大变动。

（四）中介效应分析

以准则I和是否含惩罚p_dummy为自变量、个人贡献g为因变量、偏离量$devi$为中介变量的检验结果显示，加入中介变量后，p_dummy对g的直接影响不再显著，而$devi$对g的影响显著。这表明偏离量在惩罚与贡献行为间发挥完全中介作用。

表 11-8　中介效应方差分析

模型		平方和	自由度	均方	F	显著性
1	回归	630.413	1	630.413	59.453	<0.001
	残差	402.938	38	10.604		
	总计	1033.351	39			
2	回归	690.927	2	345.464	37.328	<0.001
	残差	342.424	37	9.255		
	总计	1033.351	39			
3	回归	830.499	3	276.833	49.129	<0.001
	残差	202.852	36	5.635		
	总计	1033.351	39			

模型1预测变量：常量，I。

模型2预测变量：常量，I，p_dummy。

模型3预测变量：常量，I，p_dummy，$devi$。

表 11–9　中介效应回归分析

模型		B	标准误	Beta	t	显著性
1	常量	0.061	1.735		0.035	0.972
	I	0.835	0.108	0.781	7.711	<0.001
2	常量	−0.262	1.626		−0.161	0.873
	I	0.773	0.104	0.724	7.438	<0.001
	p_dummy	2.529	0.989	0.249	2.557	0.015
3	常量	0.590	1.280		0.461	0.648
	I	0.929	0.087	0.869	10.685	<0.001
	p_dummy	−0.016	0.926	−0.002	−0.017	0.986
	$devi$	−0.052	0.010	−0.450	−4.977	<0.001

换言之，他人施加的惩罚通过降低组内贡献值与期望标准的差距（降低 $devi$）间接影响个体贡献水平。当个体感知到自己的贡献偏离组内期望标准过大时，受到他人惩罚的压力会迫使其向社会准则收敛，从而提高自身贡献。这一结果提供了有力证据，支持假设3中关于中介作用机制的猜想。它说明并非仅有"愤怒""公平"等心理因素抽象驱动惩罚效果，个体本身更可能是在努力减少偏离社会准则的心理负效用，进而提升贡献行为。

第三节　结果与讨论

一、实验结果总结

本研究以VCM范式为基础，通过控制"交流"与"惩罚"两项实验处理，分析了社会准则、惩罚机制对个人在公共物品供给中的贡献行为的影响机制。研究发现，社会准则对个人贡献具有正向促进作用。在有交流条件下，小组成员能够在决策前形成较明确的贡献期望水准（社会准则），进而通过互助策略实现更高的平均贡献水平。与无交流组相比，有交流组的个人贡献显著偏高，这与Fehr（1999）等研究关于社会规范和集体期望对个人决策的影响结论相吻合。研究还发现，他人实施的惩罚对个人贡献同样具有显著正向效应。在引入惩罚机制的轮次中，即便在不交流的条件下，个体贡献也有明显上升。这再次验证了已有文献中的相关发现：惩罚作为"威慑"手段，可有效降低搭便车的倾向，提高公共物品的供给水平。借助中介效应分析，本研究发现偏离量在他人惩罚与个人贡献之间起到完全中介作用。他人惩罚通过减少个体在贡献决策中偏离社会准则的程度，使个体为降低负效用（为偏离所引致）而提高贡献水平，从而实现整体效用的提升。

二、讨论

（一）社会准则模型对非策略性惩罚的解释

与传统仅基于自利和策略性考量的模型相比，引入社会准则的分析框架能够更好地解释"非策略性惩罚"现象。在本研究的实验中，末轮惩罚与所谓的"盲目报复"（埃莉诺·奥斯特罗姆、詹姆斯·沃克和罗伊·加德纳，1992[①]）等非策略性行为出现与奥利维尔·博切特、塔尔博特·佩奇和路易斯·普特曼的观察相一致[②]。若单纯从自利视角出发，最后一轮的惩罚并不能带来未来收益的提升，故此类行为很难解释。但若考虑社会准则，当个体看到他人贡献水平与组内既定规范不符，或自己的高额贡献已超过该群体所形成的合理期望值，进而造成他人的心理不适时，惩罚可被视为一种"纠偏"行为，以降低偏离带来的不适或负效用。因此，社会准则模型为惩罚的情感收益与满意感提供了理论基础。即使在缺乏未来回报的条件下，个体仍可能基于准则偏离引发的心理不适、愤懑或道德义愤而采取惩罚行为。

[①] OSTROM E, et al. Covenants with and without a sword: self governance is possible[J]. American Political Science Review, 1992, 86（2）: 404-416.

[②] BOCHET O, PAGE T, PUTTERMAN L. Communication and punishment in voluntary contribution experiments[J]. Journal of Economic Behavior and Organization, 2005, 60（1）: 11-26.

（二）惩罚信息与贡献行为的动态响应

在传统理性预期下，惩罚多被视为一种"事后纠正"机制：个体在感知到惩罚成本后才改变贡献策略，以避免后续轮次受罚。然而，本研究的配对检验结果显示，在进入惩罚环节的首轮（第11轮）中，即使参与者尚未实际受到惩罚，贡献水平也已明显高于无惩罚环节的最后一轮（第10轮）。这说明惩罚信息的存在本身即可促使个体提高贡献，以先发性策略减少未来潜在的惩罚风险。这一发现拓展了以往文献对惩罚作用的时滞解释，显示了惩罚信号本身即具备威慑和预先调节贡献行为的能力。

（三）偏离量的中介效应及其意义

本研究发现，偏离量在他人惩罚与个人贡献间发挥完全中介作用。相较于传统研究聚焦于愤怒、公正世界信念等情感、价值观层面的变量，本研究提供了一种更直观、定量化的中介机制解释：个人贡献与社会准则之间的偏离会直接影响个体的效用。惩罚通过减少偏离并提升群体合意性，使个体在追求更高效用的过程中主动调整贡献策略，从而形成"减少偏离—提升贡献"的逻辑链条。这不仅有助于理解惩罚激励机制的底层心理驱动力，也契合了叶航（2005）提出的当社会规范未被遵守且缺乏惩罚时，个体会产生不适感，一旦通过惩罚维护规范，人们将更趋向于满意和平衡的结论。

（四）不足与未来研究方向

本研究存在以下局限：

1. 社会准则的测量方法仍有待完善。本研究以平均贡献水平和有交流组的事先商定作为准则代理，但这一内生变量的界定仍存在争议。未来研究可考虑设计更完善的测量手段，如在实验中对准则进行明确标定，或通过认知问卷和第三方评价等独立度量准则，以提升内部效度。

2. 本研究区分了惩罚行为与惩罚信息的影响，却尚未对二者的效应量和影响路径进行明确量化分离。未来研究可通过独立操控惩罚信息显示与否，从而量化"信息效应"与"行为效应"的相对贡献。

3. 样本特征与外部生态效度有待提高。本研究以大学生为主要被试群体，其社会偏好与规范意识可能高于一般人群，后续研究可扩大样本范围、模拟更为丰富的社会情境，以检验本研究发现的普适性。

总的来说，本研究通过引入社会准则和偏离量的概念，为理解公共物品问题中非策略性惩罚、信息引发的预先贡献提升及其背后的心理机制提供了新的理论和实证依据。未来研究在更完善的测量体系与更广泛的群体样本下，将有助于进一步验证和拓展本研究的结论。

第十二章

实验分析：不完全信息对群体决策惩罚机制的影响①

① 本章基于作者与宋睿智、乔一丹的合作文章《完全与不完全信息对群体决策惩罚机制的影响：公共品实验证据》，作者提出研究想法、设计实验、收集数据、分析数据；宋睿智设计实验、收集数据、分析数据、文章写作；乔一丹收集数据、分析数据。

第一节　选题背景

公共品是社会生产与分配中不可回避的研究对象，其核心特征为消费的非排他性与非竞争性。这类资源、服务或政策的供给与使用往往牵涉群体成员间的相互影响与利益博弈。在经济学与行为科学领域，"公共品困境"一向是探讨个体理性与群体效率冲突的典型范例。现实中，如环境保护、公共设施建设、城市基础服务、慈善募资与社会福利分配等情境，都可通过公共品博弈加以模拟和分析。

在公共品供给过程中，"搭便车"现象时常出现，即某些个体不愿主动承担供给成本，而在无须付出代价的情况下享受公共品的好处。这一问题导致群体整体合作水平下降，社会福利受到侵蚀。为此，已有研究与实践普遍建议设计与实施惩罚机制，通过在行为偏差者与其他成员间引入收益和成本的再分配，激励个体增加贡献、减少搭便车行为，以实现更高的公共品供给效率和社会总福利。

然而，现有研究多集中于个体层面的惩罚决策（如单人惩罚机制）或少数形式单一的集体决策规则，对比而言，对"团体如何决定实施惩罚"这一问题的关注仍显不足。群体决策机制本身可能影响惩罚的公信力、效率与执行成本。例如，在团体惩罚中，全票通过与专断式决策是两种截然不同的群体决策方式：前者要求每位成员同意才能对某成员实施惩罚，以确保决策更具代表性和公平性；后者则仰赖于某一权威个体或少数成员的决定，以获得决策快速而低成本的优点。在何种条件下哪种机制更能有效降低搭便车行为并提高最终产出，仍亟待更为系统与精细化的研究。

此外，公共品博弈中的信息结构也是影响合作与惩罚机制效果的重要因素。当信息透明且无成本获取时，群体成员较易辨识低贡献者，从而适时实施惩罚；但在信息不对称或不完全信息条件下，若成员要识别搭便车者必须付出额外代价（如时间、金钱、精力成本），则信息获取成本对决策与合作程度的影响不容忽视。了解群体成员是否愿意为获取真实贡献信息而付出成本，以及其会如何与群体决策规则交互影响惩罚机制的有效性，构成了本研究的重要议题。

综合而言，本研究希望在公共品博弈框架下，通过实验方法深入探讨不同的团体决策机制与信息获取成本的影响交互，为理解在复杂现实条件下如何有效激励公共品供给、抑制搭便车行为提供经验与理论参考。

本研究在公共品实验研究的细分领域作出延伸。已有文献关注惩罚与合作关系多将注意力集中于个体惩罚或预定的团体策略，而较少检验团体决策过程本身对惩罚与合作水平的影响。通过区分全票通过与专断式决策机制，本研究有望明确不同决策结构如何塑造群体对搭便车行为的应对模式，进而丰富经济学与行为科学中有关制度设计的研究成果。

进一步地，将信息获取成本这一要素纳入研究中，有助于拓展现有不完全信息与合作博弈分析的深度。传统公共品文献虽然讨论过完全信息与不完全信息条件下的行为差异，但较少关注信息获取存在成本这一现实因素。通过在实验中引入信息获取的代价，本研究能够更精细地模拟现实决策场景下的信息过滤、寻证成本与观察成本，从而为信息结构与激励机制交织下的合约设计、政策建议及组织治理提供更具实证意义的依据。

在社会治理和公共政策制定层面，如何激励居民自主参与社区公益、如何设计税收或公共资源分配政策以减少逃税与搭便车行为，一直是政策制定者的难题。本研究拟通过实验模拟，探讨在不同团体决策机制下的惩罚机制效果，并考察在信息非充分透明条件下人们是否愿意付出额外成本以获取真实资讯。该研究结果有助于政策制定者了解不同决策程序与信息揭示方案对合作氛围塑造的影响，从而作出更合理的公共治理策略。

在企业与组织管理层面，团队内任务分配与协作是提高生产率和创新力的关键，然而内部信息不对称及少数成员搭便车等问题时常造成组织绩效下滑。本研究的实验发现可为企业建立更加有效的团队激励机制、明确奖励与惩罚制度提供参考。例如，团队决策若采用更众议的机制来确定绩效奖惩，则有助于塑造公平氛围，同时信息披露的成本与收益权衡，可帮助管理者评估内部审计、项目评估或绩效考核制度的性价比。

同时，信息获取成本的引入契合当代组织面对信息过载与甄别困难的现实挑战。明确在何种决策机制下、以何种成本能够使成员愿意更努力地获取准确信息，并基于此信息进行决策与惩罚，对于管理者优化组织流程与决策链条，提高整体绩效具有显著启发性。

总之，本研究从理论与实践两个方面对公共品博弈、团体惩罚机制以及信息获取成本的交织影响展开深入探讨，为进一步完善公共品供给策略、提升组织决策质量与社会福利水平提供有益参考。

第二节 文献综述

一、公共品博弈研究进展

公共品是非排他性与非竞争性产品或服务的典型代表，其使用不受特定个人的限制，且一人的消费不会减少他人的使用机会［曼库尔·奥尔森（Mancur Olson），1965］[①]。在经典的理性经济人假设下，这一特征导致了典型的"搭便车"难题：个体为追求个人利益最大化，往往倾向于减少自身对公共品供给的贡献，但同时享受为他人贡献所带来的公共品福利。尽管在个体层面此举可被视为"理性"策略，但从整体社会福利或群体利益出发，这种选择与集体最优方案存在显著背离（王霄和吴伟，2012）。基于此，公共品实验成为研究个人与群体利益冲突、合作达成与保持机制的经典实验范式。

为减少"搭便车"行为、提升群体整体合作水平，研究者从多个维度展开讨论，包括群体规模、边际人际回报率（MPCR）、信息条件、重复博弈特征以及行为偏好与社会偏好等。总体来看，公共品博弈研究旨在探索有效的制度设计、信息披露与激励方案，以促进更高程度的合作并提高社会总体福利。

[①] OLSON M. The logic of collective action: public goods and the theory of groups: vol. 124[M]. Harvard University Press, 1965.

二、惩罚机制的兴起与演化

在公共品博弈文献中，一种常见的制度设计是引入惩罚机制以遏制"搭便车"行为。恩斯特·费尔和西蒙·加希特的开创性研究显示，引入有代价的惩罚显著提升了群体合作水平：当低贡献者面临惩罚威胁时，其后续贡献趋于提升，使最终实现的合作水平均显著高于无惩罚情境[①]。马丁·塞夫顿、罗伯特·舒普（Robert Shurp）和詹姆斯·沃克（James Walker）重复、拓展并证实了这一定性结论[②]。

然而，有关惩罚机制的设计仍存在争议。学界对惩罚成本的选择（范良聪等，2013）、惩罚实施者的身份与权力结构（分散式和集中式、第二方和第三方惩罚）以及被惩罚者的决策与反馈机制等方面展开广泛探讨。克里斯托弗·安德森（Christopher Anderson）和路易斯·普特曼（Louis Putterman）研究发现，高成本惩罚不一定有效，决策者在实施惩罚时会根据经济代价与收支平衡谨慎行事[③]。阿明·福尔克（Armin Falk）、恩斯特·费尔（Ernst Fehr）和乌尔斯·菲施巴赫（Ors Fischbocher）发现分散式与集中式惩罚制度的比较显示分散式惩罚虽决策灵活，但易伴随反社会惩罚与报复[④]。阿尔内·特劳尔森（Arne Traulsen）、托尔斯滕·罗尔（Torsten Röhl）和曼弗雷德·米林斯基（Manfred Milinski）指出集中式惩罚通过特定制度集中决策，在一定程度上提升了制度公平性与稳定性[⑤]。

[①] FEHR E, GÄCHTER S. Cooperation and punishment in public goods experiments[J]. American Economic Review, 2000, 90(4): 980-994.

[②] SEFTON M, SHUPP R, WALKER J. The effect of rewards and sanctions in provision of public goods[J]. Economic Inquiry, 2007, 45(4): 671-690.

[③] ANDERSON C M, PUTTERMAN L. Do non-strategic sanctions obey the law of demand? The demand for punishment in the voluntary contribution mechanism[J]. Games and Economic Behavior, 2006, 54(1): 1-24.

[④] FALK A, FEHR E, FISCHBACHER U. Driving forces behind informal sanctions[J]. Econometrica, 2005, 73(6): 2017-2030.

[⑤] TRAULSEN A, RÖHL T, MILINSKI M. An economic experiment reveals that humans prefer pool punishment to maintain the commons[J].Proceedings of the Royal Society B: Biological Sciences, 2012, 279 (1743): 3716-3721.

三、群体决策与公共品惩罚机制

海克·奥尔斯瓦尔德（Heike Auerswald）、卡斯滕·施密特（Carsten Schmidt）、马塞尔·图姆（Marcel Thum）和高特·托尔斯维克（Gaute Torsvik）的研究发现，将决策权集中于群体层面可增添合作的稳定性与决策的理性程度[①]。然而，群体如何决策是一个仍待深入研究的问题。现有研究主要聚焦于两类群体决策机制：群体共识决策与群体代表决策。

在群体共识决策中，多数投票、全票通过以及"至少两票同意"等规则被广泛采用。托尔斯滕·德克尔（Torsten Decker）、安德烈亚斯·斯蒂勒（Andreas Stiehler）和马丁·斯特罗贝尔（Martin Strobel）考察了多种惩罚投票规则与分散式惩罚方案，发现平均收益差异不显著[②]；而马尔科·卡萨里（Marco Casari）和路易吉·卢伊尼（Luigi Luini）的研究显示，在重复公共品实验中，当至少有两名成员同意对某成员实施惩罚时，该集中式惩罚制度在长期合作与平均收益上优于分散式惩罚[③]。总的来说，群体共识决策模式被认为较易形成稳定合作，但针对不同投票方式"最优"与否的定论尚不明确。

相对地，群体代表决策即由特定成员代表群体执行决策。宋飞的研究发现，群体代表较共识决策在信任上可能稍弱，但往往具备更高的决策效率[④]；盖伊·格罗斯曼（Guy Grossman）和迪莉娅·巴尔达萨里（Delia Baldassarri）发现决策者的责任感或选举机制可促进更公平与有利于合作的决策[⑤]。多数研究在实验开始时固定代表人选，并较少关注每轮随机指派代表决策的情况。本研究将尝试每轮随机化指派决策者，以探究此动态指派对合作与惩罚决策的影响。

① AUERSWALD H, SCHMIDT C, THUM M, et al. Teams in a public goods experiment with punishment[J]. Journal of Behavioral and Experimental Economics，2018，72：28–39.

② DECKER T, STIEHLER A, STROBEL M. A comparison of punishment rules in repeated public good games：an experimental study[J]. Journal of Conflict Resolution，2003，47（6）：751–772.

③ CASARI M, LUINI L. Cooperation under alternative punishment institutions：an experiment[J]. Journal of Economic Behavior & Organization，2009，71（2）：273–282.

④ SONG F. Intergroup trust and reciprocity in strategic interactions：effects of group decision–making mechanisms[J]. Organizational Behavior and Human Decision Processes，2009，108（1）：164–173.

⑤ GROSSMAN G, BALDASSARRI D. The impact of elections on cooperation：evidence from a lab - in - the - field experiment in Uganda[J]. Analytical Sociology，2014：196–232.

四、信息条件：完全信息与不完全信息

信息条件对公共品博弈与惩罚制度效率的影响日益受到重视。多数经典研究假设信息完全，即参与者在惩罚前准确知道彼此贡献。但现实中决策常面临不完全信息。例如，噪声信息、部分隐藏信息、信息搜寻需付出成本等情境的存在，使判断"搭便车"者变得困难。

已有研究显示，在不完全信息条件下分散式惩罚的有效性降低：错误判断与不精确信息导致惩罚误伤正常合作者，从而引发报复性惩罚与反社会性惩罚，最终损害合作绩效〔克里斯托弗尔·格雷切尼格（Kristoffel Grechenig）、安德烈亚斯·尼克利什（Andreas Nicklisch）和克里斯蒂安·托尼（Christian Thöni），2010[①]；阿提拉·安布鲁斯（Attila Ambrus）和本·格雷纳（Ben Greiner），2012[②]〕。安德烈亚斯·尼克利什、克里斯托弗尔·格雷切尼格和克里斯蒂安·托尼发现当信息不完全时，相比分散式惩罚，集中式惩罚（尤其是第三方集中惩罚）更有利于维持合作[③]。

阿提拉·安布鲁斯和本·格雷纳进一步从有噪音与无噪音（信息完全与不完全）维度，以及分散式、众议式、专断式惩罚机制维度展开研究，发现不完全信息并未显著改变不同惩罚机制的排序，众议式的集中惩罚在这两类信息条件下均优于专断式与分散式惩罚[④]。

值得注意的是，前述研究多将不完全信息与噪音（错误信息）相混合，而较少探讨信息缺失及信息获取成本。现实中，决策者往往需付出代价以获取他人贡献记录或信息。信息成本将影响个体是否愿意调查、核查信息，以降低错判的可能性。

---

① GRECHENIG K, NICKLISCH A, THÖNI C. Punishment despite reasonable doubt-a public goods experiment with sanctions under uncertainty[J]. Journal of Empirical Legal Studies, 2010, 7（4）: 847-867.

② AMBRUS A, GREINER B. Imperfect public monitoring with costly punishment: an experimental study[J]. American Economic Review, 2012, 102（7）: 3317-32.

③ NICKLISCH A, GRECHENIG K, THÖNI C. Information-sensitive leviathans[J]. Journal of Public Economics, 2016, 144: 1-13.

④ AMBRUS A, GREINER B. Individual, dictator and democratic punishment in public good games with perfect and imperfect observability[J].Journal of Public Economics, 2019, 178: 104053.

五、本研究的切入点与价值

综合上述文献，可见学界对公共品博弈中惩罚机制的研究已相对成熟，但针对群体决策机制下的集中式惩罚，以及信息获取成本对决策质量的影响仍有提升空间。已有研究指出，在不完全信息下，集中式惩罚可能比分散式惩罚更合适，但对不同决策规则在有成本的信息搜寻场景下的效果尚不明晰。尤其是当每轮变动惩罚决策者、允许成员以付费方式获取他人贡献信息时，不同机制对合作水平与平均收益将有何影响，有待进一步探究。

本研究将借助实验方法在重复的公共品博弈中对信息获取成本、全票通过与专断式决策等条件进行对照和分析，从而为公共品的制度设计、群体决策机制优化及政策制定者、组织管理者在现实条件下选择合适的惩罚机制提供更多经验证据和理论参考。

第三节　实验设计

一、理论基础与设计思路

在经典的公共品博弈中，N名参与者共同面临着一个集体决策问题。每位参与者i拥有初始资金w_i，并决定向公共账户投入c_i，其余部分留在私人账户。公共账户的收益将按一定的比例倍增并平均分配给N名参与者。记$m \in (1/N,1)$为平均资本收益率（Marginal Per Capita Return，MPCR），则参与者i的单轮收益函数为：

$$\pi_i = (w_i - c_i) + m \sum_{j=1}^{N} c_j。$$

在无惩罚、无额外制度设计的标准公共品博弈中，纳什均衡为每名参与者选择$c_i = 0$，即完全不为公共品作出贡献，因为在$m<1$的条件下，个体将资金投入公共账户的边际收益低于放在私人账户的所获收益。

针对该困境，已有研究广泛引入惩罚机制来改善合作水平。恩斯特·费尔和西蒙·加希特指出，当参与者面临潜在惩罚时，"搭便车"行为的经济激励将被削弱，从而促进更多参与者愿意贡献公共品[①]。然而，前人研究多集中于分散式或简单集中式惩罚机制，对群体决策机制的精细化探讨相对不足，同时对信息获取成本在不完全信息环境下的影响仍有待深入研究。

基于此，本研究在安布鲁斯和格雷纳（2019）的基础上进行改进与扩展：

1.惩罚机制的群体决策类型：比较众议（全票通过）与专断式（单人决定）的集中式惩罚方案。

2.信息条件：在不完全信息条件下增加信息获取成本环节，使决策者需付出代价来获得完整的贡献信息，从而模拟现实决策中的信息筛选与核查场景。

二、实验基本框架

实验采用5人小组，重复20轮的公共品博弈。每轮参与者初始拥有10点代币，决策 $c_i \in \{0,10\}$，即要么全额贡献，要么不贡献。公共账户所获投入总额 $C = \sum c_i$ 乘以1.5倍后平均分配，即每名参与者的单轮收益为：

$$\pi_i = (10 - c_i) + 0.3 \sum_{j=1}^{5} c_j 。$$

（一）实验设计

本研究采用2×2的设计。

决策机制维度：众议式惩罚与专断式惩罚。

信息条件维度：完全信息（所有人看到每个人的贡献）与不完全信息（仅可见本轮总贡献额，如需查看个别信息则需支付1点获取费用）。

---

① FEHR E, GÄCHTER S. Cooperation and punishment in public goods experiments[J]. American Economic Review, 2000, 90（4）：980–994.

（二）具体设定

1.每轮分为三个阶段：

（1）贡献决策阶段：所有人决定 $c_i = 0$ 或 10。

（2）信息与惩罚阶段：在完全信息条件下，所有参与者直接获知各成员的贡献情况；在不完全信息条件下，参与者先看到本组本轮总贡献值，如有需要可支付1点代价获取所有成员的个人贡献信息。众议式惩罚：若对某位成员实施惩罚需所有其他成员全票通过，则同意惩罚的成员各付出1点惩罚成本，被惩罚者扣除8点收益；专断式惩罚：在贡献决策阶段前提前告知谁是本轮的专断决策者，最终惩罚决定由该成员单独作出。若实施惩罚，则该提议人付出1点成本，被惩罚者扣除8点。

（3）最终收益展示阶段：计算出本轮所有成员的最终收益，并公示给所有人。

2.惩罚成本设定：实施惩罚的决策者（专断决策者或同意惩罚的众议决定者）需支付1点作为成本，被惩罚的搭便车成员损失8点。

（三）实验流程与操作方式

在专断式惩罚条件下，每轮开始前系统随机确定1名成员为专断决策者，该决策者在信息与惩罚阶段可根据已获信息决定是否惩罚某成员。在众议式惩罚条件下，信息与惩罚阶段要求其他4名成员统一同意对某成员惩罚方可生效。参与者可选择花费1点代价查看本轮所有成员贡献详情。若不花费则仅知道本轮本组总贡献值。

在20轮实验中，每名被试将反复面对上述过程。通过比较在有无信息获取成本、有无全票通过或专断式决策机制等情境下的最终合作水平与平均收益变化，本研究期望阐明群体决策结构与信息条件对公共品博弈中合作、惩罚与效率的系统影响。

三、实验过程

本研究的实验于2023年4月2日在北京外国语大学中文楼行为实验室开

展，共进行四场实验处理。根据实验设计的2×2框架，依序实施了以下四种情境：专断–完全信息、专断–不完全信息、众议–完全信息、众议–不完全信息。为确保实验结果的稳定性与可比较性，每场实验各有30名被试参与，共计120名来自北京外国语大学的本科生与研究生参与了本次实验。所有被试通过行为实验室报名系统自愿报名参加。

在实验开始前，被试经由实验室系统随机分配至各自的电脑隔间，确保全程匿名与独立决策。实验者首先向所有被试发放一份详细的实验说明书和一份理解检查问卷[①]。实验者随后口头宣读实验说明内容，并针对被试可能存在的理解问题进行答疑，以确保所有参与者清楚地理解实验规则与报酬结算方式。随后，被试需独立完成控制问卷，问卷包含若干针对实验规则与流程的检验题目，以确认其对实验机制的掌握程度。对于回答有误的被试，实验者再次提供解释与澄清，直至全部被试正确回答完毕为止。

在确保所有被试充分理解实验规则后，实验正式开始。实验通过z-Tree实验软件（乌尔斯·菲施巴赫，2007）编程实现，每名被试在自己对应的计算机终端完成决策。为防止相互影响，实验期间严格禁止被试任何形式的语言或非语言交流。

整个实验持续约45分钟。实验结束后，被试需填写一份简短的个人背景调查问卷与一份信任水平量表（陈叶烽等，2010），以获取基本人口统计信息、学术背景以及信任倾向等个人特征数据。这些信息可为后续数据分析提供潜在的控制变量或解释路径。

在支付环节中，实验点数以1点＝0.02元的汇率兑换为现金，并加上10元出场费后现场发放给被试。平均实际支付为55.25元（含出场费），中位数为52.4元，标准差为9.81元，最低收益为35.8元，最高收益为81.2元。领取报酬后，被试方可离开实验室。

综上所述，本研究通过严谨的实验流程与控制性检查，力图确保受试者充分理解决策环境和规则，以期获得高质量、可重复、可比较的数据，为后续分析与解释奠定坚实的基础。

[①] 参见附录三的公共物品实验实验说明示例。

第四节 实验结果分析

一、描述性统计

表12-1列示了在四种实验处理条件（专断–完全信息、专断–不完全信息、众议–完全信息、众议–不完全信息）下的平均净收益、平均贡献点数以及平均惩罚点数的基本统计描述。整体而言，无论信息条件如何，众议惩罚机制的平均净收益均高于专断惩罚机制；而专断惩罚机制则在平均贡献点数与平均惩罚点数两个维度上呈现相对较高的水平。此外，将完全信息与不完全信息情境相比，前者的平均净收益、贡献点数、惩罚点数均有不同程度的提升。这些初步观察为后续的统计检验与模型分析提供了方向和线索。

表 12-1　描述性统计

	平均数 Mean	标准差 SD	中位数 Median	最小值 Min	最大值 Max	观测值 Obs
专断–完全						
净收益	10.30	1.01	10.05	8.50	13.17	600
贡献点数	5.50	0.67	5.33	4.00	7.00	600
惩罚点数	1.40	0.30	1.38	1.10	2.21	600
专断–不完全						
净收益	9.97	0.71	9.97	8.43	11.37	600
贡献点数	4.28	0.67	4.33	3.33	5.67	600
惩罚点数	1.21	0.36	1.10	0.83	1.93	600
众议–完全						
净收益	11.63	0.56	11.83	9.83	12.23	600
贡献点数	4.25	0.77	4.00	3.33	5.67	600
惩罚点数	0.52	0.15	0.55	0.27	0.83	600
众议–不完全						
净收益	10.77	0.39	10.78	10.10	11.57	600
贡献点数	1.68	0.97	1.67	0.33	4.00	600
惩罚点数	0.00	0.00	0.00	0.00	0.00	600

从均值和中位数来看，在完全信息条件下，被试群体更有动力贡献较多点数，而在惩罚机制运作下，组内合作似乎更为稳定。然而，专断与众议两种决策机制之间的相对表现则存在差异。具体而言：

1.净收益

专断惩罚机制下的平均净收益相对较低，这与安布鲁斯和格雷纳（2019）的发现一致，即专断机制可能无法有效发挥互惠与合作的稳定作用。相比之下，众议惩罚机制的平均净收益在两种信息条件下均高于专断惩罚机制，表明在以全票通过为准则的众议惩罚机制设计下，尽管具有较高的惩罚门槛，仍有助于保证群体整体收益的相对稳定和提升。

2.贡献点数

在专断惩罚机制下，平均贡献水平虽较高，但需要注意其伴随着较高的惩罚与收益波动。在众议惩罚机制中，贡献点数平均值不如专断机制高，可能是惩罚机制本身较为严格（全票通过制）导致搭便车行为得以存在并难以根除。然而，在完全信息条件下，众议惩罚机制仍展现出较为稳定的贡献水平，说明信息透明度可在一定程度上缓解严格决策门槛所带来的困境。

3.惩罚点数

专断惩罚机制下的惩罚点数较高，且标准差与最大值相对较大，这说明专断角色可能造成惩罚决策高度集中于少数个体，进而导致惩罚行为具有更大的波动空间。反观众议惩罚机制，惩罚点数平均值与波动范围较低，反映出团体决策在一定程度上限制了惩罚行为的频率与强度。当信息不完全时，众议惩罚机制的惩罚几乎消失，这一现象表明信息获取成本以及严格的全票通过要求共同抑制了被试使用惩罚策略的倾向。

二、趋势分析

为了更直观地理解上述趋势，本研究绘制了图12-1至图12-3，用于描述在完全与不完全信息条件下，不同惩罚机制组合的动态表现。

净收益趋势对比图

专断惩罚条件下的净收益在完全与不完全信息条件下并无显著差异，且波动较大。这可能源于每轮实验中专断者身份的随机重新指派，使惩罚决策呈现高度个体化、策略多变的特点。相比之下，在众议惩罚条件下，不完全信息的情境明显降低了净收益，并且在重复博弈进行过程中呈现逐步下行的趋势。这与安布鲁斯和格雷纳（2019）实验发现的趋势相吻合，即在严苛的团体决策门槛与信息受限条件下，群体难以维持高水平的收益。

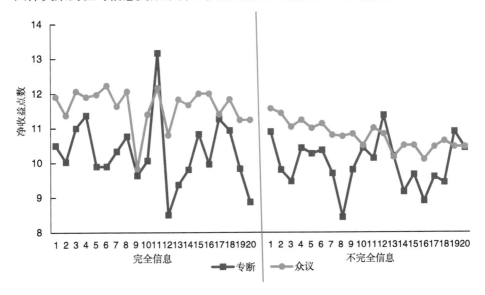

图 12-1　净收益趋势对比图

贡献情况趋势对比图

无论是专断还是众议惩罚机制，不完全信息条件下的平均贡献水平均低于完全信息条件，并随轮次递进呈现下降趋势。这说明在信息不足的环境中，合作倾向难以维持。在专断与众议惩罚机制之间的比较则产生了有趣的差异：与预期不同，众议惩罚机制下的贡献水平反而整体低于专断惩罚机制下的贡献水平。这可能归因于本实验中的众议惩罚机制为全票通过制，不同于安布鲁斯和格雷纳（2019）的绝对多数制，从而提高了惩罚实施的制度门槛，使"搭便车"者更加有恃无恐。

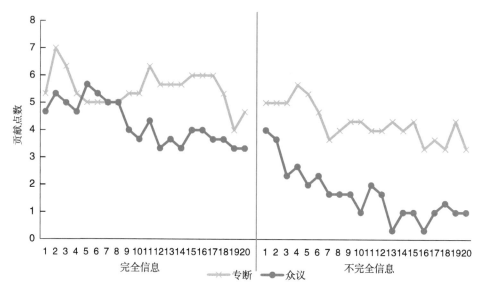

图 12-2　贡献情况趋势对比图

受惩罚情况趋势对比图

在专断惩罚机制下，惩罚点数随着轮次先略有下降后再大幅上升，体现出专断角色在观察到持续搭便车行为后转而实施更激烈的惩罚。而在众议惩罚机制下，无论信息条件如何，惩罚水平均较低，且在不完全信息条件下的众议组中几乎不存在最终受到惩罚的个体。这说明高惩罚门槛加上额外的信息获取成本，严重制约了群体合意惩罚行为的产生，使"搭便车"行为在后期反而不受约束，进一步降低了合作水平和收益。

综上所述，描述性统计与趋势分析显示，信息可获得性及决策机制均对群体合作与惩罚行为产生重要影响。在完全信息条件下，众议惩罚机制在整体收益与合作维持方面更有优势，而在不完全信息条件下，若惩罚门槛过高，则可能导致合作崩溃与"搭便车"行为增多。同时，专断惩罚机制虽能在一定阶段维持较高的贡献水平，但由于惩罚与收益波动较大，整体绩效仍不如在有信息条件下的众议惩罚机制稳定。这些发现为后续的计量模型分析和统计检验提供了有价值的线索与验证方向。

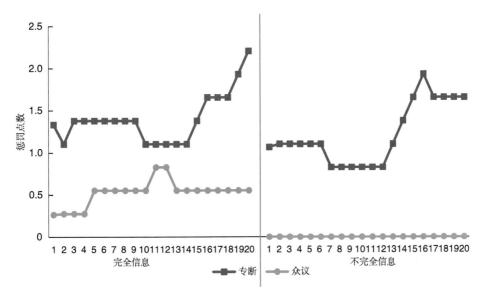

图 12-3　受惩罚情况趋势对比图

三、回归分析

在对四组实验数据进行回归分析后，本研究进一步检验了信息条件、惩罚机制以及实验轮次对贡献水平、净收益和受惩罚情况的影响。通过构建虚拟变量"信息"、"众议"及其交互项"众议信息交乘"，并在回归估计后进行F检验，以此识别不同实验处理条件的交互作用。

首先，关于贡献水平的分析结果显示，实验轮次与贡献水平呈显著负相关关系。这意味着在重复博弈的过程中，参与者的合作意愿随着时间的推移而呈现"滑坡效应"。同时，不完全信息条件（信息=1）与众议惩罚机制（众议=1）均显著降低贡献水平，而且当二者叠加时（众议信息交乘=1），贡献水平的下降更为明显。这与既有文献有部分差异：先前研究表明，众议惩罚机制一般能较好地维持较高的合作水平，而本研究的差异可能源于采用了全票通过的高惩罚门槛。在此制度下，尽管众议惩罚机制应有利于限制"搭便车"行为，但过高的决策门槛实际上阻碍了有效惩罚的实施，从而降低了整体贡献水平。

其次，净收益方面的回归分析显示，随着轮次的递增，净收益有下降趋势。与贡献水平的结果不同，惩罚机制对净收益的影响具有显著性：众议惩罚机制下的平均净收益显著高于专断惩罚机制。在完全信息条件下，众议惩罚机制尤其能提高群体整体收益。这一结论与安布鲁斯和格雷纳（2019）的研究一致，说明在信息充分的环境下，群体共识决策尽管决策门槛较高，但仍有助于实现长期稳定的合作与更高的整体收益。

最后，关于受惩罚情况的分析结果显示，在专断惩罚机制下，参与者更易受到惩罚；而在众议惩罚机制下，由于需要全票通过，惩罚的实施显得谨慎而稀少。这导致不完全信息条件下的众议惩罚机制几乎未能有效实施惩罚——信息成本的存在与高门槛的决策模式叠加，使群体难以及时、准确地惩罚潜在的搭便车者。相应地，在完全信息条件下，众议惩罚机制下的受惩罚情况显著多于不完全信息情境，这表明信息透明度对于提升群体决策效率、实现惩罚策略的有效落地具有重要作用。

综上所述，通过回归分析的结果可以得到：重复博弈的轮次增长不利于维持合作水平和较高收益，不完全信息以及高决策门槛的众议惩罚机制会降低贡献水平，但在信息透明的条件下，众议惩罚机制仍可实现更高的净收益与更为精准的惩罚决策。这些发现为公共品制度设计和信息披露策略的优化提供了新的实证参考，有助于今后在公共政策及团队协作机制中考虑信息成本、决策门槛与制度实施的交互影响。

表 12-2　回归分析

	贡献水平	净收益	受惩罚情况
轮次	-0.090^{***}	-0.028^{*}	-0.001
	（0.017）	（0.014）	（0.001）
信息	-1.217^{***}	-0.332	0.032
	（0.286）	（0.279）	（0.023）
众议	-1.250^{***}	1.325^{***}	-0.150^{***}
	（0.286）	（0.257）	（0.018）
众议信息交乘	-1.350^{***}	-0.523	-0.070^{***}
	（0.380）	（0.337）	（0.025）

	贡献水平	净收益	受惩罚情况
截距	6.444	10.597	−0.200
	（0.268）	（0.239）	（0.019）
样本量	2400	2400	2400
R^2	0.092	0.024	0.090
回归后 F 检测 P 值			
信息 + 众议信息交乘	0.000	0.000	0.000
众议 + 众议信息交乘	0.000	0.000	0.000

注：***代表1%、**代表5%、*代表10%的显著性水平。

四、结果与讨论

结合上述描述性统计和回归分析结果，本研究得出以下主要发现与启示。

首先，在信息环境与惩罚机制的相互作用中，本研究观察到在不论信息完全性如何的条件下，众议惩罚机制的贡献水平与受惩罚概率均显著低于专断惩罚机制，而其平均净收益则显著高于后者。值得注意的是，该结论在贡献水平维度与安布鲁斯和格雷纳（2019）的研究结果中有所出入。在其研究中，采用绝对多数制的众议惩罚机制总体能实现更高的合作水平，而本研究中的全票通过门槛过高，导致最终的合作效果并不理想。这提示，众议惩罚本身并非天然优于专断惩罚，其效能取决于具体的群体决策规则设定。从现有的发现来看，绝对多数制或适度门槛的众议惩罚模式可能是更有利于促进合作的机制，而过高门槛的全票通过式众议惩罚则可能因决策障碍造成合作流失。这一推断有待进一步实验以多层次门槛设计加以验证。

其次，在众议惩罚机制下，信息透明度对合作与收益提升的促进作用尤为明显。在完全信息情境下，众议惩罚机制可在较大程度上增进平均净收益，并在一定程度上提升惩罚决策的有效性。然而，当信息不完全且存在信息获取成本时，虽然众议惩罚机制在净收益方面仍优于专断惩罚机制，但其对贡献水平与惩罚决策灵活性的正面影响显著弱化。这意味着，在群体共识决策时，信息获取难度会限制潜在的合作潜力，使高门槛决策机制难以及时抑制

"搭便车" 行为。

与之形成对照的是，专断惩罚机制下的信息透明度对贡献水平有一定的正向影响，但并未显著改变惩罚的实施与收益水平。这可能归因于专断惩罚机制中决策权的集中化与随机化分配增加了不确定性。当信息公开程度加大时，专断者可能更倾向于进行精确打击，但由于专断者身份轮换与决策取向不稳定，信息透明未必能显著提升整体收益与抑制惩罚成本。

综上所述，本研究强调了惩罚机制设计中决策门槛与信息可得性的重要性。过高的群体共识门槛在信息不完善的环境下不利于达成有效合作，而适度增加信息透明度有助于在投票决策机制下提升收益与决策效率。对未来的政策与组织设计而言，这意味着在公共品供给制度中，应谨慎选择群体决策门槛，同时减少信息获取障碍，以实现更高效的合作与社会福利。

第五节　结论与展望

一、主要结论及政策启示

本研究通过公共品实验，从信息透明度与决策机制设计两个维度出发，考察了不同条件下的合作水平、平均收益与惩罚实施情况。主要结论可归纳为：（1）全票通过的众议惩罚机制在贡献与惩罚实施方面不如专断惩罚机制灵活，但能在整体收益上胜出；（2）信息完全性在众议惩罚机制下具有更显著的激励效应，而专断惩罚惩罚机制对信息透明度的依赖则较低。这些结果表明，无论是从提升合作的角度，还是从促进整体收益的角度来看，都需要根据惩罚决策门槛与信息透明度进行制度设计与优化。

对于现实层面的政策与管理决策而言，提升信息透明度、降低信息获取成本可在群体投票式机制下发挥更大的促进作用。若机构或组织倾向于采用代表式或专断式的决策权配置，则需关注领导者的背景与信息处理能力，否则信息透明性所带来的收益增量将受到限制。

二、研究不足与未来方向

本研究存在一些需要进一步完善之处。其一，本研究对信息获取成本的设定较为单一，未来可探索多层次的信息成本，以观察不同成本水平对合作与惩罚策略的影响。其二，本研究的专断决定者为随机指定，后续研究可考察不同授权机制（如选举、轮换、技能评估）对专断机制绩效的影响。其三，由于样本量与被试特征的限制，本研究结论的外推性有待提升。未来可扩大样本规模、增加年龄与职业分布的多样性，以提高结果的泛化程度。此外，进一步实验还可在群体大小、时长与复杂性方面拓展，以检验在更贴近现实的条件下，这些机制与信息因素是否仍能保持相似的影响模式。

总之，本研究揭示了信息与决策机制在公共品博弈中的互动关系，为制度设计与组织管理提供了实证依据与启示。未来的研究应致力于更全面地探索影响合作与激励效率的多维因素，以期为公共政策优化与企业团队治理提供更具前瞻性的参考。

第十三章

未来研究的方向与挑战

与信息传递相关的经济学实验研究，在过去十年中获得了持续而显著的发展。如今，这一领域在经济学主流期刊［如《美国经济评论》（American Economic Review）、《计量经济学》（Econometrica）、《政治经济学》（Journal of Political Economy）］、行为与实验经济学期刊［如《经济行为与组织》（Journal of Economic Behavior & Organization）、《实验经济学》（Experimental Economics）］以及国际重要学术会议［包括国际经济科学协会（Economic Science Association，ESA）、效用与风险基础（Foundations of Utility and Risk，FUR）、学习演化与博弈（Learning, Evolution and Games, LEG）、系列会议］、中都占有一席之地。与传统的博弈论和微观经济理论研究相比，信息传递实验研究正在由"验证理论预测"逐渐向"发现新的实验事实、提出新的理论假说、寻找改进模型的思路"的方向发展。这不仅是对经典模型的测试，更是寻求拓展与变形，在更复杂的环境中验证或修正这些模型的预测。

第一，围绕信息传递核心模型的理论创新与实验检验仍是未来发展的主轴。经典信息传递模型，如克劳福德和索贝尔（1982）的廉价谈话，卡梅尼察和根茨科夫（2011）的贝叶斯说服，格罗斯曼（1981）和米尔格罗姆（1981）的自愿披露，以及斯彭斯（1973）的信号理论，都是信息传递模型的理论基石。理论学者近年来不断将这些模型拓展到更复杂的环境中。例如，Xiao Lin 和 Ce Liu 的研究探索信息发送者如何保持信息披露的可信度，对基本贝叶斯说服模型进行了深度拓展[1]。金烨和周臻的研究则将利普诺克西与拉维德（2020）的工作扩展至多维信号下的复杂信息传递情境[2]。这类拓展为实验研究者提供了全新的实验范式。在实验室中设计相应的环境，让被试在多维度不对称信息的博弈中作决策。这些新场景的实验验证，无论是对于理论工作者还是实验工作者而言都具有高度的吸引力。

第二，实验信息传递的根本在于被试如何对新信息进行信念更新。这就

---

①LIN X，LIU C. Credible persuasion[J]. Journal of Political Economy，2024，132（7）：2228–2273.

②JIN Y，ZHOU Z. Strategic understatement[J]. Available at SSRN 4871134. 2024.

将研究焦点引向信念诱导，即如何在实验中诱导、度量和呈现被试的信念分布。经典的贝叶斯更新理论设定决策者对外部信息作出严格的贝叶斯更新，但实际实验中往往发现人们偏离纯粹的贝叶斯法则。艾斯琳·博伦（Aislinn Bohren）和丹尼尔·豪瑟（Daniel Hauser）在非贝叶斯信念更新（non-Bayesian updating）方面的理论与实验工作，为探究主体在认知限制、心理偏差、社会动机等影响下的非标准更新方式提供了理论分析范式[1]。另外，青柳真树（Aoyagi Masaki）、纪尧姆·弗雷谢特（Guillaume Frechette）和塞维吉·尤克塞尔（Sevgi Yuksel）在重复囚徒困境博弈中进行信念诱导与测量的研究，则在实验设计上创造出巧妙的机制，以奖励报告真实信念的行为，从而达到对动态博弈中复杂策略信念的测度[2]。这些技术进步为未来研究留下广阔空间：更精确的信念测量技术，不仅能捕捉到被试在面对复杂信息结构时的动态认知过程，还能帮助研究者区分被试的先验信念、信息处理能力与行为偏好。未来的实验或可通过强化诱导、引入风险厌恶度测量、比较异质群体在信念更新环节的表现等提出更有普适性的结论。

第三，对于信息传递模型的检验手段，需要突破传统的"直接检测博弈结果"路径。借鉴显示偏好方法（revealed preference）的经验是一个具有潜力的新思路。当试图验证廉价谈话或贝叶斯说服等模型时，不必局限于直接呈现一个信息发送者-信息接收者博弈场景，让被试在一个狭小的实验框架中行动，而是可以设计一组精心构建的信息菜单，并观察被试如何在多轮决策中选择获取何种信息。显示偏好的处理方法，不是直接询问被试的信念与策略选择，而是通过对被试信息选项与行为的处理，推断他们对信息价值的内在评价和对潜在信念更新路径的选择。这样的间接检验有望更准确地区分理性注意力分配与各种心理偏误。一些研究在石溪大学国际博弈论会议、ESA、FUR、LEG等国际会议上报告过初步成果，但系统的研究仍有待推进。

第四，理论与实践的融合是未来的必经之路。在实际决策场景中，决

---

① BOHREN J A, HAUSER D N. Misspecified models in learning and games[J]. Working Paper, 2024.

② AOYAGI M, FRÉCHETTE G R, YUKSEL S. Beliefs in repeated games[J]. Discussion Paper 1119. ISER, 2021.

策者常常不是严格遵从贝叶斯法则更新信念。非贝叶斯信念更新的实验文献（如艾斯琳·博伦等学者的研究）显示，当面对噪音信号、模糊线索、复杂社会互动时，个体可能使用启发式规则（heuristics）或受限认知模型进行更新。这类更新方式可导致在信息传递中产生系统性偏差。例如，在公共政策与金融市场中，信息传递并不总是有清晰、无歧义的证据，信息接收者常常对复杂报告（如中央银行官员释放的政策信号）作出非贝叶斯解读。结合非贝叶斯信念更新模型和实验设计，研究者可以更加清楚地识别这些偏误背后的动因。未来研究可以在实验中引入心理测量工具（如认知反映测试）、生理数据（如眼动追踪、脑成像）或社会偏好度量（如社会价值定向量表），检查这些特征是否能解释非贝叶斯更新行为的异质性。此外，实验结果分析还表明，通过一定的学习过程与反馈机制，可以在一定程度上降低这类偏差。未来实验可测试这些干预措施的有效性，从而为改善决策质量提出实用的政策建议。

第五，信息传递在博弈中的体现给实验研究提供了丰富的场景。理论模型往往在抽象层面上讨论信息发送者与信息接收者的信息交流，但在许多现实决策与实验环境下，如公共品博弈、竞赛博弈、市场竞价博弈、搜索博弈以及结合平台经济场景的复杂博弈，都为信息传递机制的作用提供了真实情景。在公共品博弈中，决策者通常需要判断其他成员的贡献倾向，那么如何设计信号机制，让参与者获得对他人决策意愿的正确认知，同时能减少搭便车现象，是一个可提供实际应用建议的研究方向。在竞赛博弈中，竞争参与者通常需要判断对手的竞技水平和获胜决心，那么如何设计竞赛规则，使竞争参与者的期望投入水平最大化，是一个值得探讨的研究方向。

总的来说，核心理论模型的拓展需求为实验信念诱导方法的改进提供动力；信息测量方法的进步，又为显示偏好方法下的间接检验提供可能，而间接检验的结果往往暴露出非贝叶斯信念更新的潜在系统性偏误，从而推动理论与实践的融合。与此同时，将这些理论与实验方法论创新引入具体的博弈场景中，又会在现实语境下验证模型的稳健性和适用性，进而为政策建议、市场设计和组织治理提供实证支撑与理论基础。

综上所述，未来的信息传递实验研究会在理论拓展与实验验证、信念诱导与非贝叶斯信念更新规律识别、间接检验技术以及复杂博弈场景化分析等方面共同推进。这些研究不仅将为微观经济学理论与行为经济学文献提供新的研究问题，也有望在企业战略、公共政策与社会规则制定上产生实际影响。

附　录

附录一　重要数学工具

定理一　Carathéodory 定理

Carathéodory定理是凸分析（convex analysis）中的一条核心定理，与凸集合在有限维向量空间中的表示和刻画密切相关。该定理是许多经济学模型中基础的数学工具，在贝叶斯说服和信息设计文献中扮演着关键角色。例如，当分析者需要将一个信息结构等价地表示为后验信念分布时，Carathéodory定理为简化分布表示、减少信号维度提供了理论依据。

定理

设 $X \subseteq R^d$ 是一个凸集。Carathéodory定理指出，对于X中任意一点 x，如果 x 位于X的凸包(convex hull)中，则 x 可以表示为X中至多 $d+1$ 个点的凸组合。

直观意义

如果在 d 维空间中有一个点 x 落入某个集合的凸包中，那么不必使用无数点的复杂凸组合去"表示"这个点。根据Carathéodory定理，最多使用 $d+1$ 个点便可生成这个点。这是"降维"或"精简"凸组合表示的强有力工具。

在贝叶斯说服和信息设计问题中的应用

在贝叶斯说服文献中，通常需要一个信息结构表示一个关于后验信念的概率分布。在有限m个可能状态、有限n个行动和仅有贝叶斯似然性约束的假定下，Carathéodory定理结合显示原理（Revelation Principle），就能使后验信念概率分布的支持限制至多有min{m,n}个，从而为设计者在信号选择问题中降低信号的复杂度。

定理二　Berge 极大值定理

Berge 极大值定理在微观经济学与博弈论中是一条基础性定理，用于研究参数依赖的最优选择问题的连续性与上或下半连续性性质。该定理在分析最优化问题随参数变化时，最优解集合的连续性特征起到关键作用，因而在机制设计、信息设计、信念更新以及一般均衡分析中都有广泛应用。

设行动空间 $X \subseteq \mathbb{R}^n$，状态空间 $\Theta \subseteq \mathbb{R}^m$，连续函数 $F: X \times \Theta \to \mathbb{R}$，且 $G: \Theta \to X$ 为紧值(compact valued)连续对应(continuous correspondence)。那么最大值函数：$V(\theta) = \max\limits_{x \in G(\theta)} F(x, \theta)$ 是良定的(well-defined)且连续的，且行动关于状态变量的最有反应集合 $x^*(\theta) = \{x \in G(\theta) | F(x, \theta) = V(\theta)\}$ 是非空、紧值且上半连续的。

在经济学与博弈论中，Berge 极大值定理结合角谷不动点定理（Kakutani's Fixed Point Theorem）常用于证明博弈中均衡的存在性。

定理三　Blackwell 定理

Blackwell 定理是信息经济学和决策论中用于比较两个信息结构的信息量大小的经典定理。在经济学、博弈论与统计决策理论中，常常需要判断一个决策者在面临不确定性时获得的不同信息孰优孰劣。Blackwell 定理提供了一个偏序描述，从而可以严谨地比较两个信息结构的优劣。

基本设定

在决策理论框架下考虑如下场景：存在一个状态空间 Θ，决策者面对一个未知状态 $\theta \in \Theta$。决策者可以自某行动集 A 中选择行动 a，以优化预期效用 $u(a, \theta)$。决策者在行动前收到一个信息信号 $x \in X$，该信号与 θ 存在统计相关性。

Blackwell 定理回答的问题是给定两个信息结构 π_1 与 π_2，在所有可能的决策问题中，π_1 是否总是优于或至少不劣于 π_2。

定理

π_1 的信息量至少不亚于 π_2 的信息量当且仅当存在一个 Blackwell 衍生映射 q

将 π_1 简化为 π_2：$\exists q(y|x)$，使得 $\pi_2(y|\theta) = \sum_x q(y|x)\,\pi_1(x|\theta)$。

直观意义

如果从 π_1 开始，通过添加噪声、合并信号或丢失一些信息可获得 π_2，那么 π_2 中包含的信息不会超过 π_1。因此，π_1 为决策者提供的潜在优势至少不逊于 π_2。

在经济学与博弈论中，Blackwell定理为信息结构提供了一个自然的偏序关系，从而能够在极其广泛的决策问题集合中比较任意两个信息结构的优劣。在实践中，Blackwell定理为理解和构建最优信息披露策略、信息设计与实验设置提供了基本的理论工具。

附录二　透明动机下的廉价谈话

一、图表

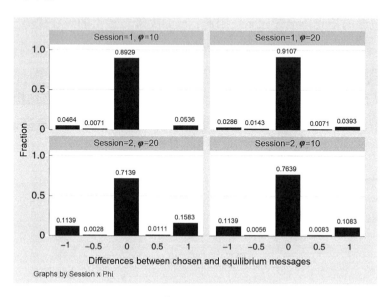

图 B-1　所选信号与理论预测的偏差

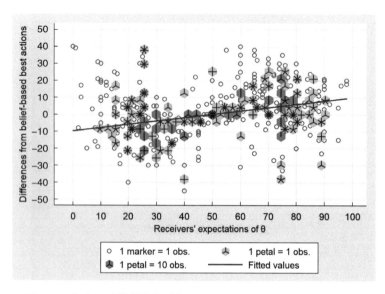

图 B-2　信念一致的最优行动与接收者对状态变量信念之间的偏差

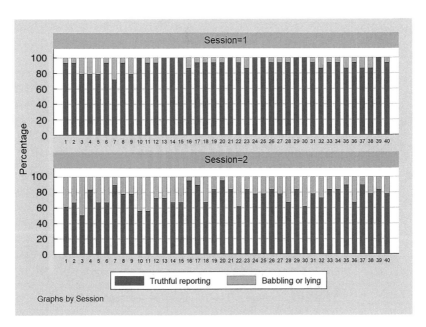

图 B-3　信息发送者信号真实程度的比例变化

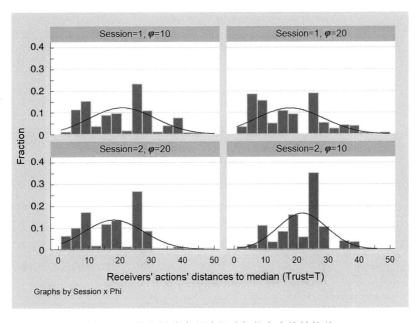

图 B-4　信息接收者所选行动与状态中值的偏差

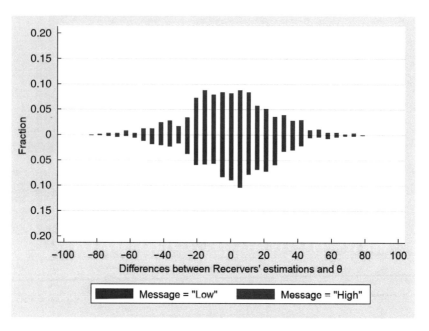

图 B-5　信息接收者所估状态变量与真实值的偏差

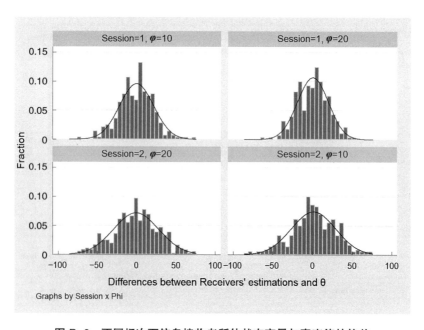

图 B-6　不同场次下信息接收者所估状态变量与真实值的偏差

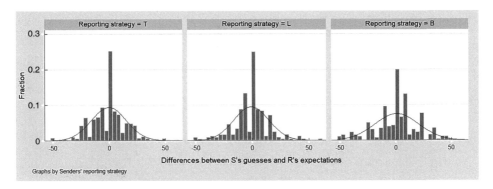

图 B-7　不同信号策略下信息发送者猜测与信息接收者所估的偏差

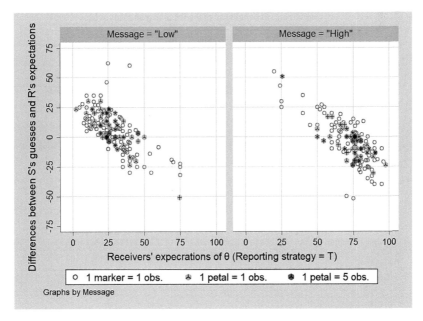

图 B-8　真实信号策略下信息发送者猜测与信息接收者所估的偏差

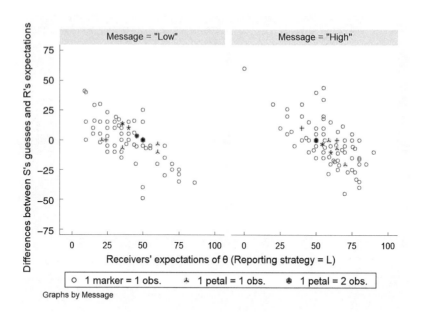

图 B-9　欺骗信号策略下信息发送者猜测与信息接收者所估的偏差

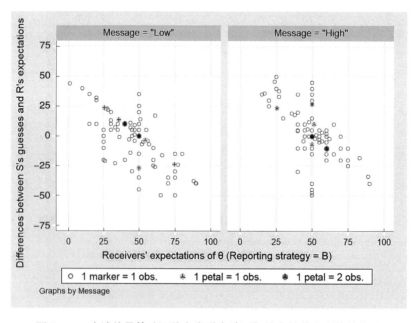

图 B-10　空谈信号策略下信息发送者猜测与信息接收者所估的偏差

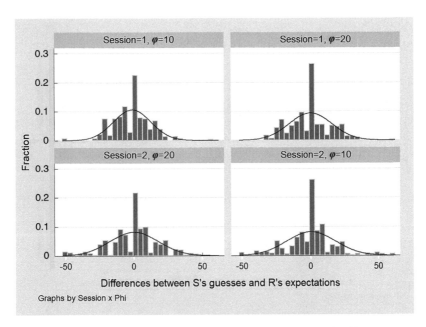

图 B-11　不同场次下信息发送者猜测与信息接收者所估的偏差

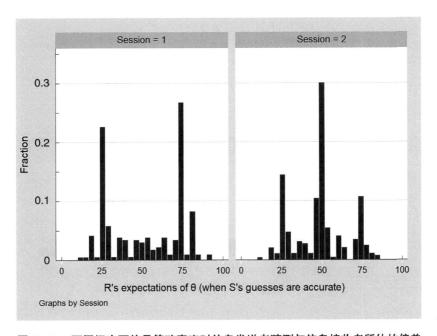

图 B-12　不同场次下信号策略真实时信息发送者猜测与信息接收者所估的偏差

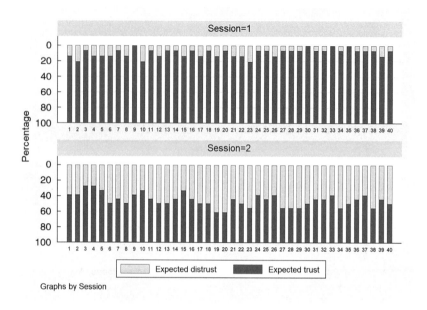

图 B-13　不同场次下信息发送者关于信息接收者信任信号的动态比例变化

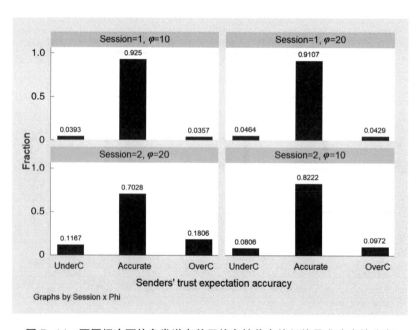

图 B-14　不同场次下信息发送者关于信息接收者信任信号准确度的分布

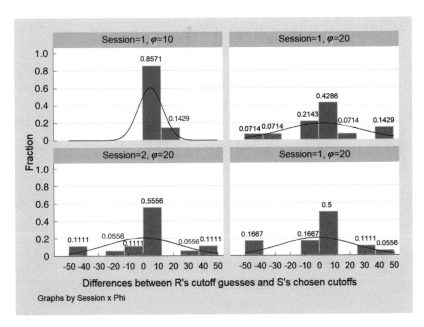

图 B-15　不同场次下信息发送者所选截点值与信息接收者估计值的偏差

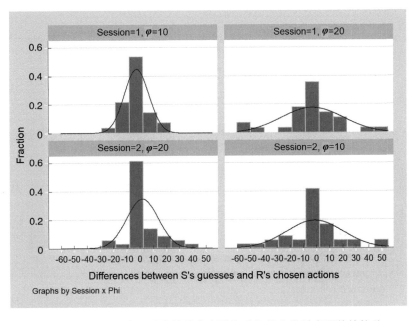

图 B-16　不同场次下信息接收者所选行动与信息发送者所估的偏差

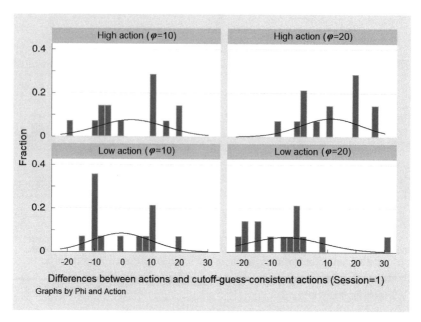

图 B-17　第一场中不同参数下信息接收者所选行动与所估截点值一致行动间的偏差

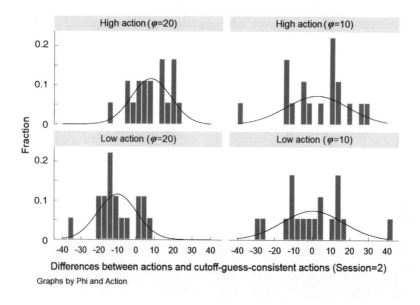

图 B-18　第二场中不同参数下信息接收者所选行动与所估截点值一致行动间的偏差

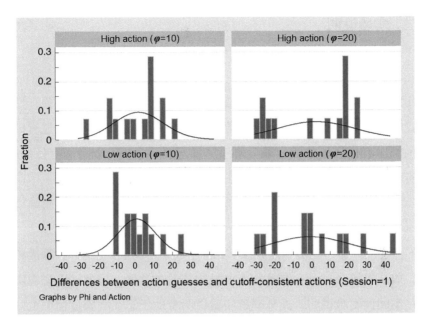

图 B-19　第一场中不同参数下信息发送者所估行动与截点值一致行动间的偏差

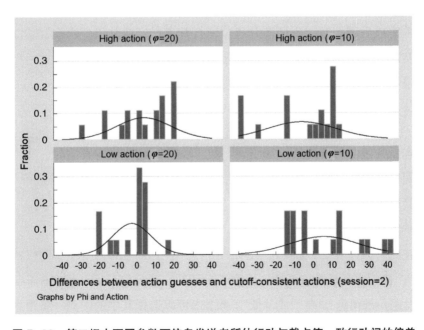

图 B-20　第二场中不同参数下信息发送者所估行动与截点值一致行动间的偏差

二、实验说明

（一）实验前的注意事项

1.为了实验有序正常进行，请您听从实验员的统一安排，实验开始前不要动计算机。实验现场请您保持安静，直到您离开机房，在实验过程中禁止和其他同学有任何形式的沟通。请您尽量不要玩手机。如果您有任何问题，请向实验员举手示意，我们会立刻为您解答疑问。

2.匿名性和隐私性。您在实验操作过程中是完全匿名的。实验结束后我们也不会透露任何个人信息，实验收集的决策数据仅用于学术研究。

3.有偿性。您本次实验点数按1实验点数 = 0.1元的兑换率折算成相应的现金，加上出场费10元，作为您参与此次实验的奖励。因此，请您在实验开始前仔细阅读实验说明，充分理解实验说明有助于您在实验过程中更好地决策。每项任务的最终收益将在实验全部结束后统一展示。

4.实验一开始您会拿到一份实验说明，一支笔。实验大约进行60分钟，在实验完成后请您暂时不要离开座位，打开支付宝或微信"收款"功能，我们的实验员将按屏幕所示的金额向您扫码转账。请在获取实验收益后把您的实验说明和笔留在原处，之后即可离开机房。

（二）主实验

本任务包含两种角色，"玩家S"和"玩家R"。在实验开始时，您将被随机分配一种角色，并与扮演另一角色的玩家进行两两配对。本实验进行40轮，在实验过程中，您的角色固定不变，与您配对的玩家也始终为同一人。

阶段一：玩家S决策

在此阶段，玩家S会收到一个私人信息θ（在0～100内等概率随机抽取的整数），该信息仅玩家S可见，玩家R不可见。看到信息后，玩家S需要向玩家R发送一条消息："高"或"低"。玩家S可以选择其中的任意一条消息进行发送，且消息的发送是无成本的。

阶段二：玩家R决策

玩家S发送消息后，玩家R可以看到该消息，但无法看到θ的真实值。玩家R需要选择一个行动a（可以填入0～100内的任意整数或0.5的倍数）。

报酬计算方法——每轮收益。

在每一轮中，玩家S的收益公式为$u_S(a)=\varphi|a-50|$，其中φ为给定的常数，在前20轮中，$\varphi=10$，在后20轮中，$\varphi=20$。对于玩家S来说，玩家R的行动a与50之间的差值越大，玩家S收益越高。

玩家R的收益公式为$u_R(a,\theta)=\dfrac{1}{10}\times[2400-\dfrac{1}{2}(a-\theta)^2-u_S(a)]=\dfrac{1}{10}\times[2400-\dfrac{1}{2}(a-\theta)^2-\varphi|a-50|]$，即玩家R希望其行动$a$接近$\theta$，但同时，从玩家R的收益中还要扣除玩家S的收益。

为帮助您理解不同角色的收益计算方式，请您完成下面博弈中玩家S和玩家R的收益计算练习。

表 B-1　收益计算练习

φ	θ	a	玩家S收益u_S	玩家R收益u_R
13	−2	−25		

报酬计算方法——最终收益。

实验结束后，系统将从前20轮和后20轮中分别抽取1轮，以这2轮的收益平均数作为您在投资任务中取得的最终收益。

下面这个例子将帮助您理解最终收益的计算方式：

若该任务结束后，第15轮和第30轮分别被抽中，这两轮的收益分别为300点和400点，则该玩家在投资任务中的最终收益为350点。

（三）额外任务1

1.玩家R估计

在每轮博弈中，玩家R做出行动后，都需要对本轮中θ的真实值进行估计。根据每轮您估计结果的准确性，电脑会自动计算出本轮您所获得额外报酬的概率。在所有轮次结束后，电脑将随机抽取一个轮次作为偿付轮，以该轮中您获得额外报酬的概率作为最终您获得额外报酬的概率，并以此概率决定您是否获得了额外报酬。额外报酬的金额为10元。

每一轮中您获得额外报酬的概率计算方式如下：您有50点原始点数，在您作出估计后，电脑从原始点数中扣除您的估计值与 θ 真实值之间的差值，您获得额外报酬的概率即为剩余点数与原始点数的比值。即 $P = \dfrac{50-|\text{估计值}-\theta|}{50}$。

下面这个例子将帮助您理解玩家R获奖概率的计算方式：

若 θ 的真实值为30，则您的估计值为10，若本轮被选为偿付轮，则您获得额外报酬的概率为 $P = \dfrac{50-|10-30|}{50} = 60\%$。

2.玩家S估计

在每一轮博弈中，玩家S发送消息后，都需要对"玩家R看到消息后会对本轮的 θ 真实值产生何种期望"进行估计。玩家S获得额外报酬的概率计算方式为 $P = \dfrac{50-|\text{玩家S的估计值}-\text{玩家R的估计值}|}{50}$。同样，所有轮次结束后，电脑将随机抽取一个轮次作为偿付轮，以该轮中您获得额外报酬的概率作为最终您获得额外报酬的概率，并以此概率决定您是否获得了额外报酬。额外报酬的金额为10元。

下面这个例子将帮助您理解玩家S获奖概率的计算方式：

若与您配对的玩家R对 θ 的估计值为10，则您的估计值为20，若本轮被选为偿付轮，则您获得额外报酬的概率为 $P = \dfrac{50-|20-10|}{50} = 80\%$。

3.每轮次结果展示

在每一轮博弈结束后，玩家S和玩家R都将看到以下信息：本轮中 θ 的真实值、玩家S发送的消息、玩家R选择的行动 a、玩家自己的本轮收益以及本轮获得额外报酬的概率。

（四）额外任务2

在前20轮博弈结束后和后20轮博弈结束后，您还需要分别完成各1轮的额外博弈。在此阶段，玩家S和玩家R同时进行决策。

1.额外博弈

在每一轮额外博弈中，玩家S需要在没有看到θ真实值的情况下决定一个切分点，当θ值高于切分点时，自动发送消息"高"，当θ值低于切分点时，自动发送消息"低"。

与此同时，玩家R需要在没有看到玩家S发送的消息的情况下决定两个行动：当看到消息"高"时选择的行动、当看到消息"低"时选择的行动。

玩家S和玩家R都完成决策后，由电脑随机生成θ，并根据θ值和玩家S选择的切分点自动生成一条"高"或"低"的消息，并根据玩家R为此消息选择的对应行动生成本轮博弈结果并计算报酬。

2轮额外博弈结束后，电脑将随机抽取其中的一轮作为偿付轮，并将此轮中您的收益加入您的总收益点数中。

2.额外估计

在每一轮额外博弈中，在玩家决策结束后，电脑显示博弈结果之前，玩家需要进行估计。

玩家S决定切分点后，还需要对玩家R的行动进行估计：当玩家R看到消息"高"时采取的行动、当玩家R看到消息"低"时采取的行动。玩家S获得额外报酬的概率为

$$P = \frac{(50-|玩家S对"高"行动的估计-玩家R选择的"高"行动|)+(50-|玩家S对"低"行动的估计-玩家R选择的"低"行动|)}{50}。$$

类似地，在玩家R决定行动后，还需要对玩家S选择的切分点进行估计。玩家R获得额外报酬的概率为

$$P = \frac{50-|玩家R对切分点的估计-玩家S选择的切分点|}{50}。$$

2轮额外博弈结束后，电脑将随机抽取其中一轮作为偿付轮，以该轮中您获得额外报酬的概率作为最终您获得额外报酬的概率，并以此概率决定您是否获得了额外报酬。额外报酬的金额为10元。

（五）彩票博弈

本任务为本实验的最后一个任务。在本任务中，您需要回答 10 个问题。在每个问题中，您都需要在彩票 A 和彩票 B 中作出选择。任务结束后，系统将从这 10 个问题中随机抽取 1 个问题，根据您在该问题中选择的彩票决定您获得的额外报酬数额。

以上所有任务结束后，您将看到您的最终收益，包括您在主实验中获得的收益、额外任务中获得的收益以及在彩票博弈中获得的收益。

（六）个人问卷调查

实验结束后，您将看到两份问卷。其中，第一份问卷是单选题，第二份问卷包含填空题、多选题和问答题。

问卷内容仅供纯学术研究使用，其中的个人信息将被严格保密。请务必认真思考后输入您的真实信息和想法，一旦提交将无法更改。也请认真填写最后的六个问答题，您的想法对于我们来说至关重要！

附录三　公共物品实验

实验说明

（一）实验前的注意事项

1.为了保证实验有序进行，请您听从实验员的指令，在实验开始前不要动计算机。在实验过程中请不要和其他同学有任何形式的沟通并关闭手机。如果您有任何问题，请向实验员举手示意。

2.本实验收集的决策数据仅用于学术研究，实验结束后我们不会透露您的任何个人信息。

3.您的收益将包括出场费与实际收益：出场费为10元，实际收益将按照1实验点数 = 0.2元的兑换率折算。

4.请您在实验开始前仔细阅读实验说明，充分理解实验说明有助于您在实验过程中更好地决策。

5.实验大约进行40分钟，在实验完成后请您暂时不要离开座位，打开支付宝或微信"收款"功能，按屏幕所示输入实验报酬，我们的实验员将向您扫码转账。确认获取实验收益后，即可离开机房。

本实验总共由四部分组成：实验问题测试、正式实验任务、个人信息问卷调查和获取实验所得现金。

第一部分：实验问题测试

在正式实验开始前您要参与问题测试。测试是为了更好地理解实验中收益的计算，以便您在实验中更好地决策。只有通过测试，您才可以参加正式的实验。在理解如下实验任务之后，您将会掌握测试题目的运算规则。

第二部分：正式实验任务

本实验中，您将被随机分配到5人小组中，您与其他4名小组成员的决策情况都将决定小组中每个人最终的收益。实验共进行20轮，小组成员在20轮中均保持固定。您具有实验初始资金50点。

本实验共有四个阶段，第一阶段为专断者告知阶段，第二阶段为公共账户决策阶段，第三阶段为贡献情况展示与惩罚决策阶段，第四阶段为收益展示阶段。

详细说明如下：

阶段一：专断者告知阶段

每一轮实验开始，系统将为组内成员随机分配角色，每轮仅有一名成员会成为专断者。专断者可以在本轮接下来的惩罚阶段实施惩罚决策，其他成员本轮没有惩罚权利。界面如下：

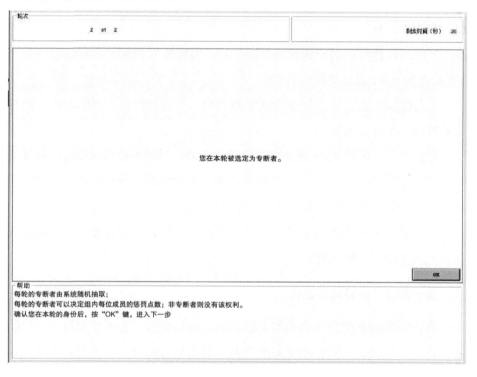

图 C-1　专断者界面

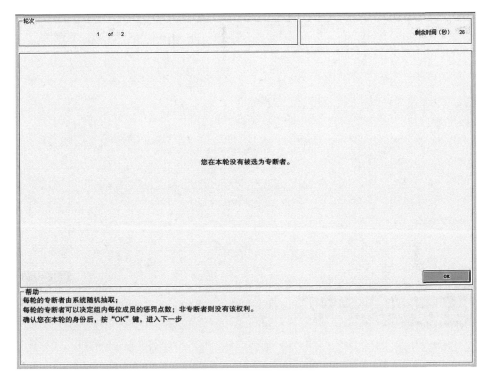

图 C-2　非专断者界面

阶段二：公共账户决策阶段

每轮所有人都会获得资金10点。您需要决定是否将这10点全部贡献给公共账户或留在私人账户。放入公共账户的点数都将乘以1.5，并平均分配给小组中5名成员。

因此您的收益公式为：私人账户的点数＋小组公共账户的总点数×1.5÷5。

实验界面如图C-3所示。

图 C-3　公共账户投资界面

阶段三：贡献情况展示与惩罚决策阶段

不完全信息情况：在贡献情况展示前，您需要先选择是否支付成本（1点）来查看本轮所有组员的贡献情况。若您选择"否"，则界面如图C-4左下方所示；若您选择"是"，则界面如图C-4左下方所示。

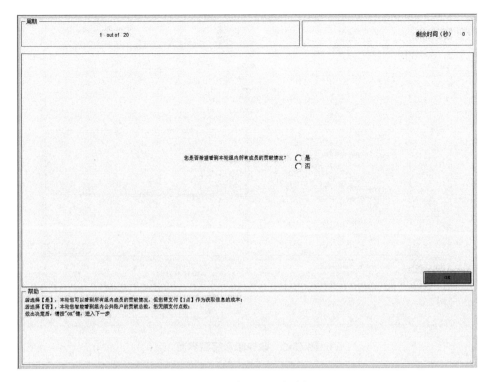

图 C-4　贡献情况详细度选择界面

专断惩罚：本轮专断者与非专断者有不同的界面。具体表现在图 C-5 和图 C-6 右下方界面中，专断者具有惩罚权利，非专断者则没有。

在界面中，最上方您可以看到您捐献的基本信息，左下角可以看到您所在小组每名组员的贡献情况。请注意您在小组中的角色，这更有助于您理解左下角的信息，同时更明确地作出惩罚决策。

查看贡献情况后，专断者需要在图 C-6 右下角部分完成惩罚决策投票，每惩罚一名成员，都需付出 1 点作为惩罚成本。如果您本轮受到惩罚，将扣除8点。

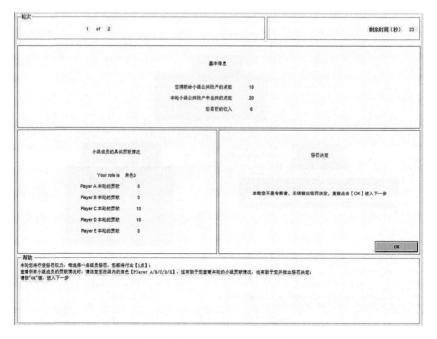

图 C-5 非专断者惩罚界面

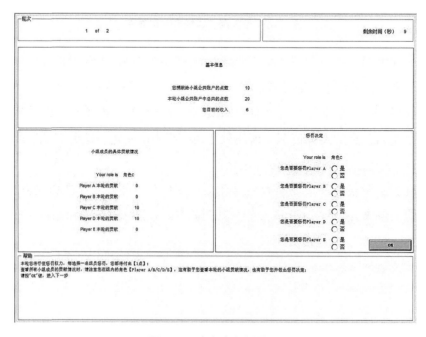

图 C-6 专断者惩罚界面

众议惩罚：在图C-6界面中，最上方您可以看到您捐献的基本信息，左下角可以看到您所在小组每名组员的贡献情况。请注意您在小组中的角色，这更有助于您理解左下角的信息，同时更明确地作出惩罚决策。

查看贡献情况后，您需要在图C-6右下角部分完成惩罚决策投票。最终惩罚结果由总票数决定，如果小组成员中除您之外的全部4人都决定惩罚您，那么您本轮会受到惩罚，并扣除8点。同时，如果您投票惩罚的成员确实受到了惩罚，您需要付出1点作为惩罚成本。

阶段四：收益展示阶段

在收益展示阶段，您会看到本轮您是否受到惩罚、本轮最终受益以及目前的累计收益。具体界面如图C-7所示。

请注意，此处的本轮最终受益计算方式为：

私人账户的点数＋小组公共账户的总点数×1.5÷5－惩罚成本－受惩罚的点数－（不完全信息情况：信息查看成本）。

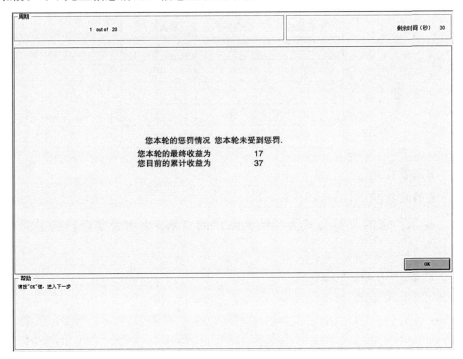

图 C-7　收益显示界面

第三部分：个人信息问卷调查

实验结束后，您需要填写一份调查问卷。问卷内容仅供纯学术研究使用，其中的个人信息将被严格保密。

第四部分：获取实验所得现金

完成以上全部实验内容之后，屏幕上将显示您整场实验的现金收益。实验收益将以1实验点数＝0.2元的比率兑换为实际收益。您的最终现金收益＝实际收益＋出场费。出场费为10元。

请您打开支付宝或微信收款码，输入屏幕上显示的现金收益，等待实验员支付收益。确认获取现金收益后即可离开实验室。

（二）实验测试问题

这是某组5名成员的贡献情况，请分别计算其中成员B和C的收益。

成员	公共账户	私人账户
A	10	0
B	0	10
C	10	0
D	10	0
E	0	10

B的收益：_____

C的收益：_____

提示：您的收益公式为：私人账户的点数＋小组公共账户的总点数×1.5÷5。

答案：B为19，C为9。

（三）实验后问卷

问卷调查

下面是一份有关人格特征的调查问卷，请你照您感受的程度，在每题的选项中勾选一项，谢谢！

下面两种说法你相对赞成哪种：
( ) 一般而言，大部分人是值得信任的
( ) 一般而言，在和多数人打交道时怎么谨慎也不为过

下面两种说法你相对赞成哪种：
( ) 这个世界上大部分人会客观公正地对待你
( ) 这个世界上大部分人在有机会的时候会试着利用你

下面两种说法你相对赞成哪种：
( ) 人们大多数时候还是乐于助人的
( ) 他们只不过是为自己谋利而已

你会相信陌生人的言行吗？
不会 ( ) ( ) ( ) ( ) ( ) ( ) 会

你觉得自己是一个可以值得信赖的人吗？
不是 ( ) ( ) ( ) ( ) ( ) ( ) 是

你是不是一个诚实的人？
不是 ( ) ( ) ( ) ( ) ( ) ( ) ( ) ( ) ( ) 是

你是否在离开宿舍时经常不锁门？
不是 ( ) ( ) ( ) ( ) ( ) 是

你是否曾经借钱给陌生人？
不是 ( ) ( ) ( ) ( ) ( ) 是

你经常借钱给朋友或者同学吗？
不会 ( ) ( ) ( ) ( ) ( ) 会

最近一年内你有没遇到过以下情形中的任何一种：被偷、被人攻击、被诈骗、被诬陷、被抢劫、受过家庭暴力吗？
( ) 没有
( ) 有

您的性别？
( ) 男
( ) 女

您的年级？
( ) 大一
( ) 大二
( ) 大三
( ) 大四
( ) 本科以上

请输入您的机房电脑编号 _____

OK

图 C-8 实验后问卷

参考文献

[1] 陈思静，杨莎莎，汪昊，等．主观社会阶层正向预测利他性惩罚[J]．心理学报，2022，54（12）：1548-1561.

[2] 陈叶烽，林晏清，丁预立，等．市场信息、制度设计与信任水平：来自实验的证据[J]．世界经济文汇，2023，163（1）：17-40.

[3] 陈叶烽，叶航，汪丁丁，等．信任水平的测度及其对合作的影响：来自一组实验微观数据的证据[J]．管理世界，2010，199（4）：54-64.

[4] 陈叶烽，叶航，汪丁丁，等．超越经济人的社会偏好理论：一个基于实验经济学的综述[J]．南开经济研究，2012，272（1）：63-100.

[5] 范良聪，刘璐，梁捷.第三方的惩罚需求：一个实验研究[J].经济研究，2013，5：98-111.

[6] 黄斯涅．公共物品自愿缴费机制的实验经济学研究进展[J].经济学动态，2015，1.

[7] 王霄，吴伟炯.情绪机制与公共物品供给决策：一项基于社会资本的实验研究[J].经济研究，2012，11：142-156.

[8] 杨莎莎，陈思静．第三方惩罚中的规范错觉：基于公正世界信念的解释[J].心理学报，2022，54（3）：281-299.

[9] 叶航等．作为内生偏好的利他行为及其经济学意义[J]．经济研究，2005，8.

[10] 中国中央电视台.2024年3·15晚会[EB/OL].（2024-03-14）https://tv.cctv.com/2024/03/14/VIDAqAoKuKpaj9XX1EuX1H9j240314.shtml.

[11] ACHARYA V V, DEMARZO P, KREMER I. Endogenous information flows and the clustering of announcements[J]. American Economic Review，2011，101（7）：2955-2979.

[12] AHARON B. Transparency and information asymmetry in financial markets：a critical perspective[J]. Brill Research Perspectives in International Banking and Securities Law，2023，4（4）：1-65.

[13] AKERLOF G A, KRANTON R E. Economics and identity[J]. The Quarterly Journal of Economics, 2000, 115(3): 715–753.

[14] ALBANO G L, LEAVER C. Transparency, recruitment and retention in the public sector[J]. European Economic Review, 2005, 49(2): 407–435.

[15] AMBRUS A, GREINER B. Individual, dictator and democratic punishment in public good games with perfect and imperfect observability[J]. Journal of Public Economics, 2019, 178: 104053.

[16] AMBRUS A, GREINER B. Imperfect public monitoring with costly punishment: an experimental study[J]. American Economic Review, 2012, 102(7): 3317–32.

[17] AMBRUS A, TAKAHASHI S. Multi-sender cheap talk with restricted state spaces[J]. Theoretical Economics, 2008, 3(1): 1–27.

[18] AMOSH H A A. The role of governance attributes in corporate social responsibility (CSR) practices evidence from jordan[J]. Managerial Auditing Journal, 2021.

[19] ANDERSON C M, PUTTERMAN L. Do non-strategic sanctions obey the law of demand? The demand for punishment in the voluntary contribution mechanism[J]. Games and Economic Behavior, 2006, 54(1): 1–24.

[20] ANDERSON S P, PALMA A D. Information congestion[J]. RAND Journal of Economics, 2012, 43(4): 600–629.

[21] ANDERSON S P, RENAULT R. Advertising content[J]. American Economic Review, 2006, 96(1): 93–113.

[22] AOYAGI M, FRÉCHETTE G R, YUKSEL S. Beliefs in repeated games [J]. Discussion Paper 1119. ISER, 2021.

[23] ARMANTIER O, TREICH N. Eliciting beliefs: proper scoring rules, incentives, stakes and hedging[J]. European Economic Review, 2013, 62: 17–40.

[24] ASHRAF N, BOHNET I, PIANKOV N. Decomposing trust and trustworthiness[J]. Experimental Economics, 2006, 9(3): 193–208.

[25] AUERSWALD H, SCHMIDT C, THUM M, et al. Teams in a public goods experiment with punishment[J]. Journal of Behavioral and Experimental Economics, 2018, 72: 28-39.

[26] AUMANN R J, HART S. Long cheap talk[J]. Econometrica, 2003.

[27] AUSTEN-SMITH D, BANKS J S. Cheap talk and burnt money[J]. Journal of Economic Theory, 2000, 91(1): 1-16.

[28] BALIGA S, MORRIS S. Co-ordination, spillovers and cheap talk[J]. Journal of Economic Theory, 2002, 105(2): 450-468.

[29] BANKS J, CAMERER C, PORTER D. An experimental analysis of Nash refinements in signaling games[J]. Games and Economic Behavior, 1994, 6(1): 1-31.

[30] BATTAGLINI M, MAKAROV U. Cheap talk with multiple audiences: an experimental analysis[J]. Games and Economic Behavior, 2014, 83: 147-164.

[31] BATTAGLINI M. Multiple referrals and multidimensional cheap talk [J]. Econometrica, 2002, 70(4): 1379-1401.

[32] BEDERSON B, JIN G, LESLIE P, et al. Incomplete disclosure: evidence of signaling and countersignaling[J]. American Economic Journal: Microeconomics, 2018, 10(1): 41-66.

[33] BEDERSON B, JIN G Z, LESLIE P, et al. Incomplete disclosure: evidence of signaling and countersignaling[J]. American Economic Journal: Microeconomics, 2018, 10(1): 41-66.

[34] BEN-NER A, PUTTERMAN L. Trust, communication and contracts: an experiment[J]. Journal of Economic Behavior & Organization, 2009, 70(1-2): 106-121.

[35] BERG J, DICKAUT J, MCCABE K. Trust, reciprocity and social history [J]. Games and Economic Behavior, 1995, 10(1): 122-142.

[36] BERTOMEU J, MARINOVIC I, TERRY S J, et al. The dynamics of concealment[J]. Journal of Financial Economics, 2022.

[37] BLACKWELL D. Equivalent comparisons of experiments[J]. The Annals of Mathematical Statistics, 1953: 265–272.

[38] BLACKWELL D. The comparison of experiments[M]//Proceedings, Second Berkeley Symposium on Mathematical Statistics and Probability. University of California Press, Berkeley, 1951: 93–102.

[39] BLANCO M, ENGELMANN D, KOCH A K, et al. Belief elicitation in experiments: is there a hedging problem?[J]. Experimental Economics, 2010, 13: 412–438.

[40] BLOEDEL A W, SEGAL I R. Persuasion with rational inattention[J]. Available at SSRN 3164033. 2018.

[41] BLUME A, DEJONG D, KIM Y G, et al. Evolution of communication with partial common interest[J]. Games and Economic Behavior, 2001, 37(1): 79–120.

[42] BLUME A, BOARD O. Language barriers[J]. Econometrica, 2013, 81(2): 781–812.

[43] BOCHET O, PAGE T, PUTTERMAN L. Communication and punishment in voluntary contribution experiments[J]. Journal of Economic Behavior and Organization, 2005, 60(1): 11–26.

[44] BOHREN J A, HAUSER D N. Misspecified models in learning and games[J]. Working Paper, 2024.

[45] BOLESLAVSKY R, KIM K. Bayesian persuasion and moral hazard[J]. Available at SSRN 2913669. 2018.

[46] BONROY O, GARAPIN A, LLERENA D. Changing partners in a cheap talk game: experimental evidence[J]. International Journal of Economic Theory, 2017, 13(2): 197–216.

[47] BOUBAKRI N, COSSET J C, GUEDHAMI O. The impact of government ownership on corporate transparency[J]. Journal of Corporate Finance, 2005.

[48] BRANDTS J, CHARNESS G. The strategy versus the direct–response method:

a first survey of experimental comparisons[J]. Experimental Economics, 2011, 14: 375–398.

[49] BRANDTS J, HOLT C A. An experimental test of equilibrium dominance in signaling games[J]. The American Economic Review, 1992, 82(5): 1350–1365.

[50] BRIER G W. Verification of forecasts expressed in terms of probability [J]. Monthly Weather Review, 1950, 78(1): 1–3.

[51] BURDEA V, MONTERO M, SEFTON M. Communication with partially verifiable information: an experiment[J]. Games and Economic Behavior, 2023.

[52] CAI H, WANG J T Y. Overcommunication in strategic information transmission games[J]. Games and Economic Behavior, 2006, 56(1): 7–36.

[53] CARDENAS J C, CARPENTER J. Behavioral development economics: Lessons from field labs in the developing world[J]. Journal of Development Studies, 2008, 44(3): 337–364.

[54] CARTWRIGHT E, PATEL T K. Information disclosure in contests[J]. Economics Letters, 2020, 193.

[55] CASARI M, LUINI L. Cooperation under alternative punishment institutions: an experiment[J]. Journal of Economic Behavior & Organization, 2009, 71(2): 273–282.

[56] CHAKRABORTY A, HARBAUGH R. Persuasion by cheap talk[J].American Economic Review, 2010, 100(5): 2361–2382.

[57] CHARNESS G, GNEEZY U, RASOCHA V. Experimental methods: eliciting beliefs[J]. Journal of Economic Behavior & Organization, 2021, 189: 234–256.

[58] CHARNESS G. Self–Serving cheap talk: a test of aumann's conjecture [J]. Games and Economic Behavior, 2000, 33(2): 177–194.

[59] CHARNESS G, DUFWENBERG M. Participation[J]. American Economic Review, 2011, 101(4): 1211–1237.

[60] CHARNESS G, DUFWENBERG M. Broken promises: an experiment[J]. Working Paper, 2006.

[61] CHEN Y, KARTIK N, SOBEL J. Selecting cheap-talk equilibria[J]. Econometrica, 2008, 76(1): 117-136.

[62] CHO I K, KREPS D M. Signaling games and stable equilibria[J]. Quarterly Journal of Economics, 1987, 102(2): 179-221.

[63] CHUNG W, HARBAUGH R. Biased recommendations from biased and unbiased experts[J]. Journal of Economics & Management Strategy, 2019, 28 (3): 520-540.

[64] COOPER D J, GARVIN S, KAGEL J H. Signalling and adaptive learning in an entry limit pricing game[J]. The RAND Journal of Economics, 1997: 662-683.

[65] COOPER D J, KAGEL J H. Are two heads better than one? team vs. individual play in signaling games[J]. American Economic Review, 2005, 95(3): 477-509.

[66] COSTA - GOMES M, CRAWFORD V P, BROSETA B. Cognition and behavior in normal-form games: an experimental study[J]. Econometrica, 2001, 69(5): 1193-1235.

[67] COX J. How to identify trust and reciprocity[J]. Games and Economic Behavior, 2004, 46(2): 26-81.

[68] CRAWFORD V. A survey of experiments on communication via cheap talk[J]. Journal of Economic Theory, 1998, 78(2): 286-298.

[69] CRAWFORD V P, SOBEL J. Strategic information transmission[J]. Econometrica, 1982: 1431-1451.

[70] CROSON R, BOLES T, MURNIGHAN J K. Cheap talk in bargaining experiments: lying and threats in ultimatum games[J]. Journal of Economic Behavior & Organization, 2003, 51(2): 143-159.

[71] DANNENBERG A, RIECHMANN T, STURM B, et al. Inequity aversion and individual behavior in public good games: an experimental investigation[J].

SSRN Electronic Journal，2007，7（34）．

[72] DARROUGH M N，STOUGHTON N M. Financial disclosure policy in an entry game[J]. Journal of Accounting and Economics，1990，12（1–3）：219–243.

[73] DECKER T，STIEHLER A，STROBEL M. A comparison of punishment rules in repeated public good games：an experimental study[J]. Journal of Conflict Resolution，2003，47（6）：751–772.

[74] DIAMOND D W，VERRECCHIA R E. Disclosure，liquidity and the cost of capital[J]. The Journal of Finance，1991.

[75] DICKHAUT J，MCCABE K，MUKHERJI A. An experimental study of strategic information transmission[J]. Economic Theory，1995，6（3）：389–403.

[76] DOVAL L，SKRETA V. Constrained information design[J]. Mathematics of Operations Research，2024，49（1）：78–106.

[77] DUFFY J，FELTOVICH N. Do actions speak louder than words? An experimental comparison of observation and cheap talk[J]. Games and Economic Behavior，2002，39（1）：1–27.

[78] DUFFY J，OCHS J. Cooperative behavior and the frequency of social interaction[J]. Games and Economic Behavior，2009，66（2）：785–812.

[79] DUFFY J，XIE H，LEE Y J. Social norms，information and trust among strangers：theory and evidence[J]. Economic Theory，2011，52（2）：669–708.

[80] DUFWENBERG M，GNEEZY U. Measuring beliefs in an experimental lost wallet game[J]. Games and Economic Behavior，2000，30（2）：163–182.

[81] DUSTAN A，KOUTOUT K，LEO G. Second–order beliefs and gender[J]. Journal of Economic Behavior & Organization，2022，200：752–781.

[82] DWORCZAK P，MARTINI G. The simple economics of optimal persuasion[J]. Journal of Political Economy，2019，127（5）：1993–2048.

[83] DYE R A，SRIDHAR S S. A positive theory of flexibility in accounting standards[J]. Journal of Accounting and Economics，2008，46（2–3）．

[84] DYE R A. Disclosure of nonproprietary information[J]. Journal of Accounting Research, 1985, 23(1): 123-145.

[85] DYE R A. Investor sophistication and voluntary disclosures[J]. Review of Accounting Studies, 1998, 3(3): 261-287.

[86] ELLINGSEN T, ÖSTLING R. When does communication improve coordination?[J]. American Economic Review, 2010, 100(4): 1695-1724.

[87] ELY J C. Beeps[J]. American Economic Review, 2017, 107(1): 31-53.

[88] EYTING M, SCHMIDT P. Belief elicitation with multiple point predictions[J]. European Economic Review, 2021, 135.

[89] FALK A, FEHR E, FISCHBACHER U. Driving forces behind informal sanctions[J]. Econometrica, 2005, 73(6): 2017-2030.

[90] FANG L, PERESS J. Media coverage and the cross-section of stock returns[J]. The Journal of Finance, 2009.

[91] FARRELL J. Communication, coordination and nash equilibrium[J]. Economics Letters, 1988, 27(3): 209-214.

[92] FARRELL J. Meaning and credibility in cheap-talk games[J]. Games and Economic Behavior, 1993, 5(4): 514-531.

[93] FARRELL J, RABIN M. Cheap talk[J]. Journal of Economic Perspectives, 1996, 10(3): 103-118.

[94] FEHR E, GACHTER S. The neural basis of altruistic punishment[J]. Science, 2004, 305(5684): 1620-1623.

[95] FEHR E, GACHTER S. Fairness and retaliation: the economics of reciprocity[J]. Journal of Economic Perspectives, 2000, 14(3): 159-181.

[96] FEHR E, GÄCHTER S, KIRCHSTEIGER G. Reciprocal fairness and non-compensating wage differentials[J]. Journal of Institutional and Theoretical Economics, 1996, 152(4): 608-640.

[97] FEHR E, SCHMIDT K. A Theory of fairness, competition and cooperation[J]. The Quarterly Journal of Economics, 1999, 114(3): 817-868.

[98] FEHR E, GÄCHTER S. Cooperation and punishment in public goods experiments[J]. American Economic Review, 2000, 90(4): 980–994.

[99] FELTHAM G A, XIE J. Performance measure congruity and diversity in multi-task principal/agent relations[J]. The Accounting Review, 1994, 69(3): 429–453.

[100] FISCHBACHER U. z-Tree: zurich toolbox for ready-made economic experiments[J]. Experimental Economics, 2007, 10(2): 171–178.

[101] FISCHBACHER U, GACHTER S. Heterogeneous social preferences and the dynamics of free riding[J]. CeDEx Discussion Paper Series 2006–01. University of Nottingham, 2006.

[102] FISHMAN M J, HAGERTY K M. Mandatory vs. voluntary disclosure in markets with informed and uninformed customers[J]. Journal of Law, Economics, & Organization, 2003, 19(1): 45–63.

[103] FORSYTHE R, HOROWITZ J L, SAVIN N E, et al. Fairness in simple bargaining experiments[J]. Games and Economic Behavior, 1994, 6(3): 347–369.

[104] FOWLER J. Altruism and turnout[J]. Journal of Politics, 2006, 68(3): 674–683.

[105] FRÉCHETTE G R, LIZZERI A, PEREGO J. Rules and commitment in communication: an experimental analysis[J]. Econometrica, 2022.

[106] GÄCHTER S, THÖNI C. Micromotives, microstructure and macrobehavior: the case of voluntary cooperation[J]. Journal of Mathematical Sociology, 2011, 35(1–3): 2665.

[107] GARY C, YAN C. Social identity group behavior and teams[J]. Annual Review of Economics, 2020, 12: 690–713.

[108] GENESOVE D. Adverse selection in the wholesale used car market[J]. Journal of Political Economy, 1993, 101(4): 644–665.

[109] GENTZKOW M, KAMENICA E. Costly persuasion[J]. American Economic

Review Papers & Proceedings, 2014, 104(5): 457–462.

[110] GENTZKOW M, KAMENICA E. A rothschild – stiglitz approach to bayesian persuasion[J]. American Economic Review, 2016, 106(5).

[111] GENTZKOW M, KAMENICA E. Competition in persuasion[J]. Review of Economic Studies, 2017, 84(1): 300–322.

[112] GIBSON R, TANNER C, WAGNER A F. Preferences for truthfulness: heterogeneity among and within individuals[J]. American Economic Review, 2013, 103(1): 532–548.

[113] GLAZER J, RUBINSTEIN A. On optimal rules of persuasion[J]. Econometrica, 2004, 72(6): 1715–1736.

[114] GNEEZY U. Deception: The role of consequences[J]. American Economic Review, 2005, 95(1): 384–394.

[115] GOLTSMAN M, HÖRNER J, PAVLOV G, et al. Mediation, arbitration and negotiation[J]. Journal of Economic Theory, 2009, 144(4): 1397–1420.

[116] GOTTSCHALK F, MIMRA W, WAIBEL C. Health services as credence goods: a field experiment[J]. The Economic Journal, 2020, 130(629): 1346–1383.

[117] GRECHENIG K, NICKLISCH A, THÖNI C. Punishment despite reasonable doubt—a public goods experiment with sanctions under uncertainty[J]. Journal of Empirical Legal Studies, 2010, 7(4): 847–867.

[118] GRIMM V, MENGEL F. An experiment on learning in a multiple games environment[J]. Journal of Economic Theory, 2012, 147(6): 2220–2259.

[119] GROSSMAN G, BALDASSARRI D. The impact of elections on cooperation: evidence from a lab - in - the - field experiment in Uganda[J]. Analytical Sociology, 2014: 196–232.

[120] GROSSMAN S J. The informational role of warranties and private disclosure about product quality[J]. Journal of Law and Economics, 1981, 24(3): 461–483.

[121] GROSSMAN S J, HART O D. Disclosure laws and takeover bids[J].Journal of Finance, 1980, 35(2): 323–334.

[122] GURUN U G, BUTLER A W. Don't believe the hype: local media slant, local advertising, and firm value[J]. The Journal of Finance, 2012.

[123] GÜTH W, SCHMITTBERGER R, SCHWARZE B. An experimental analysis of ultimatum bargaining[J]. Journal of Economic Behavior & Organization, 1982, 3(4): 367–388.

[124] GYLFASON H F, HALLDORSSON F, KRISTINSSON K. Personality in Gneezy's cheap talk game: the interaction between honesty–humility and extraversion in predicting deceptive behavior[J]. Personality and Individual Differences, 2016, 96: 222–226.

[125] HAGENBACH J. Unverified communication in competition between experts[J]. Theoretical Economics, 2012, 7(3): 493–509.

[126] HAGENBACH J, KOESSLER F. Strategic communication networks[J]. Review of Economic Studies, 2010, 77(3): 1072–1099.

[127] HARRISON G W, MARTÍNEZ–CORREA J, SWARTHOUT J T, et al. Eliciting subjective probability distributions with binary lotteries[J]. Economics Letters, 2015, 127: 68–71.

[128] HARRISON G W, MARTÍNEZ–CORREA J, SWARTHOUT J T, et al. Scoring rules for subjective probability distributions[J]. Journal of Economic Behavior & Organization, 2017, 134: 430–448.

[129] HAUSER O P, NOWAK M A, RAND D G. Punishment does not promote cooperation under exploration dynamics when anti–social punishment is possible[J]. Journal of Theoretical Biology, 2014, 360: 163–171.

[130] HEALY P M, PALEPU K G. Information asymmetry, corporate disclosure, and the capital markets: a review of the empirical disclosure literature[J]. Journal of Accounting and Economics, 2001.

[131] HERSHFIELD H E, COHEN T R, THOMPSON L. Short horizons and

tempting situations: lack of continuity to our future selves leads to unethical decision making and behavior[J]. Organizational Behavior and Human Decision Processes, 2012, 117(2): 298-310.

[132] HIDAYAT M. Faktor-Faktor yang mempengaruhi pengungkapan sukarela pada laporan tahunan sektor perbankan di bursa efek indonesia: factors affecting the voluntary disclosure annual report on banking sector in indonesia stock exchange[J]. 2017.

[133] HINNOSAAR T. Persuasion via weak institutions: an experiment[J]. Journal of Public Economics, 2019, 179.

[134] HOSSAIN T, OKUI R. The binarized scoring rule[J]. Review of Economic Studies, 2013, 80(3): 984-1001.

[135] HURKENS S, KARTIK N. Would I lie to you? On social preferences and lying aversion[J]. Experimental Economics, 2009, 12(2): 180-192.

[136] I. E. FISHER R E V, RAJGOPAL S. The effect of regulatory environment on voluntary disclosure[J]. Journal of Accounting and Public Policy, 2015.

[137] AL-JABALI M, ATA H M A B. Problems of disclosure of accounting information in the lists: financial speculation in companies[J]. International Journal of Economics and Finance, 2014.

[138] JIN G Z, LUCA M, D M. Is no news (perceived as) bad news? An experimental investigation of information disclosure[J]. American Economic Journal: Microeconomics, 2021, 13(2): 141-173.

[139] JIN Y, ZHOU Z. Strategic understatement[J]. Available at SSRN 4871134. 2024.

[140] JOST P J, REIK S, RESSI A. The information paradox in a monopolist's credence goods market[J]. International Journal of Industrial Organization, 2021, 75.

[141] JOVANOVIC B. Truthful disclosure of information[J]. Bell Journal of Economics, 1982, 13(1): 36-44.

[142] JUNG W O, KWON Y K. Disclosure when the market is unsure of information endowment of managers[J]. Journal of Accounting Research, 1988, 26(1): 146–153.

[143] KAMENICA E, GENTZKOW M. Bayesian persuasion[J]. American Economic Review, 2011, 101(6): 2590–2615.

[144] KARTIK N. Strategic communication with lying costs[J]. Review of Economic Studies, 2009, 76(4): 1359–1395.

[145] KAWAGOE T, TAKIZAWA H. Equilibrium refinement vs. level–k analysis: an experimental study of cheap–talk games with private information [J]. Games and Economic Behavior, 2009, 66(1): 238–255.

[146] KERR N L, TINDALE R S. Group performance and decision making[J]. Annual Review of Psychology, 2004, 55: 623–655.

[147] KOLOTILIN A. Optimal information disclosure: a linear programming approach[J]. Theoretical Economics, 2018, 13(2): 607–635.

[148] KOSTERINA E. Bayesian persuasion with multiple receivers[J]. Journal of Economic Theory, 2017, 169: 473–488.

[149] KRISHNA V, MORGAN J. A model of expertise[J]. Quarterly Journal of Economics, 2001, 116(2): 747–775.

[150] KRISHNA V, MORGAN J. The art of conversation: eliciting information from experts through multi–stage communication[J]. Journal of Economic Theory, 2004, 117(2): 147–179.

[151] KUKOC K. Information disclosure in a competitive insurance market–the government role[J]. The Geneva Papers on Risk and Insurance Issues and Practice, 1998.

[152] LAI E K, LIM W, WANG J T Y. An experimental analysis of multidimensional cheap talk[J]. Games and Economic Behavior, 2015, 91: 114–144.

[153] LANG M H, LUNDHOLM R J. The impact of analyst coverage on corporate transparency[J]. Journal of Accounting and Economics, 1996.

[154] LEDYARD J. Public goods: a survey of experimental research[G]//The Handbook of Experimental Economics. Princeton University Press, 1995.

[155] LEVY D M, PADGITT K, PEART S J, et al. Leadership, cheap talk and really cheap talk[J]. Journal of Economic Behavior & Organization, 2011, 77 (1): 40-52.

[156] LI J, SHI X. Voluntary disclosure under limited attention[J]. Journal of Economic Theory, 2023, 206.

[157] LIN X, LIU C. Credible persuasion[J]. Journal of Political Economy, 2024, 132(7): 2228-2273.

[158] LIPNOWSKI E, MATHEVET L, WEI D. Optimal attention management: a tractable framework[J]. Games and Economic Behavior, 2022, 133: 170-180.

[159] LIPNOWSKI E, RAVID D. Cheap talk with transparent motives[J]. Econometrica, 2020, 88(4): 1631-1660.

[160] LUCA M, SMITH J. Strategic disclosure: the case of business school rankings[J]. Journal of Economic Behavior and Organization, 2015, 112: 17-25.

[161] LUNDQUIST T, ELLINGSEN T, GRIBBE E, et al. The aversion to lying[J]. Journal of Economic Behavior & Organization, 2009, 70(1-2): 81-92.

[162] MANSKI C F, NERI C. First-and second-order subjective expectations in strategic decision-making: experimental evidence[J]. Games and Economic Behavior, 2013, 81: 232-254.

[163] MARGARIA C, SMOLIN A. Dynamic communication with biased senders[J]. Games and Economic Behavior, 2018, 110: 330-339.

[164] MARINO A M, MATSUSAKA J G. Decision processes, agency problems, and information: an economic analysis of electoral politics[J]. Public Choice, 2005, 124(3-4): 469-492.

[165] MARWELL G, AMES R. Experiments on the provision of public goods I: Resources, interest, group size and the free rider problem[J]. American

Journal of Sociology, 1979, 84（6）: 1335–1360.

[166] MATHIOS A D. The impact of mandatory disclosure laws on product choices: an analysis of the salad dressing market[J]. Journal of Law and Economics, 2000, 43（2）: 651–678.

[167] MATTHEWS S, OKUNO–FUJIWARA M, POSTLEWAITE A. Refining cheap–talk equilibria[J]. Journal of Economic Theory, 1991, 55（2）.

[168] MEEK G K, ROBERTS C B, GRAY S J. Factors influencing voluntary annual report disclosures by U.S., U.K. and continental european multinational corporations[J]. Journal of International Business Studies, 1995, 26（3）: 555–572.

[169] MIFTAKHOVA A, et al. Computing economic equilibria using projection methods[J]. Annual Review of Economics, 2020, 12（1）.

[170] MILGROM P. Good news and bad news: representation theorems and applications[J]. Bell Journal of Economics, 1981, 12（2）: 380–391.

[171] MILGROM P, ROBERTS J. Relying on the information of interested parties[J]. RAND Journal of Economics, 1986, 17（1）: 18–32.

[172] MINOZZI W, WOON J. Direct response and the strategy method in an experimental cheap talk game[J]. Journal of Behavioral and Experimental Economics, 2020, 85.

[173] MORGAN J, STOCKEN P C. An analysis of stock recommendations [J]. RAND Journal of Economics, 2003, 34（1）: 183–203.

[174] N. BOUBAKRI J C C, GUEDHAMI O. The impact of government ownership on corporate transparency[J]. Journal of Corporate Finance, 2005.

[175] NAGEL R. Unraveling in guessing games: an experimental study[J]. The American Economic Review, 1995, 85（5）: 1313–1326.

[176] AL–NAJJAR B, ABED S. The association between disclosure of forward– looking information and corporate governance mechanisms: evidence from the uk before the financial crisis period[J]. Managerial Auditing Journal, 2014.

[177] NICKLISCH A, GRECHENIG K, THÖNI C. Information-sensitive leviathans[J]. Journal of Public Economics, 2016, 144: 1-13.

[178] O. BONROY A G, LLERENA D. Changing partners in a cheap talk game: experimental evidence[J]. International Journal of Economic Theory, 2017, 13(2): 197-216.

[179] OFFERMAN T, PALLEY A B. Lost in translation: an off-the-shelf method to recover probabilistic beliefs from loss-averse agents[J]. Experimental Economics, 2016, 19: 1-30.

[180] OLSON M. The logic of collective action: public goods and the theory of groups: vol. 124[M]. Harvard University Press, 1965.

[181] OSTROM E, et al. Covenants with and without a sword: self governance is possible[J]. American Political Science Review, 1992, 86(2): 404-416.

[182] OTTAVIANI M, PRAT A. Informational intermediaries and their influence on market efficiency[J]. RAND Journal of Economics, 2001, 32(2): 241-255.

[183] OWUSU-ANSAH S. The impact of corporate attributes on the extent of mandatory disclosure and reporting by listed companies in Zimbabwe [J]. The International Journal of Accounting, 1998, 33(5): 605-631.

[184] PILLUTLA M M, MURNIGHAN J K. Unfairness, anger and spite: emotional rejections of ultimatum offers[J]. Organizational Behavior and Human Decision Processes, 1996, 68(3): 208-224.

[185] RABIN M. Incorporating fairness into game theory and economics[J]. The American Economic Review, 1993: 1281-1302.

[186] RAVID D. Information design in the hold-up problem[J]. Journal of Economic Theory, 2020, 189.

[187] RAYO L, SEGAL I. Optimal information disclosure[J]. Journal of Political Economy, 2010, 118(5): 949-987.

[188] REUBEN E, RIEDL A. Enforcement of contribution norms in public good games with heterogeneous populations[J]. Games and Economic Behavior,

2013, 77（1）: 122–137.

[189] ROTHSCHILD M, STIGLITZ J. Increasing risk: I. a definition[J]. Journal of Economic Theory, 1970, 2: 225–243.

[190] SAIJO Y, et al. The 'spite' dilemma in voluntary contribution mechanism experiments[J]. Journal of Conflict Resolution, 1995, 38（3）: 535560.

[191] SÁNCHEZ-PAGÉS S, VORSATZ M. An experimental study of truthtelling in a sender‐receiver game[J]. Games and Economic Behavior, 2007, 61（1）: 86–112.

[192] SCHNAKENBERG K E. Expert advice to a voting body[J]. Journal of Economic Theory, 2015, 160: 102–113.

[193] SCHWARTZ S T, YOUNG R A, ZVINAKIS K. Reputation without repeated interaction: a role for public disclosures[J]. Review of Accounting Studies, 2000, 5（4）: 351–375.

[194] SEFTON M, et al. The effects of rewards and sanctions in provision of public goods[J]. Economic Inquiry, 2007, 45（4）: 671–690.

[195] SEFTON M, SHUPP R, WALKER J. The effect of rewards and sanctions in provision of public goods[J]. Economic Inquiry, 2007, 45（4）: 671–690.

[196] SELTEN R. Die strategiemethode zur erforschung des eingeschränkt rationalen verhaltens im rahmen eines oligopolexperiments[G]// SAUERMANN H. Beiträge zur experimentellen Wirtschaftsforschung: vol. I. Tübingen: J.C.B. Mohr（Siebeck）, 1967: 136–168.

[197] SHAVELL S. Acquisition and disclosure of information prior to sale[J]. RAND Journal of Economics, 1994, 25（1）: 20–36.

[198] SHIN H S. Adversarial communication[J]. Journal of Economic Theory, 1998, 79（1）: 1–20.

[199] SHIN H S. News management and the value of firms[J]. RAND Journal of Economics, 1994, 25（1）: 58–71.

[200] SOBEL J. Signaling games[M]//Complex Social and Behavioral Systems: Game

Theory and Agent-Based Models. 2020: 251-268.

[201] SONG F. Intergroup trust and reciprocity in strategic interactions: effects of group decision-making mechanisms[J]. Organizational Behavior and Human Decision Processes, 2009, 108 (1): 164-173.

[202] SPENCE M. Job market signaling[J]. Quarterly Journal of Economics, 1973, 87 (3): 355-374.

[203] TALPUR M A H, et al. Impact of audit committee characteristics on voluntary corporate governance disclosure[J]. Journal of Management and Governance, 2018.

[204] TALPUR S, LIZAM M, ZABRI S M. Do audit committee structure increases influence the level of voluntary corporate governance disclosures?[J]. Property Management, 2018.

[205] TETLOCK P C. Giving content to investor sentiment: the role of media in the stock market[J]. The Journal of Finance, 2007.

[206] TRAULSEN A, RÖHL T, MILINSKI M. An economic experiment reveals that humans prefer pool punishment to maintain the commons[J]. Proceedings of the royal society B: biological sciences, 2012, 279 (1743): 3716-3721.

[207] TREUST M L, TOMALA T. Persuasion with limited communication capacity[J]. Journal of Economic Theory, 2019, 184: 104940.

[208] V. BURDEA M M, SEFTON M. Communication with partially verifiable information: an experiment[J]. Games and Economic Behavior, 2023.

[209] VALLEY K, THOMPSON L, GIBBONS R, et al. How communication improves efficiency in bargaining games[J]. Games and Economic Behavior, 2002, 38 (1): 127-155.

[210] VALLEY K L, MOAG J, BAZERMAN M H. A matter of trust: effects of communication on the efficiency and distribution of outcomes[J]. Journal of Economic Behavior & Organization, 1998, 34 (2): 211-238.

[211] VERRECCHIA R E. Discretionary disclosure[J]. Journal of Accounting and

Economics，1983，5：179–194.

[212] VERRECCHIA R E. Information quality and discretionary disclosure [J]. Journal of Accounting and Economics，1990，12：365–380.

[213] VESPA E，WILSON A J. Communication with multiple senders：an experiment[J]. Quantitative Economics，2016，7（1）：1–36.

[214] VISCUSI W K. A Note on 'Lemons' Markets with quality certification [J]. Bell Journal of Economics，1978，9（1）：277–279.

[215] WANG J T Y，SPEZIO M，CAMERER C F. Pinocchio's pupil：using eyetracking and pupil dilation to understand truth telling and deception in sender–receiver games[J]. American Economic Review，2010，100（3）：984–1007.

[216] WANG Z J，KUANG Y，TANG H Y，et al. Are decisions made by group representatives more risk averse? The effect of sense of responsibility[J]. Journal of Behavioral Decision Making，2018，31（3）：311–323.

[217] WILSON A J，VESPA E. Information transmission under the shadow of the future：an experiment[J]. American Economic Journal：Microeconomics，2020，12（4）：75–98.

[218] ZIEGLER A. Persuasion with limited communication capacity[J]. Journal of Economic Theory，2020，186.